U0567561

尚拟一挥筹运笔，
书生襟抱本无垠。
——杨　度

献身甘作万矢的，
著论求为百世师。
——梁启超

杨度与梁启超

我们的祖父和外祖父

杨友麒　吴荔明／著

人民文学出版社

图书在版编目 (CIP) 数据

杨度与梁启超：我们的祖父和外祖父／杨友麒，吴荔明著 .—北京：人民文学出版社，2016

ISBN 978-7-02-011909-7

Ⅰ．①杨… Ⅱ．①杨…②吴… Ⅲ．①杨度（1874—1931）—生平事迹②梁启超（1873—1929）—生平事迹 Ⅳ．① K827=6 ② B259.1

中国版本图书馆 CIP 数据核字（2016）第 185845 号

责任编辑 **王一珂**
装帧设计 **刘 静**
责任印制 **苏文强**

出版发行 **人民文学出版社**
社　　址 **北京市朝内大街 166 号**
邮政编码 100705
网　　址 http://www. rw-cn. com

印　　刷 **北京千鹤印刷有限公司**
经　　销 **全国新华书店等**

字　　数 320 千字
开　　本 720 毫米 ×1020 毫米 1/16
印　　张 26 插页 10
印　　数 1—10000
版　　次 2017 年 2 月北京第 1 版
印　　次 2017 年 2 月第 1 次印刷

书　　号 978-7-02-011909-7
定　　价 56.00 元

如有印装质量问题，请与本社图书销售中心调换。电话：010-65233595

杨 度

梁启超

杨度（右五）与王闿运（右六）等在郭氏园溪畔

1925年农历七月初七，杨度（右一）与叶德辉（右四）等人摄于北京中央公园

梁启超（右）与康有为

1914年，进步党要人在北京合影。前排左起：蔡锷、王家襄、汤化龙、梁启超、林长民、陈敬第，后排左起：蹇念益、汤觉顿、籍忠寅、周大烈、陈国祥、黄远庸、黄群

1919年，中国欧洲考察团在巴黎。左二为蒋百里，左三为梁启超，左四为张君劢

梁启超致杨度书信手迹(部分)

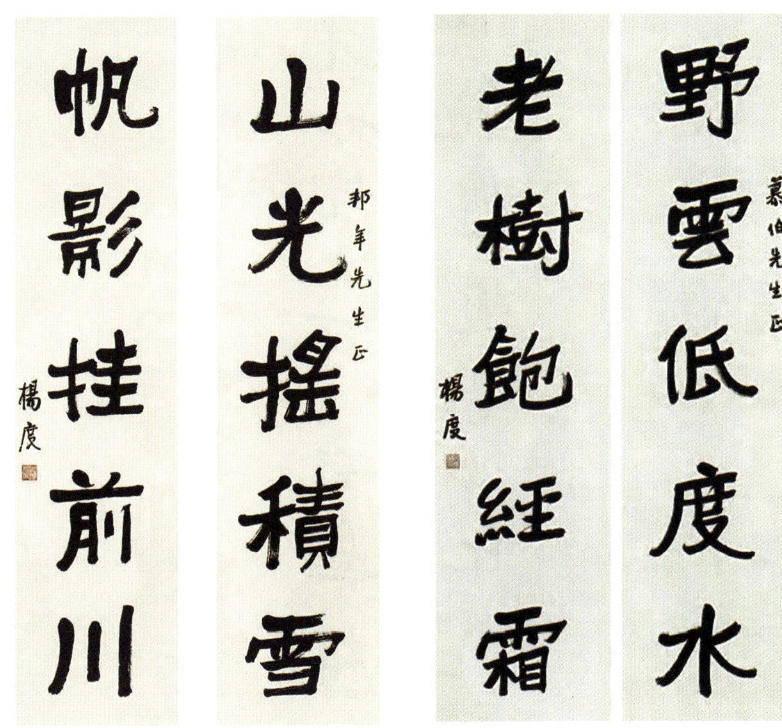

杨度墨迹

佛身如空不可盡無相無礙遍十方所有應現皆如化

庚午春楊度

杨度墨迹

姜白石湖上寓居雜詠

荷葉披披一浦涼青蘆奕奕夜吟商平生最識江湖味聽得秋聲憶故鄉

湖上風恬月淡時卧看雲影入玻璃輕舟忽向窗邊過搖動青蘆一兩枝

秋風低結亂山愁千頃銀波凝不流堤畔畫船堤上馬綠楊風裏兩悠悠

處處虛堂望眼寬荷花荷葉過闌干遊人去後無歌鼓白水青山生晚寒

輦路垂楊兩行栽苑門秋水欲平堦朝朝南望宮雲起白鳥一雙山下來

激波衝淨綠萍開數點青青黏石階綠對自來還自去來時須載白鷗來

布衣何用揖王公歸向蘆根濯軟紅自覺此心無一事小魚跳出綠萍中

囊封萬字總空空露濕桐枝欲斷絃時事悠悠吾亦嬾卧看秋水浸山煙

苑牆曲曲柳冥冥人靜山空見一燈荷葉似雲香不斷小船搖曳入西陵

處士風流不並時移家相近若依依夜涼一舸孤山下林黑草深螢火飛

卧榻看山綠漲天角門長泊釣魚船而今漸欲拋塵事未了菟裘一悵然

鉤窗不忍見南山下有三雛骨未寒惆悵古今同此味二陵風雨晉師還

柳下軒窗枕水閒畫船忽載故人來與君同過西城路卻指煙波獨自回

指點移舟著柳隄美人相顧渡相攜上橋更覺秋香重花在西陵小苑西

白石為詩中逸品陶彭澤韋蘇州後未見其比世人徒賞其詞非真知也集中五古最高妙七絕次之

啓超寫竟記

久病新痊百事不納日惟作書自遣得此遂寄思莊俾知乃翁不速也　丙寅浴佛日　佳

梁启超病中抄赠梁思庄姜夔词手迹

庄庄：

你来的信很勤，我们着实欢喜到了不得。现在家里光景并不很窘，你不用着急。你的学费是家里头正当支出，并不算多，何况一切由你周三哥和姊姊经理，并不用我操心。你只要安心做你的学问便是了，其他都不必忧虑。

你功课不甚好，却也不要紧，因为你进大学原是提早一年多的，功课较外费些力是意中事，况且原学社会科学中途又改自然科学，当然又要吃力一些，但都不要紧。学自然科学的人先得些社会科学常识也是好事。现在专就学的生物学，假使两年光阴不敷用，便再多留一年或半年有何不可。你的年纪还小哩。

你暑期后留校补习学么，因今年你自己和姊姊哥哥们商定，我在远不便遥制，只要你身体结实，用功不太过分，我便放心了。

四月卅日 爹爹

梁启超致梁思庄书信手迹

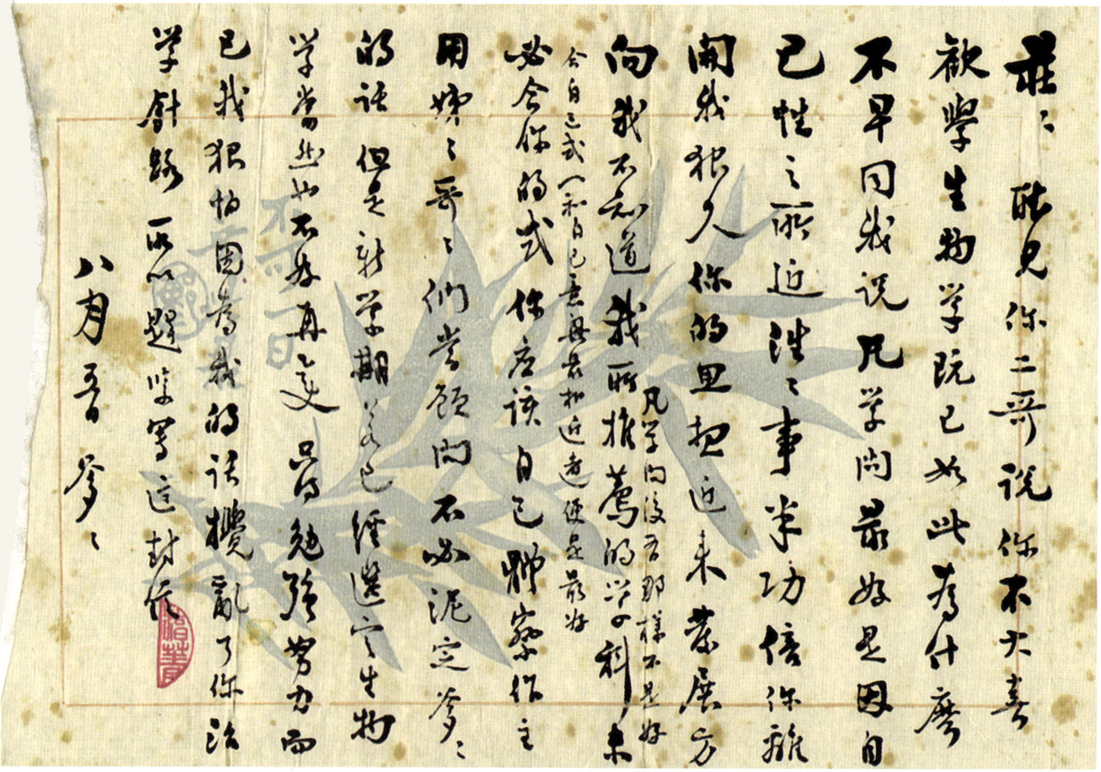

庄庄：听见你二哥说你不大喜欢学生物学，既已如此，为什么不早同我说？凡学问最好是因自己性之所近，往往事半功倍。你离开我很久，你的思想近来发展方向我不知道，我所推荐的学科未必合你的式（凡学问没有那样不是好，合自己式（和自己意思最相近者）便是最好），你应该自己体察作主，用姊姊哥哥们当顾问，不必泥定爹爹的话。但是新学期若已经选定生物学，当然也不必再变，最好勉强努力而已。我很怕因为我的话扰乱了你治学针路，所以特写这封信。

八月五日 爹爹

梁启超致梁思庄书信手迹

目录

第一章

我们的祖父——杨度

少年得志，“有狂士风”

我们杨氏，老家在湖南湘潭姜畲，祖父杨度的祖父杨礼堂是湘军名将曾国荃的部下，因军功升到哨长（正四品），是他，奠定了杨家习武世家的基础。1858年，杨礼堂在与太平天国作战中阵亡。他共有四个儿子，其中第二、第三个儿子早逝，长子杨瑞生十五岁就随父参军，荫袭了杨礼堂的官职，后来随曾国荃作战有功，超过其父；攻占太平天国天京时，他已官至参将衔的哨官；平定捻军起义后，升至副将，不久奉旨调任河南南阳总兵，成为镇守一方正二品的高级武官（相当于地方军区司令员）。他在湖南老家买地置房，成为湘潭姜畲当地有名的“大户人家”。

我曾于1994年回湘潭“寻根”，由时任湘潭市政协主席的王耀章陪同，当时请来了县委副书记，找到两位姜畲的老人，帮助去识认过去的杨家故址。一路上他们讲起过去姜畲当地两大旗鼓相当的“大户人家”，一家是与官府密切有权有势的杨家，另一家则是经商发财的李家。这两家彼此不服气，相互“斗法”。只可惜等我们去看时，当年风生水起的“老杨家”就只剩下依稀可辨的宅基地和院内的大池塘了。

1905 年的杨度

杨度的父亲是杨礼堂的四子杨懿生，他并非武夫，从小身体不大好，但天分高，好舞文弄墨，饮酒赋诗，不是一个事业进取之人。这样一来，四房这一家的生计就只能靠大哥杨瑞生来提携了。杨瑞生先帮四弟捐了个只拿薪俸并不需要干活的候补县官，后来又介绍他到曾国荃的幕府中做个文书。但是，杨懿生只干了不长时间就因病去世，留下三个孩子——长子杨度（十岁）、女儿杨庄（五岁）和小儿子杨钧（四岁）。这样的孤儿寡母就更靠着伯父杨瑞生来抚养。正好那时杨瑞生因连年征战在外，还没有子嗣，看着杨度天资聪慧，就收杨度为自己的继子，一直给杨度亲生父亲一样的关爱和培养。

这就是为什么杨度在《湖南少年歌》中自报身世称："我家数世皆武夫，只知霸道不知儒。家人仗剑东西去，或死或生无一居。"

杨瑞生作为高级将领，并非简单的一介武夫。他十分重视对后代的培养，聘请多名有识之士到姜畬杨家私塾来当老师，并亲自过问这十几个杨家后代的学习情况。他被告知：杨度是其中的佼佼者，才思敏捷，过目不忘。杨瑞

生为此十分高兴，对杨度抱以很高的期望。他身在河南任总兵，但要求子弟要按期将自己的诗词文章习作寄给他审阅。他自知武夫出身，需要靠知名的儒生指点才能做出确切判断，所以他每逢有识之士就会将杨度送来的诗词文章取出，请他们指点评审。其间，杨度的诗词受到当时很有名望的老学者的高度评价。这些信息又反馈到湘潭姜畲，使杨度“少年才子”之名在家乡传播开来。

杨度的妹妹杨庄也是一个才气过人的女孩儿，能诗能文，堪称当地小有名气的女才子。

身为总兵的杨瑞生，多年在官场，深知功名之道。他一方面在杨度十岁那年，将他们兄妹接到府中，延请当地名师，严格教育；一方面找寻科举制度之下得到官方社会认可的进阶途径。

当时所有少年均要经历的“正途”就是科举考试。这种制度一方面本是相对公平地选拔人才；另一方面还有整合社会统治纽带作用。通过考试，不仅得到一种功名头衔，而且得到某种社会阶层的“入门券”。明清两代科举制度均分为三级：第一级是考秀才，名为“小考”，以县为单位举办；第二级是考举人，名为“乡试”，以省为单位举办（若以为乡试乃按乡来考试，那就大错特错）；第三级是考进士，名曰“会试”，是全国统一考试，由中央政府举办，在北京举行。这三级考试都是三年一次，但年份错开，按“子午卯酉，辰戌丑未”来排，前四个字为乡试之年，后四个字为会试之年；在一轮十二年中剩下的四年就是小试之年了。年轻人一旦通过小试中了秀才，大家就不再直呼其名，而称为“先生”，也就是说他进入了绅士阶层。如果中了进士，那就等于进入了绅士阶层的上层，大家就只称其“进士老爷”，连姓也免称了；即使没有行政官衔，照样受到同样的尊敬和礼遇。

这种“正途”的科举考试到了晚清就走了样，变得相当复杂。除了秀才—举人—进士这三级考试选拔人才之外，还增加了“异途”科名的渠道，例如，监生、贡生等。这里，将监生详述一下。监生的原意是：国子监肄业生。国

子监就是国家最高学府，在其中学习的学生称为监生，都是各省府推荐来的优秀生员，所以也是一种荣誉。但是到后来，这种科名演变成为：不一定真正到国子监念书，只要为国家捐出一笔钱，就可以取得这一种科名头衔。取得这种头衔有什么好处呢？一是可以有“顶戴”，也就是一种乡绅地位，遇见县官（比如打官司）可以不跪；二是取得与秀才“同等学力”，可以不经过“小考”，直接参加“乡试”。这就为有钱人家子弟步入仕途提供了一条“捷径”。

其中三级考试中以乡试为最重要的一个阶级。因为举人以下的科名是比较复杂的，参加乡试的“同等学力”者有各种各样的人，如秀才、监生、贡生都可以参加，但通过乡试就“取齐”了，只有中了举人才有资格赴京参加会试。所以，要取得进京赶考的“入场券”是相当严格的，从乡试以上就只有“正途”，没有“异途”了。

杨瑞生为了给自己心爱的继子谋得一条顺畅的功名之路，1892年，在杨度才十七岁时，就为他花钱捐了个监生名分，也就是使他靠“异途”不经过“小考”获得了秀才同等学力的资格，于是1893年杨度就可以直接参加乡试了。为了使杨度能够增长见识，并且找名额比较宽松的乡试地点，杨瑞生决定送杨度去顺天府（即北京地区）参加乡试。结果杨度果然不负家族众望，一举考中顺天府乡试第五十五名举人。这样才十九岁的杨度就成为“正途”的上层绅士了。

据统计分析，当时各级科举考试中士子中榜时的平均年龄，秀才约为二十四岁，举人约为三十岁，进士约为三十五岁。即使对于一个幸运的考生来说，从通过秀才到获得进士名分，平均要花十年以上工夫。杨度提前十多年就获得举人资格，当然是少年得志，春风得意。

当时湖南最有名的学问家当推“湘绮先生”王闿运，他先后主持长沙思贤讲舍、衡州船山书院。他收学生唯才是取，并不问出身，杨家三兄妹就都拜在他门下。王闿运在经、史、文学各方面均很有造诣，经学中主治《春秋公羊传》，又以帝王之学辅佐曾国藩，因未被采纳而离职专事讲学。

这种官宦家庭出身，加上确有才气，少年获得功名，杨度从很年轻就有目空一切的狂士之风，这种“本性”贯穿了他一生。笔者的四爷爷杨敞（即杨瑞生的儿子，大排行第四）曾形容他：“甲午年，兄中顺天乡试，复从王湘绮先生游治《春秋》，闻大义，有揽辔澄清之志，惟高视阔步，有狂士风。”[1]这方面，杨度和梁启超就十分不一样，梁氏家族“自始迁新会十世为农”，到祖父辈才开始半耕半读的生活，到父辈经济情况也很一般，仅仅相当个中农水平。所以梁启超可以说没有半点儿仰仗家族的可能，完全是“自力更生”打拼出来的。（后文再详析他们二人的差异。）

1895 年发生康有为和梁启超领导的“公车上书”，第二年梁启超在上海创办了《时务报》，进一步为变法维新造舆论。这份报纸很快成为当时所有的有为青年的必读之报，甚至也是高层改革派官僚桌上常见的读物。到了 1897 年，湖南巡抚陈宝箴、按察使黄遵宪与革新派谭嗣同、熊希龄等，为了引进新学，培育湖南青年走向革新道路，在长沙成立“时务学堂”，并特聘二十五岁的梁启超为总教习。杨度这样出身背景的乡绅，听说长沙请了一个只比自己大两岁的广东人来担任“主讲”，十分不服气，于是趁去北京路过长沙之便，专门前往“时务学堂”挑战梁启超总教习，发生了流传后世的时务学堂大辩论。杨度发难从自己最拿手的《春秋公羊传》开始，杨、梁根据自己理解，各执一说。当时杨度在日记中认为自己取得压倒性胜利，甚至认为以梁启超这样的“年少才美，乃以《春秋》骗钱，可惜、可惜”。从中可以窥见杨度的少年傲气。

到了“戊戌变法”失败，杨度的同乡好友谭嗣同等六位革新派京官被慈禧太后处死后，杨度深受震动。1900 年，八国联军攻克北京，慈禧太后逃往西安，庚子赔款后回到北京，开始反思，兴办新政。湖南一向领风气之先，巡抚大人遂与当地著名乡绅商议派遣优秀少年前往日本留学事宜。杨度再也坐不住了，1902 年，他不顾老师王闿运和妹妹杨庄反对，毅然自费赴日本留

[1] 杨敞：《哲兄遗墨》。内部文件，未刊。

1915年的杨度

学，入弘文书院师范班学习。在这里学习五个月后，他又向日本有名的教育家、日本高等师范学院院长嘉纳治五郎发起挑战，三次公开辩论日中教育、政治改革的得失，因为嘉纳院长曾到中国考察过清政府的教育。这件事在日本留学生中引起轰动，也大长了留学生们的志气。

次年，清朝政府决心改革人才选拔体制，设立“经济特科”考试。这里的“经济”并非现在我们理解的economy之意，而是“经世济才”的意思。也就是绕开三级科举考进士的常规体制，要求各地方行政长官来推举自己认为有经世济才能力的人物，直接参加在北京由中央主持的特殊考试，有不拘一格选人才的意思。所谓“经济特科”，包含内政、外交、理财、经武、格物、考工等六大门类，只要精通其中一个门类，不管已仕未仕，均可以参加。于是京师三品以上的部院官员和各地的都抚、学政纷纷提名，最后经中央政府核定资格，合格者计有一百八十六位，由皇帝发诏令，命他们进京参加由皇帝亲自主持的“殿试”。杨度名列其中，是由四川总督、满人锡良推荐给朝廷的。

负责批卷者都是当时朝廷重臣，其中就有著名的湖广总督兼参与政务大臣张之洞。最后，初试成绩发榜，杨度名列一等第二名，仅次于第一名广东人梁士诒。

这种打破常规的人才选拔确实使一批有用之才脱颖而出，但这并未给杨度带来好运。这种打破常规的新政遭到保守派官员的强烈抵制，发榜后不久，京师谣言四起，说考中者大多是康梁维新党。这些话也传到慈禧太后耳中，一次太后召见军机大臣瞿鸿机问他意见，瞿鸿机是铁杆保守派，趁机说："特科初试的一等第一名叫梁士诒，是广东梁启超的兄弟，其名字最后一字又与康有为相同（康有为原名康祖诒），梁头康足，其人品可知。"慈禧听了这番话，气不打一处来，至于杨度又是戊戌变法被杀的杨锐与刘光第的同门，且在日本留学期间发表的《支那教育问题》中谈及满族压制支那，有反满倾向，于是慈禧决定废止这次考试发榜结果，并下令彻查。杨度考虑自己在考卷中也大谈了新学，难免有新党之嫌，虽然当时杨梁二人还谈不上一党，但为了避祸，不得不像梁启超一样赶快东渡日本，开始了第二次留日的生活。

诗乐皆通，字墨一家

杨度的才气还表现在诗乐方面。

为了推动诗界革命，梁启超在日本期间编撰了一本《饮冰室诗话》，集中体现了改良派在诗歌方面的一系列革新主张。他认为："中国结习，薄今爱古，无论学问文章事业，皆以古人为不可及，余生平最恶闻此言。窃谓自今以往，其进步之远轶前代，固不得耄龟，即并世人物亦何遽让于古人所云哉？"在这本《诗话》中，他又说："过度时代，必有革命。然革命者，当革其精神，非革其形式。吾党近好言诗界革命，虽然，若以堆积满纸新名词为革命，是又满洲政府变法维新之类也。能以旧风格含新意境，斯可以举革命之实矣。"

根据这种指导思想，梁启超在《诗话》中着重推崇了谭嗣同和黄遵宪两位

改良派诗人先驱。特别是黄遵宪被推为中国“有诗以来所未有”。这就是对当时封建主流拟古派最勇敢、最坚定的挑战。这本《诗话》一共有一百七十四节，其中第八十六、八十七、一百二十、一百三十四、一百三十六、一百四十七、一百七十一（杨度介绍妹妹杨庄的诗）节，共七节，采撷了杨度（哲子）的诗，说明他也将杨度视为改革派诗界革命中的重要代表人物。

杨度二十八岁时写的《湖南少年歌》当时就受到梁启超的高度评价。他说：“昔罗斯福演说，谓欲见纯粹之亚美利加人，请视格兰德；我谓欲见纯粹之湖南人，请见杨哲子。顷哲子以新作《湖南少年歌》见示，而录之，以证余言之当否也。”[1] 在这首诗中最脍炙人口的一段是：

中国于今是希腊，湖南当作斯巴达；
中国将为德意志，湖南当作普鲁士。
诸君诸君慎于此，莫言事急空流涕；
若道中华国果亡，除是湖南人尽死。

这首《湖南少年歌》在20世纪初的青年人中，特别是湖南人中流传很广。笔者担任全国政协委员的父亲杨公庶曾讲：共产党早期革命领导人中如毛泽东、陈毅等都能顺口背诵这一段佳句。陈毅还在1966年接见我的大姑杨云慧和姑父郭有守时，当着他们的面，哼起了这段《湖南少年歌》。[2]

在《饮冰室诗话》中，梁启超还写道：“今欲为新歌，适教科书用，大非易易。盖文太雅则不适，太俗则无味。斟酌两者之间，使合儿童讽诵之程度，而又不失祖国文学之精粹，真非易也。杨哲子之《黄河》《扬子江》诸作，庶可当之。”这段话的背景是：1902年，作为“新政”的一部分，清政府发布《钦定学堂章程》，其中明确规定所有学堂课程中须设“乐歌”课程。这就难倒了学

[1] 梁启超：《饮冰室诗话》，人民文学出版社，1963年版。

[2] 杨云慧：《从保皇派到秘密党员——回忆我的父亲杨度》，第一百五十一至一百五十二页，上海文化出版社，1987年版。

校，因为当时中国自己并没有现成的教材，从哪里去找适合学生唱的歌曲呢？杨度虽然身在日本，但觉得自己应该担当起这个责任，自觉编写起歌词。

黄　河

黄河，黄河，出自昆仑山，
远从蒙古地，流入长城关。
古来圣贤，生此河干，
独立堤上，心思旷然。
长城外，河套边，
黄沙白草无人烟。
思得十万兵，长驱西北边。
饮酒乌梁海，策马乌拉山，誓不战胜终不还。
君作铙吹，观我凯旋。

此文在《新民丛报》刊出后，同年又在天津《大公报》上刊登，立即引来沈心工、曾志忞等多位音乐家为之谱曲，其中尤以沈心工谱曲流传最广。没有想到将近一百年后，20 世纪末中国音乐界在评选“二十世纪经典歌曲”时，杨度与沈心工合作的《黄河》赫然入选，被评委们列为排名第一的经典之作。

《饮冰室诗话》第一百三十八节云：“皙子以阳历岁暮，听讲义于箱根，归而以诗三章见示，吾读之而有以知皙子道心之增进也。”诗如下：

大地茫茫起暮云，危楼孤倚海天昏。
万山拥翠来迎我，一月当空出照人。
世上死生同逆旅，眼前哀乐寄苍生。
当年耕钓同游者，知我今宵故乡情。

杨度在书法方面，前上海书法家协会副主席洪丕谟先生曾如是说：“作为近代政治人物之一的杨度，不但诗好文好，并写得一手好字。他的书法，熔汉《张迁碑》和北魏诸碑于一炉，沉着质朴，很有功底。当时上海钱化佛举办乘艺社，

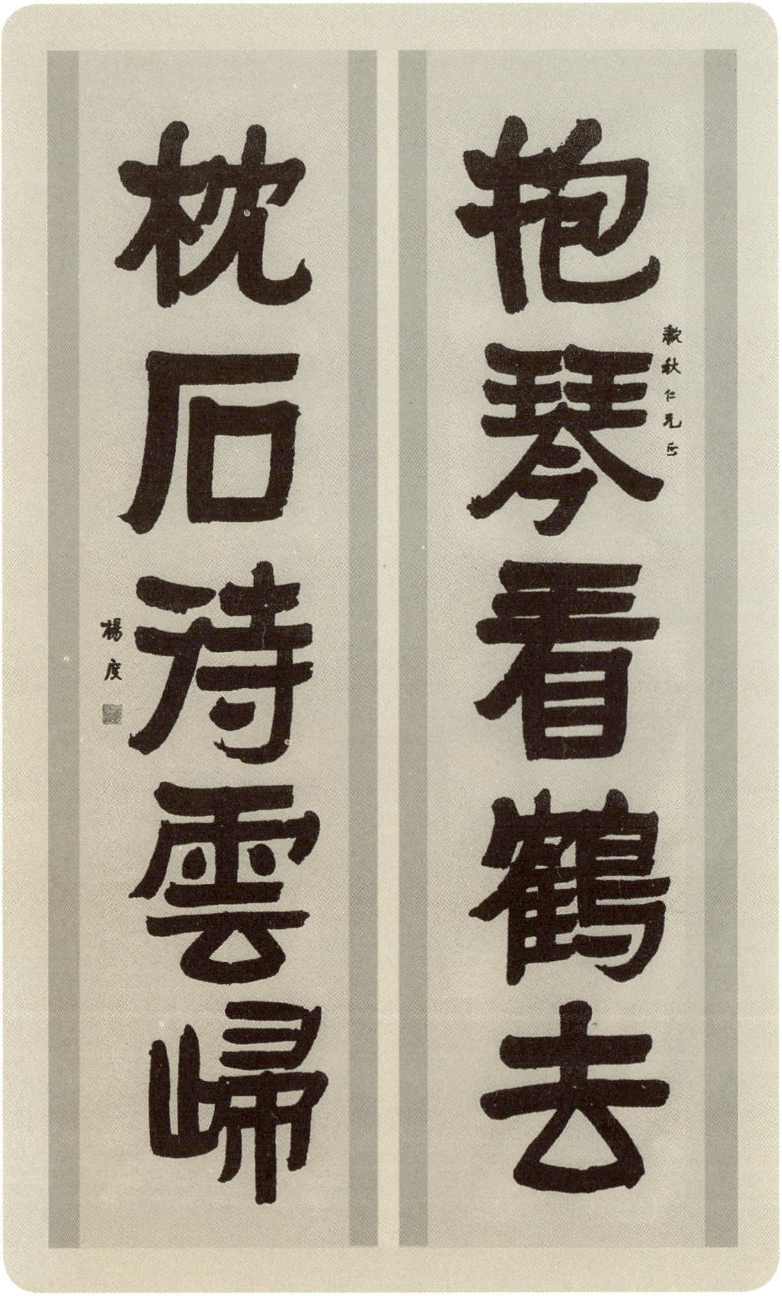

抱琴看鹤去
枕石待云归

杨度遗墨

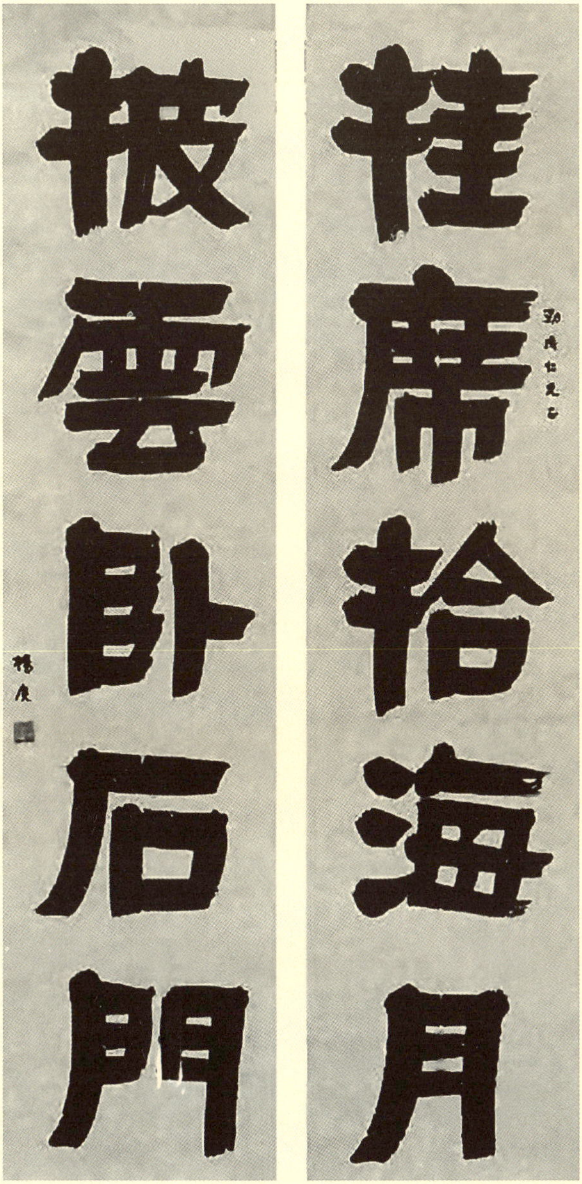

杨度遗墨

茶罏藥臼伴孤身世變蒼茫白髮新
市井有誰知國士江湖容汝作詩人
胸中兵甲連霄斗眼底干戈接塞塵
尚擲一麈揮善運筆書生襟抱本無垠
次韻奉和
度公先生吟政
楊度
丙寅仲冬
同客濟南

杨度墨迹

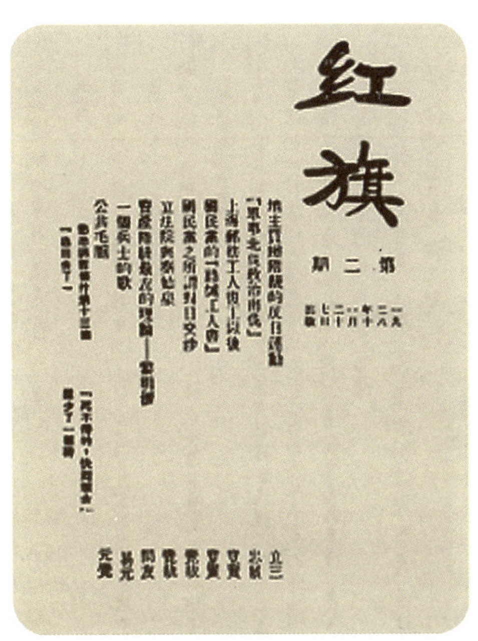

杨度为共产党地下刊物《红旗》题写的刊头

杨度常去那里，每去总是酌酒清谈；酒后挥毫，颇有精品留下。”

其实，杨度晚年的字墨在上海是相当有名的，作为杜月笙的门客，住着他给的房子，拿着他每月提供的车马费，不时也会为杜月笙写一点儿字墨，以为酬答。杨家的亲戚每次请他出席聚会，都在酒席之后备好笔墨，趁他高兴，挥毫洒墨，留下难得的墨迹。笔者从家母处分得的家传墨迹就是他乘兴写就的佛偈条幅。实际上杨度晚年经济相当拮据，一定程度靠卖文鬻字过活。

他的墨迹最为出名的当属1928年中国共产党中央筹办地下刊物《红旗》杂志，时任中央宣传部文化委员会书记潘汉年请杨度为刊物题写的刊头。这后来成为杨度成为共产党地下党员的重要见证。

佛教中的“马丁·路德”——虎禅师

杨度研究佛学可以分成两阶段：青年时期和晚年时期。如果说他在青年时期是研究佛学，以增进自己的修养，晚年时期则是总结自己的人生经历，探索人生真谛，体悟宗教信仰。

他早年因爱好诗文而与湖南著名诗僧八指头陀——寄禅和尚交往，作为启蒙开始研究佛学。这个时间据笔者考察应当在1900至1902年。因为杨度日记详细记录了1896至1900年间他个人的活动，其间并无与寄禅和尚的交往记录，而1902年4月杨度第一次前往日本。到他第二次去日本，1905年梁启超向康有为汇报介绍到杨度时，称“其人国学极深，研究佛理，而近世政法之学，亦能确有心得，前为留学生会馆总干事，留学生有学识者莫不归之”。说明此时杨度对“佛理”的研究已相当深入，给梁启超以深刻印象。

第二阶段，大约从1917年退隐天津后，直到晚年1928年秘密加入中国共产党。这一段时间杨度更加系统地研究佛教，并自号“虎禅师”，在1921至1928年间写了一系列“新佛教论”的文章，最后他将这些论著编辑成一本《虎禅师论佛杂文》。

他回顾自己，称：“半生经历在政治，深叹今世社会不自由、不平等，一切罪恶，无非我见，反躬自问，亦无一事而非我见。今欲救人，必先救己，其法唯有无我主义。不知中外古今名家学术，谁符此旨，予愿师之。”[1]他考察了儒家孔学、老子、庄子、墨子、杨子，综观哲学和科学，结论是：“中外古今各家学说，无一足称无我主义，盍于佛法求之，于是发心学佛而为修行。”

在他修行之中，经过四种“迷途”，次第舍弃，先迷后悟，达到了一个新境界。这四个“迷途”是：一、不离身以求心；二、不著身以求心；三、不积极以求心用；四、不消极以求心体。这实际就是和佛教中的净、律、密、禅四宗实行法门划清界限。而最上乘之禅宗则既无理论，也无修行法门，于是乃取三论法相二宗，合最上乘之禅宗参究之，形成自己的新创造。他宣布：“于心理学上发明一种科学的新学说，名曰‘无我论’，即‘心理相对论’。于是依此理论，求其实行之法，更于佛学上发明一种论理的新法门，名曰‘无我法门’”，

[1] 杨度：《新佛教论答梅光羲》，《杨度集》，第七百四十至七百七十六页，湖南人民出版社，2007年版。

"此于佛教各法门外，实为别树一帜，独开一途"。[1]

杨度的新佛教最突出的特点是：不求出世，只说入世，追求顿悟。这在他给笔者姑奶奶杨庄的一封长信中阐述得很明白。他说："兄所谓学佛，有八字可明：'身是凡夫，心超世界。'此身生老病死，一切等于凡人，惟其心大彻大悟，扫除贪嗔痴念，可以随缘度日，无可无不可而已。""生老病死，物理之常，禽兽尚然，人类皆然，圣人何能独免，且亦何必独免？故兄之学佛，只修心而不修身，……所以说身是凡夫性，学佛之心则须超凡入圣，所超凡并非离世独立，不入人群。若以离群为超凡，只是一身问题，而非一心问题。盖此身无论喧寂，无论穷通，一切随缘，了无择别，时时在凡夫境中，而不为境所转，烦恼全无，一心常乐，即为成佛。""兄之所谓成佛即是成圣，即是做人，死后再不要提，只问生前做人之法，若能做成极端凡夫，即是做成极端圣人。所以不说过去、未来，只说现在；不说出世，只说入世。"[2]

据大姑杨云慧回忆，杨度还在自己的卧室写了六句话，裱糊好挂在墙上，表明心迹。这六句话是：

随缘入世，满目疮痍，
除救世外无事，
除慈悲外无心，
愿作医生，遍医众疾。

这种思想也体现在他五十大寿时给长子、笔者父亲杨公庶的赠偈中：

戒嗔偈

儒家戒怒，释家戒嗔；
学圣学佛，以此为门。
我慢若除，无可嗔怒；

[1] 杨度：《新佛教论答梅光羲》，《杨度集》（下），第七百四十至七百六十八页，湖南人民出版社，2008年版。

[2] 杨度：《复五妹杨庄函》，《杨度集》（下），第七百七十一至七百七十六页，湖南人民出版社，2008年版。

满街圣贤，人人佛祖。
儒曰中和，释曰欢喜；
有喜无嗔，进于道矣。

如果我们对比一下杨度的新佛学与早期中国佛学中的道生（巨鹿人，434年卒）一派的理论，就会发现二者相当接近。道生在禅宗的开山鼻祖达摩之前，是“顿悟成佛”与“一切众生，莫不是佛”理论的创始人，大乘佛教大师鸠摩罗什的弟子。

虎禅师究竟有多少弟子和信徒是没有办法考证了，但是笔者还清楚地记得父亲杨公庶讲过的一个虎禅师的逸闻。他担任全国政协委员期间，有一次和一位老红军政协委员谈起先祖父杨度，这位老红军说：在长征的途中，一次部队走到川康西部的深山老林中，实在筋疲力尽了，好不容易看到一所大庙，大家喜出望外。来到大庙后，发现庙的住持方丈非常和善，收留安顿了他们。经过十来天的休息，大家的体力恢复了，准备告别上路，请方丈务必告诉原来姓名，以便将来报答。但此方丈执意不从，说既然已出家就不用再提过去的姓名了，最后被逼得急了，就大声说：“你们就记得我乃虎禅师杨度的弟子是也。”

执着宪政的“湖南犟驴”

梁启超在《饮冰室诗话》中推荐杨度为“纯粹之湖南人”，“湖南犟驴”的脾气当然也是最典型的。虽然一生纵横中国政坛，但本质上他是一介倔强的书生，而不是一名政客，这是他在历史上的魅力所在，也是他的政敌和朋友一致公认的。他的活动服从于他自己的理想和信仰，而不为了自己个人的高官厚禄或蝇头小利。这可以从几个典型事例中看出。

杨度自从留学日本获得研究世界各国信息的机会，就逐步明确了自己“君主立宪”的主张，不赞同以孙中山为首的革命派意见，而与主张改革的梁启

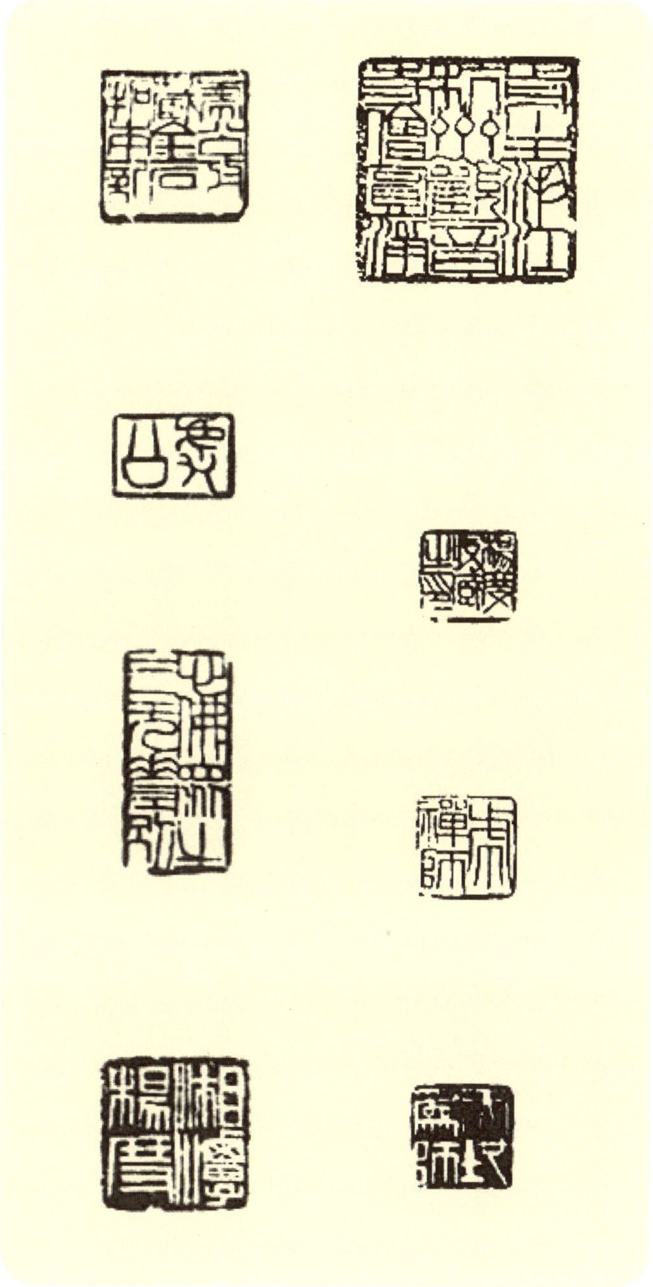

杨度所刻印章

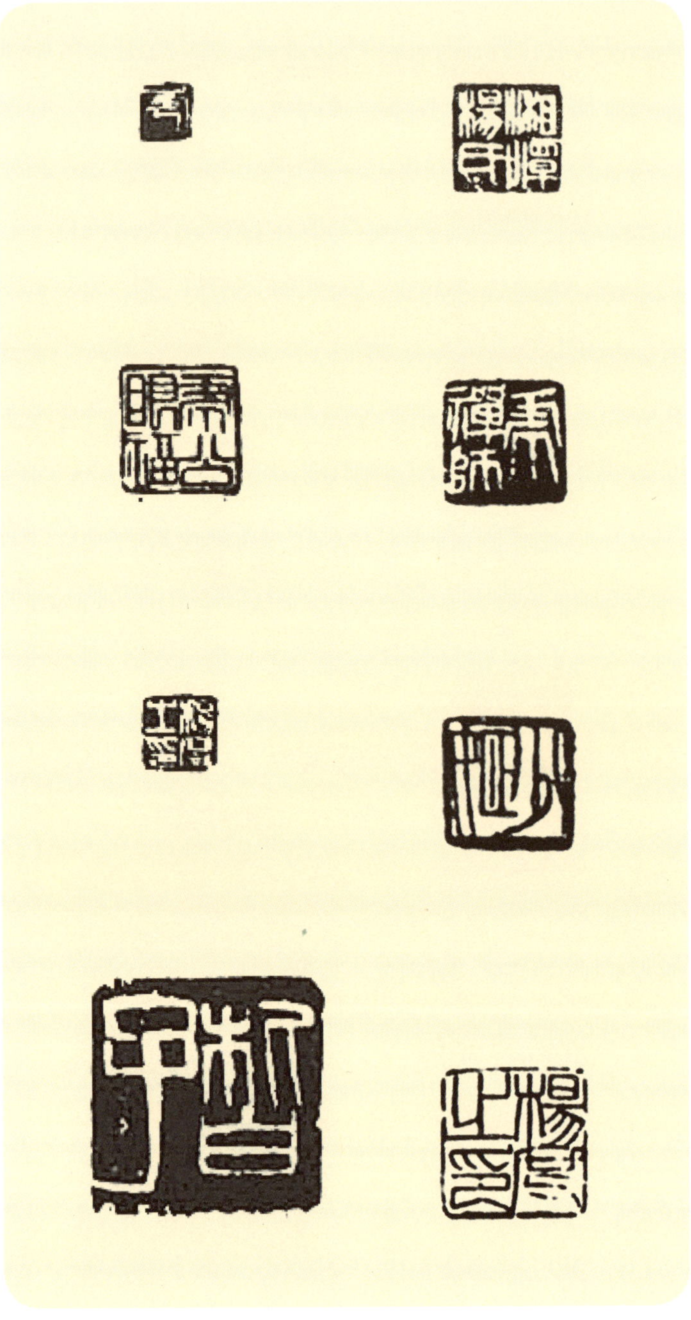

■ 杨度所刻印章

超过从甚密，成为在日本的有名的君主立宪派。（这方面将在后文另章详述。）

1905 年 7 月，革命领袖孙中山自欧洲经东南亚抵达日本，希望能在日本物色人才，为成立同盟会做准备。他当然知道杨度在八千留学日本的中国知识分子中是个有影响的人物，所以专门前往杨度在富士见町寓所动员其加入革命派，于是发生了著名的“三天大辩论”。据笔者姑奶奶杨庄的记忆，杨度与孙中山两人在家中围绕如何才能救中国辩论得很厉害，对于中国应走什么道路，畅谈古今中外三天三夜，谁也说服不了谁。孙中山十分想说服杨度，晚上就留宿在杨度寓所，彻夜长谈，直到天明才抵足而眠。这件事《孙中山年谱》中记载道：

先生认为：“当今之世，中国非改革不足以图存。但与清政府谈改革，无异于与虎谋皮。因此，必须发动民主革命，推翻这个昏庸腐朽的政府，为改革政治创造条件。”杨度则认为：“民主革命的破坏性太大。中国外有列强环伺，内有种族杂处，不堪服猛剂以促危亡。”他引英、日两国皆以君主立宪而强为例，“清政府虽不足以有为，尚待有为者出而问世，施行君主立宪，则事半功倍”。卒乃杨曰：“度服先生高论，然投身宪政久，难骤改，囊鞬随公，窃愧未能。我们政见不同，不妨各行其是，将来无论打通哪一条路线，总比维持现状好。将来我如失败，一定放弃成见，从公奔走。”

后来的十年中，杨度极力推行君主立宪主张，直到帮助袁世凯称帝失败，1916 年 3 月 21 日，袁世凯在怀仁堂召集联席会议，决定撤销帝制。杨度对此极为不满，完全不认为自己有什么过失，在给袁世凯的“辞呈”中写道：

世情翻覆，等于瀚海之波；此身分明，总似中天之月，以毕士麦（今译为俾斯麦）之霸才，治墨西哥之乱国，即令有心救世，终于无力回天。流言恐惧，窃自比于周公；归志浩然，颇同情于孟子。

到 5 月 1 日，《京津泰晤士报》记者采访这位已成为众矢之的的名人，杨度仍侃侃而谈：

政治运动虽然失败，政治主张绝不变更。我现在仍然是彻头彻尾主张“君宪救国”之一人，一字不能增，一字不能减。十年以前，我在日本，孙、黄主张共和，我则著论反对。我认为共和系病象，君主乃药石，人民讳疾忌医，实为国家之大不幸……除君宪外，别无解纷止乱之方……国体问题，我应负首责，既不诿过于人，亦不逃罪于远方……且退一步言，政见不同，亦共和国民应有之权利。

袁世凯气急败坏，忧愤身亡，传闻他在弥留之际曾怪声高呼：“杨度误我。”杨度闻言十分不服气，挥笔写就大字挽联，从灵棚的大梁直落地面，再次为自己的主张抗争：

共和误民国，民国误共和？百世之后，再评是狱。

君宪负明公，明公负君宪，九泉之下，三复斯言。

笔者大姑杨云慧回忆：“在这里，我父亲仍然认为他的君主立宪的主张和活动并不错，只是袁世凯自己不争气，埋怨袁世凯不该把帝制失败的责任都推到他的头上。”[1]

共产党的秘密党员

杨度如何从一个执着的君主立宪“帝制余孽”变成一个秘密共产党员，这种戏剧性的转变是许多人难以想象的；怀疑共真实性的有，说他是投机共产党的也有。如果我们仔细研究他的晚年经历和思想脉络，再结合当时的时代背景会发现，他的这种转变是可以理解的。要把握的核心是：两个关键人物和一个思想基础。

在杨度晚年的经历中对他有重要影响的两个人，应该特别引起注意，一个是胡鄂公，一个是李大钊。

[1] 杨云慧：《从保皇派到秘密党员——回忆我的父亲杨度》，第六十四至六十五页，上海文化出版社，1997 年版。

■ 胡鄂公

胡鄂公（1884—1951），字新三，号南湖，是一个类似杨度的传奇式人物。他生于南五洲胡家祠堂（原属江陵）一个贫苦农民家庭。少失父母，靠亲戚抚养，并读私塾，常得塾师周济。早年曾参加其兄胡荣珪领导的澧州、华容、公安的洪门起义，失败后回乡务农。1906年入郝穴预备中学堂学习，时逢资产阶级民主革命运动兴起，他与同学熊德山、宁郭开、钱铁如等二十余人结为辅仁社，任社长，宣传革命，发表了不少关于革命的议论和文章，使郝穴地区沉闷闭塞的风气为之一变。1909年，他考入保定直隶高等农业学校，邀请熊得山、钱铁如等从日本回国的同盟会员来保定，成立了同盟会保定支部，发起成立保定学生断发会。他联合保定各校师生于当年9月15日同时剪掉象征清朝统治的辫子，这一行动很快影响到北京、天津，各校学生纷纷响应，其声势之大，震动清廷。此后，胡鄂公即开始了共和会的筹组工作，在京、津、晋、桂、粤、鄂发展会员。1910年的4月3日，北京、天津、保定、通县等地代表齐集保定，成立"共和会"，胡鄂公任干事长，熊得山任干事。接着北京、天津、山东、山西、陕西、河南等地建立共和会分会。李大钊及众多革命青年纷纷加入共和会，共和会成为当时中国北方地区最大的革命组织。

1911 年 10 月，胡鄂公从河南南下武汉，于次日参加起义队伍，被委任高等侦探科科长，10 月 18 日又被黎元洪委任为鄂军水陆总指挥。10 月 28 日，黄兴、宋教仁、居正等到达武汉，黄兴就任革命军战时总司令，胡鄂公协助其工作（相当于秘书长），仍兼任领导高等侦探科。11 月，黎元洪同意京津保同盟会同志的请求，派胡鄂公为鄂军政府全权代表，北上主持革命。12 月 2 日，在天津成立鄂军代表处，胡鄂公任总指挥。接着，他又联合北方的革命组织铁血团、光复团、急进会、女子暗杀团、北方革命总团、共和革命党、北方共和团等组成统一的北方革命协会，胡任会长。但因不久“南北议和”告成，孙中山辞去临时大总统职务，袁世凯任大总统，于是他宣告北方革命暂告结束，并亲自处理善后事宜，着手编写《辛亥革命北方实录》和《烈士传》二书。

1913 年，胡鄂公前往北京，任国会议员，兼任荆州法政专门学校校长。1915 年，蔡锷组织护国军讨伐袁世凯，他劝说四川陈宧宣布四川独立。后曾任广东潮循道尹、北洋政府内务次长。1921 年曾创办研究马列主义的《今日》周刊。次年出任教育次长。后在北京参加马克思主义研究会，发行《今日》杂志，被称为“今日派”首领。1922 年 2 月组织“共产主义同志会”，为中央执行委员会书记，发行机关刊物《共产主义》月刊，并向共产国际提交报告。6 月再任国会议员。后经李大钊介绍，秘密加入中共，而且由他组织的“马克思主义研究会”也集体加入中共。1924 年 1 月，李大钊南下广州参加国民党第一次全国代表大会，胡鄂公代为主持中共北方地区的工作。1927 年，他参加领导营救李大钊等被张作霖逮捕的中共地下党员工作，失败后赴上海党中央，在周恩来、潘汉年系统工作。1930 年 2 月，他与宋庆龄、鲁迅、田汉等发起成立反帝国主义运动“自由大同盟”，杨度也积极参与其中。

正是这位具有在北京政治舞台上活动公开身份的秘密共产党员，成为杨度的共产主义思想的启蒙人。他是杨度的好友，二人经常共同参加一些政治应酬宴会，他们也有共同的好友，齐白石就是之一。齐是杨度的师弟、老乡，

又是胡崇敬的画家，齐的姨太太就是胡花钱礼聘送给他的。所以，虽然胡鄂公比杨度小七岁，但是他经历丰富，与杨又有共同兴趣，是杨谈得来的密友。他觉得杨度的佛学思想与共产党人的理想有相通之处，给了杨度一些马克思主义的书刊，劝杨度也看一看。当时发表介绍苏俄和马克思主义文章最多的应属李大钊，可以推测，杨度应当阅读过不少李大钊的著述。所以，杨度早在1920年代在北京时期就已接触到马克思主义，而且和共产党人有了接触。

抗日战争时期，1943年胡鄂公因与潘汉年不协调，在广西桂林脱党。抗战胜利后，由孔祥熙投资在上海复刊《时事新报》，胡任发行人兼总经理。1949年，胡鄂公赴台湾。这也是后来他在中国共产党历史上一直没有地位的原因。但不能否认，在1920年代，胡确实是中国北方重要的左派领导人。

李大钊，字守常，河北乐亭人，生于1889年。1907年考入天津北洋法政专门学校，1913年毕业后东渡日本，考入东京早稻田大学政治本科学习。在日本东京，他写文投稿，结识了著名政论家兼报人章士钊。战乱动荡的年代，艰辛备尝的生活，使李大钊从小养成了忧国忧民的情怀和沉稳坚强的性格，在早稻田大学期间，他已成为活跃的学生运动积极分子。1915年，日本帝国主义提出灭亡中国的“二十一条”，李大钊受清国留日学生大会委托，起草通电的《警告全国父老书》传遍全国，他也因此成为著名的爱国志士。当时他就接触到社会主义理论，日文为他开启了眼界，使他成为最早了解国外最新思潮的知识分子之一。由于他活跃于学生运动，缺课甚多，结果被早稻田大学除名，没有毕业就提前回国了。1916年，李大钊回到北京。此时正值章士钊将在日本办的杂志《甲寅》搬回国内变成日报，章就把主编一职留给了他。于是他以此为阵地，积极投身于正在兴起的新文化运动，和陈独秀一起成为新文化运动的左派主将。当时，新文化运动的中心是北京大学，李大钊很想在北大谋个职务，但因他并没有得到日本早稻田大学的学位，所以难以得到一线教授的职务。1918年，章士钊将自己兼任的北京大学图书馆主任一职让给了好友李大钊。刚开始时，这位图书馆主任留着胡子，平头棉袍，一副忠

李大钊

厚朴实的样子，曾受到一些留洋回来的教授质疑。但不久，他们就发现，李大钊把图书馆治理得井井有条，而且每年均有大量文章发表，在社会上影响极大。更让人钦佩的是，连素不服人的鲁迅也说李“诚实、谦和、不多说话”，很得人心。1920 年 7 月，北京大学评议会全体通过，将李大钊的图书馆主任提升为教授，从此他开始在北大的政治系、史学系、法律系授课，并兼任校长室秘书（因没有副校长，故秘书就相当于校长助理）。他更敢说敢做，曾担任北京八高校代理联席会议主席，领导了向教育部“索薪事件”。章士钊非常了解李大钊，曾准确地评价他：“守常乃一刚毅、木讷人也，其生平，才不如识，识不如德。”

1917 年，俄国社会主义革命的胜利极大地鼓舞和启发了李大钊，他以《新青年》和《每周评论》等为阵地，相继发表了《法、俄革命之比较观》《庶民的胜利》《布尔什维主义的胜利》《我的马克思主义观》《再论问题与主义》等

大量宣传十月革命和马克思列宁主义的著名文章和演说，阐述十月革命的意义，讴歌十月革命的胜利，成为中国共产主义的先驱、我国最早的马克思主义传播者。1920 年初，李大钊与陈独秀相约，在北京和上海分别活动，筹建中国共产党。“南陈北李，相约建党”，成为中国革命史上的一段佳话。1921 年 7 月，中国共产党第一次全国代表大会召开，宣告中国共产党成立，李大钊和陈独秀成为中国共产党的主要创始人。中国共产党成立后，李大钊负责党在北方的全面工作，在党的三大和四大上，李都当选为中央委员。1922 年到 1924 年初，李大钊频繁地奔走于大江南北，多次代表共产党与孙中山会谈，为建立革命统一战线呕心沥血，做了大量工作。1924 年 1 月，李大钊出席了国共合作的国民党第一次全国代表大会，被孙中山指定为大会主席团五位成员之一，并当选为国民党中央执委会委员。1926 年 3 月，李大钊在极端危险和困难的情况下，积极领导并亲自参加了北京反对帝国主义和北洋军阀的三一八运动，号召人们用五四的精神、五卅的热血，不分界限地联合起来，反抗帝国主义的联合进攻，反对军阀的卖国行为。李大钊的革命活动遭到了北洋军阀的仇视。1927 年 4 月 6 日，奉系军阀张作霖勾结帝国主义，在北京逮捕了李大钊等八十余人。

杨度和李大钊是否有过交往，目前没有直接的史证，但通过杨度营救李大钊这件事，可以推断，他们不仅是有交往的，而且交往很深。

早在 1927 年 3 月，胡鄂公已得到情报，北洋军政府可能要实施镇压。胡先将李大钊保护在宣武门内自己家中，后又将其转移到苏联公使馆，觉得那里更为保险。最早得到消息说张作霖可能要搜查外国公使馆的是杨度。4 月 4 日，他去北京太平湖饭店参加好友熊希龄长女的婚宴，在座的有曾任外交总长的汪大燮，杨度随口问汪：“最近外交方面可有新闻？”汪大燮有点神秘地答道：“亦可说有，亦可说无。”这就使杨感兴趣了，他追问道：“此话怎讲？”汪遂凑近杨耳语说：“张大帅已经派我与东交民巷的外交使团打招呼，政府要派员进入苏联兵营搜查，望各国公使谅解。”说完再三嘱咐，“此事要保密。”

杨度在此事件中表现得很不寻常，他做了三件事：

首先，他立即托词离席，回家后一边亲自去找胡鄂公报信，一边叫笔者的父亲杨公庶去章士钊家报信，因他知道章家与李家关系最为密切。

照道理，4 日离张作霖采取行动还有四十八小时的时间，李大钊要躲避是来得及的。但是，大部分躲在苏联使馆的同志都不相信这个消息的真实性，因为八国联军入北京以来，还没有谁胆敢闯入使馆区。李大钊说：“你们可以走，我不能走。我是北方局负责人，我一走组织不就散了吗？”最后，只有四个同志逃脱。（国民党北平市党部发往南方的秘密报告证实了此事。）

第二，4 月 6 日，听说张作霖的兵员去苏联大使馆抓人，杨度派笔者父亲杨公庶去东交民巷探听观察，确认证实李等已经被捕。

第三，与胡鄂公等商量组织营救事宜。胡一方面向党中央汇报情况，一方面筹集经费进行营救。李大钊被捕在社会上引起很大震动，舆论大哗，社会上知识界掀起一股营救热潮。李虽然当时还是只有三十八岁的年轻教授，但是由于他一直以“铁肩担道义，妙手著文章”著称，热心公益，交谊广泛，已经俨然是德高望重的长者。

4 月 9 日，杨度以公开身份与李大钊的朋友们组织讨论会，议决最好的办法是争取将此“李大钊党人案”移交地方法庭审理，这样就有了回旋余地。

10 日，杨度等与司法总长罗文干同往安国军总司令部面见张作霖，说明应将此案移交地方法庭的理由，但未得结果。

为了与胡鄂公筹集营救经费，杨度甚至将寓所“悦庐”变卖，毁家纾难。胡鄂公还打算组织铁路工人劫狱，后因李不同意，未能实行。

4 月 28 日，李大钊等二十名同案犯在军法会审后即处以绞刑。杨度、胡鄂公为了周济这些党人家属或帮助他们脱险离京，所蓄为之一空。

从以上事实看，杨度与胡鄂公、李大钊不是一般的朋友关系。迄今为止，各种史书均把杨度所为归结为他的“仗义疏财”“侠肝义胆”。须知杨度一生风流倜傥，从来不关心敛财之事，并非财大气粗的富豪，仅仅是一般朋友关

系，是不会拿"悦庐"来变卖纾难的。杨度之所以如此全力以赴地营救李大钊，一来是钦佩李的为人，觉得人才难得；二来是从思想感情上对李大钊的认同。可以说，此时的杨度即使还没有"入党"，也已经将他们引以为"同志"了；此时的杨度虽然没有在组织上加入共产党，但思想上已经入党了。这次杨度与胡鄂公、李大钊的紧密关联是他思想向左转的明显信号。

再看杨度从虎禅师转变为地下党员的思想基础。需要认清的是：杨度思想的终极关怀是救世救人，这是和马克思主义不谋而合的。对此，我们可以从两个方面来考察：一是虎禅师的佛学思想，二是杨度晚年的《中国通史》手稿表达的历史观。

杨度在四十三岁（1917，袁世凯称帝失败逝世）后比较深入地研究佛学，形成了自己独特的佛学思想。值得注意的是，他提出的"无我主义"和"人人成佛的极乐世界"。他从佛家的角度，追求自由、平等，通过"无我法门"来解脱大众的痛苦烦恼，最后达到"满街圣贤，人人佛祖"的极乐世界。

> 所谓"无我法门"，一名一心无二法门，一名自由平等法门。人人本来是佛，人人皆可成佛。人人复其小儿心，即为成佛。准此教旨，以谋改进将来社会，直可普度众生，一齐成佛。[1]

杨度晚年曾有个撰写《中国通史》的计划，最终没有完成，只留有一个提纲手稿，被我们的儿子杨念群发现，发表在《求索》杂志1986年第五期中，后来湖南社会科学院编辑《杨度集》时将其收录，题名为"杨氏史例"。杨将人类社会分为三个时期：

> （一）第一时代　禽兽道时代　中国伏羲以前　无生产、无分配、无器、无家、争食时代；
>
> （二）第二时代　半人道社会　中国伏羲至今　生产重于分配、私器、私家、争食时代；

[1] 杨度：《新佛教论答梅光羲》，《杨度集》，第七百四十至七百七十六页，湖南人民出版社，2007年版。

（三）第三时代　人道社会　未来　分配重于生产、公器、公家、均食时代；

在笔者大姑杨云慧所藏的一款有涂黑的手书原件中，可以辨认是杨度工整亲笔手书，他以孔子和弟子各言其志的方式，来阐述心目中的“各尽所能、各取所需”的理想社会。湖南社会科学院编辑《杨度集》时，将此手稿取题名为“论圣贤同志”，原涂黑处用××代替（涂黑是违禁字，避免查抄惹祸），此处试按字数恢复如下：

且夫共产主义有二义焉：一曰各取所需，所以定分配之制也；二曰各尽所能，所以定生产之制也。分配定，则货不藏诸己，人共其物矣；生产定，则力不私于身，而人共其力矣。二者皆定，则人不独亲其亲，长其长，而人共其人矣。于是老有所归，壮有所用，幼有所养，举世之人，不必各私其财，各私其力，而无一不得所者，所谓“大道之行，天下为公”是也。

从这里可以清楚地看到，杨度从佛家无我主义到人道社会，再到共产主义社会认识的转变。所以像他这样一个“书生”与“政客”最大的差异之处，就在于他每走一步，必定跟随着自己的信仰，而不是对个人的利害考虑。最后加入危难中的中国共产党，也是他根据自己的信仰做出的抉择。

至于杨组织上具体何时入党，王冶秋、李一氓、李淑一和夏衍等人均在1978年讨论过，文章收录在人民日报出版社出版的《难忘的记忆》（1979）一书中。王冶秋估计在1926至1927年，李一氓和李淑一认为大约在1928年左右，而夏衍则认为是在1929年秋。夏认为杨度入党是一定在大革命失败之后，如果在1927年之前革命高潮时期，这么特殊的事情党内总会传开的。后来，1986年6月上海杨度新墓落成，为了举办落成仪式，唯一与杨度作为秘密党员有过联系的在世老同志夏衍又赶写了一篇《续杨度同志二三事》[1]，其中

[1]《人民日报》1986年7月7日。

1929年的杨度

写道：

关于杨度同志和中国共产党有联系的事，三十年代初在上海小报上就透露过。我猜想，认识他的人也可能已经察觉到了。杨度同志逝世，马叙伦先生送了一副挽联，后来搜集在马先生的《石屋馀瀋》中，联云：

功罪且无论，自有文章惊海内；

霸王成往事，我倾河海哭先生。

在当时，应该说是很难得的。一九四七年在香港，宋云彬同志和我谈起这副对联，问我杨皙子晚年是不是加入过共产党？谈话时潘汉年也在座，我们就作了肯定的回答。云彬同志联想到沈玄庐、周作人等人的晚年失节，写了一篇《杨皙子的晚盖》，他的结论是："人不怕顽固，只怕顽固而不化，只要能够化，一旦找到了安身立命之所，不但自己心安理得，以往的过错也就被掩盖了。故昔人有言曰：'彼

将恶始而美终，以晚盖者也’。”

1931 年夏，杨度自觉病体一天不如一天，给自己写了个挽联总结自己一生，应当说是恰如其分的：

帝道真如，于今都成过去事；

匡民救国，继起自有后来人。

这里，他对自己一生的目的概括得很明白——“匡民救国”，这是他一生的追求，但没有达到目的，只能期待“后来人”了。为了实现这一理想，他走过了曲折的路线，“帝道真如”，即开始想做“帝王师”来贯彻自己匡民救国的抱负，没有成功，又想走虎禅师佛教匡民的路线，还是没有出路，都成了“过去事”。但他也并未悲观失望，自己没有成功并非方向错了。没有错！“匡民救国”这个目标必定有千千万万的后来人会前赴后继地去完成。

参考文献：

《杨度日记 1896—1900》，北京市档案馆编，新华出版社，2001 年版

《筹安会“六君子”传》，陶菊隐著，中华书局，1981 年版

《杨度集》，刘晴波主编，湖南人民出版社，2007 年版

《饮冰室诗话》，梁启超著，人民文学出版社，1963 年版

《从保皇派到秘密党员——回忆我的父亲杨度》，杨云慧著，上海文化出版社，1987 年版

《北洋军阀统治时期史话》，陶菊隐著，生活·读书·新知三联书店，1983 年版

《旷代逸才》，唐浩明著，湖南文艺出版社，1995 年版

《困惑帝王师——杨度别传》，毛炳汉著，长春出版社，1999 年版

《晚清大变局中的杨度》，蔡礼强著，经济管理出版社，2007 年版

《湘潭历史文化名人——杨度》，何歌劲著，湖南人民出版社，2009 年版

《星庐随笔》，李肖聃著，岳麓书社，长沙，1983 年版

《杨度同志二三事》，夏衍著，《难忘的记忆》，人民日报出版社，1979 年版

《关于杨度入党问题》，李一氓著，《难忘的记忆》，人民日报出版社，1979 年版

《杨度的佛学思想与晚期的思想转变》，杨念群著，《求索》，1986 年第六期

《书生怀抱本无垠》，杨念群著，《读书》，1991 年第十期

《杨度外传》，田遨著，河南人民出版社，1984 年版

《书生怀抱本无垠——近代风云人物杨度》，张晶萍著，广西师范大学出版社，2011 年版

《1912—1928 文武北洋》，李洁著，广西师范大学出版社，2004 年版

《杨度》，方可、礼强著，团结出版社，2011 年版

《杨度和帝王之学》，杨念群著，《杨念群自选集》，广西师范大学出版社，2000 年版

第二章

我们的外祖父——梁启超

出身茶坑乡绅的神童

与出身湖南湘潭大户人家的杨度不同，新会梁家原来门第低微。在梁启超的祖父梁维清之前，梁家十世为农。新会位于珠江三角洲的南端，其县城往南二十多公里，在西江入南海交汇之冲，形成了七个小岛，茶坑村就在位居中央的岛上。这里远离省城广州，实在是边远的小村。所以，梁启超自称："余实中国极南之一岛民也。"

梁家世代为农，到梁维清才考中了"秀才"，从而出现转机。他又娶到广东提督黎第光之女为妻，相夫教子，颇为得力。梁维清勤俭持家，待人宽厚，虽然半耕半读，家境逐步好转。但他的科举仕途却十分艰难，因广东本来与主流汉学有距离，当地岭南文化深受宋明理学（特别是心学）影响，读书士子没有江浙一带那种求学环境和晋升机会，所以，梁维清考不上举人，到了三十岁"援例捐作附贡生"。所谓"贡生"，是取得与监生（最高学府国子监的学生）"同等学力"，有优先得到下层官员委任的机会。果然，不久他得到县"教谕"一职，这是主管县文教事业的八品官员。官虽然不大，但在茶坑则算个重要人物了。

■ 广东新会茶坑村梁启超故居

梁维清有三个儿子，最小的第三子叫梁宝瑛，即是梁启超的父亲。梁维清当然鼓励儿子努力读书，博取功名，所以要求他们十分严格。可惜宝瑛屡试不第，连秀才都没有考上。三十岁后两个哥哥先后病逝，老父亲又经常生病，所以梁宝瑛决心放弃仕途，在乡里一面教授私塾，一面耕种从父亲那里分得的六七亩田地。所幸，他娶得了一位好夫人赵氏。赵氏祖父赵雨亦举人出身，父亲也考取过秀才。梁宝瑛和赵夫人生有四子二女，长子就是梁启超。

梁家世代务农，梁维清乃梁家数代第一个秀才、八品教谕，从此成为当地有名的乡绅。梁宝瑛虽然没有取得功名，但从二十八岁起就在梁氏宗族的“叠绳堂”担任值理达三十年。晚清的乡绅，担负着维系底层社会秩序的纽带作用，也担负调解纠纷、兴办公益、传承文化体统的现实基层支柱。梁氏宗族自治机关就设在祠堂的“叠绳堂”，由五十岁以上的梁家元老六十至七十人组成，设四至六人任值理，由子孙中的中年人担任，处理日常事务。此外，除了家族组织外，还有“江南会”的经济组织，类似于信用合作社。梁宝瑛也在其中担任了二十多年的职务。所以梁维清这一家可谓典型的乡绅家庭。梁启超是深受祖父疼爱的长孙，五岁前就跟随梁维清，受到这位当地最有品位老人

的影响。他自称："我之为童子时，未有学校也。我初识字，则我母教我，直至十岁，皆受学于我祖父。"[1] 他二三岁就开始识字，四五岁祖父就教他读"四书"、《诗经》。

梁启超的记忆力好，又勤奋好学，才思很小的时候就表现出来。六七岁时还没有学写文章，就善于应对对联。有一次父亲的客人来家里，他献上茶水，客人听说这个孩子很聪明，就想测试一下。客人出了个上联："饮茶龙上水。"梁启超顺口答道："写字狗扒田。"这两句都是新会俗语。见到小孩这么才思敏捷，客人大为赞赏。八岁时，梁启超所作的一首诗表现了他勤于思考、大胆怀疑的性格：

朝登凌云塔，引领望四极；
暮登凌云塔，天地渐昏黑。
日月有晦明，四时寒暑易；
为何多变化，此理无人识。
我欲问苍天，苍天常默默；
我欲问孔子，孔子难解释。
搔首独徘徊，此理终难得。

此处说的凌云塔，就是茶坑村后熊子山上建于1609年（明万历三十七年）的塔，据说是为了昌兴新会的"文运"。

1882年，不满十岁的梁启超就随新会的叔伯兄长去省城广州考秀才，这当然只是梁维清希望给孙子在争取"功名"的长途中，及早的一次历练。这次虽然没有"及第"，但确是他首度走出偏僻的茶坑村，发现了外面的精彩世界。他带回了张之洞写的《书目答问》《輶轩语》等书籍，大大开阔了视野。1884年，梁启超第二次去省城考秀才，他名列前茅，得到主考官、广东学政叶大琚的赞赏。当叶留下年龄最小的秀才梁启超"试以艺文"时，梁灵机一动，

[1] 梁启超:《我之为童子时》,《饮冰室文集》之四，台湾中华书局，1978年版。

青年梁启超

勇敢地提出，请这位三品学政为自己祖父七十寿辰题写赠言，以表孝心。此举得到叶大琸欣然同意，高兴之下居然为他写了一篇“祝寿文”，文中称赞梁家教子有方，又把梁启超与古代神童吴祐、桓驎、任延、祖莹等相比，鼓励他树立远大志向。考试归来，不仅茶坑村，整个新会县都轰动了，大家都为本地出了不满十二岁的秀才而骄傲。梁家家族更是喜气盈门，可以想见祖父、父母读到广东学政亲笔赠书是何等高兴。

这与杨度十七岁花钱捐了个监生名分，也就是靠“异途”不经过“小考”获得了秀才同等学力的资格不同，梁启超完全靠自己努力，十二岁就考中秀才，真正显示了名副其实的“神童”才华。

从万木草堂的学子到戊戌变法的旗手

考中了秀才后，为了进一步走向正规“仕途”，梁家决定送梁启超去广州求学。因为下一步为考举人必须经过清代学术主流的训练，也就是训诂词章

的汉学训练。求学准备应考举人的时期（大约是从十二岁到十七岁这五年），他先后拜过两位汉学老师，1887年十五岁时进入广州五大书院之一的学海堂学习，在这里他沉醉在知识海洋之中，很快成了学海堂出类拔萃的学生。按学海堂的规矩，每月有考试，成绩第一名可得奖金五十元。“季课大考，四季皆第一，自有学海堂以来，自文廷式外，卓如一人而已。”[1] 他将获得的奖金都用来买了图书。这是他博览群书的阶段，除了是学海堂的正班生外，他还去五大书院的另外三个书院，即菊坡精舍、粤秀书院、粤华书院当院外生。

梁启超的勤奋学习为汉学打下了深厚基础，从只受新会陈白沙等岭南地方学派影响的学子，转变为系统理解熟悉清朝正统汉学的青年学者。功夫不负有心人。到1889年9月广东省三年一次的乡试，未满十七岁的梁启超以第八名的成绩考中举人。这次乡试的主考官、内阁学士、尚书李端棻十分欣赏梁启超的才华，决定将自己待字闺中的妹妹李蕙仙许配给他。这让梁家大感意外，他的祖父和父亲都自感微寒，不敢高攀官宦之家。但李端棻表示，只为亲为妹物色人才，并不在意贫富差距，这样就把婚事定了下来。

1889年，梁家真是双喜临门，梁家考中第一位举人，而他又娶上了大家闺秀、尚书亲妹为妻，无疑是茶坑村历史上头一遭。为了进一步博取功名，1890年，梁启超应该前往北京参加三年一次的全国会试，也就是考进士。于是他在父亲的陪同下，3月来到北京，这次会试并未考上，梁启超却进一步走到了更广阔的世界。他在北京结识了一批有识之士，如湖广总督张之洞的幕僚汪康年等。取道上海回广东时，他又买到了一批上海翻译馆出版的好书，如《瀛寰志略》等，介绍世界各国历史地理沿革和风土人情，乃至政治社会体制，大开眼界。

回到广州后，梁启超已经不满足于训诂词章的汉学，开始考虑对于国家有用的新学问。这时他遇见了陈千秋（字通甫），广东南海人，陈向梁介绍了自己新拜的老师康有为。当时康有为已于1888年第一次上书光绪皇帝，请求

[1] 丁文江、赵丰田：《梁启超年谱长编》，上海人民出版社，2009年版。

■ 康有为

变法，书虽没有送达皇帝，但他的名声已经在社会传开。陈告诉梁，康有为学问博大，论说新颖，完全可以做我们的老师。梁启超将信将疑，怀着好奇之心，同意与陈一道去拜会康。与康初次交谈，梁启超就有如冷水浇背之感。他后来在《三十自述》中回忆道：

> 时余以少年科第，且于时流所推重之训诂词章学，颇有所知，辄沾沾自喜。先生乃以大海潮音，作狮子吼，取其所挟持之数百年无用旧学更端驳诘，悉举而摧陷廓清之。自辰入见，及戌始退，冷水浇背，当头一棒，一旦尽失其故垒，惘惘然不知所从事，且惊且喜，且怨且艾，且疑且惧。与通甫联床，竟夕不能寐。

在康有为学术思想的感召下，1890 年 9 月，举人梁启超正式拜康有为为师，其时康有为还是一个秀才之身。梁启超的这一重要选择是其人生另一个起点：他从此告别清朝正统的乾嘉学派，走上维新思想之路。

到 12 月底，康有为门下已有弟子二十多人，于 1891 年正式授课讲学。他

■ 万木草堂今貌

先租了广州长兴里的房子作为校舍，随着人数逐步增多，最后迁到府学宫仰高祠，由于这里古木参天，康有为称之为“万木草堂”，当时在此从学的弟子已达百人。

梁启超在这里学习，从 1891 年起到 1895 年春入京会试后离开万木草堂，共有四年多，是他思想成长和学术奠基的重要阶段，以现在的学制类比，相当于他的研究生阶段。万木草堂的教学很有自己的特点：依孔子为准绳，着重“志于道，据于德，依于仁，游于艺”四端。康有为“大发求仁之义，而讲中外之故，救中国之法”[1]。“教授弟子，以孔学、佛学、宋明理学为体，以史学、西学为用。”[2] 这是一种师生相长、全面发展的教育，在当时可以说

[1] 康有为：《康南海自编年谱》。

[2] 梁启超：《康南海先生传》，《饮冰室文集》之六，第五十七至八十八页，台湾中华书局，1978 年版。

是开风气之先，使梁启超受益匪浅。

相比之下，杨度的老师“湘绮先生”王闿运，教授训诂词章，经学中主治《春秋公羊传》，辅以“帝王之学”，仍然是老一套的思路。同样在十九岁时，梁启超已经摆脱了清朝正统的学习训诂词章的汉学老路，面前展现出“中学为体，西学为用”视野广阔的世界，而杨度还在“湘绮先生”的门下彷徨，直到后来他到日本后才自己逐步走出这条旧传统道路。从这里也可以看出，导师的重要性，一直影响到他们中年的发展。

1894 年（甲午年），梁启超偕妻子入京，寓居新会邑馆。7 月，中日海战爆发，次年 2 月，清军彻底战败，由多年洋务运动所建立起来的北洋水师全军覆没，陆军也一败涂地。4 月，丧权辱国的《马关条约》传来，甲午战争的奇耻大辱令前来北京参加会试的学子们悲愤难禁。5 月 1 日，康有为和梁启超邀集十八省来京参加会试的多名举人集会，通过了朝野震动的公车上书，向清政府系统地提出了“拒和”“变法”和“迁都”三大主张。所谓“公车”，是因汉代开始，以公家车马送应试学子入京，后来就以“公车”来称参加会试的举人。由于保守派的阻挠，这次上的万言书并未达到光绪皇帝手中。但是这次声势浩大的维新派行动造成了巨大的社会影响，康、梁的名声不胫而走，从此他们成为维新代表人物。

由于维新运动受到阻挠，康、梁也认识到需要有长期斗争的准备。他们商定，从建立组织和扩大舆论宣传两方面入手。7 月，创办了《中外纪闻》，8 月，在北京组织了维新团体“强学会”，吸收志同道合的维新志士和同情维新的朝中官僚参加。但公车上书之后，清政府也提高了警惕，严厉对待所有的“持不同政见者”。12 月，《中外纪闻》被下令停刊，次年 1 月，强学会被下令解散，这样就使得维新人士在北京失去了生存空间，不得不转移到上海。

当时上海强学会被解散后，会员黄遵宪、汪康年就想筹办一个《时务报》，请梁启超来担任主笔。于是梁就于 1896 年 4 月从北京南下上海，和他们共同创办《时务报》。8 月，《时务报》创刊号出版，立即受到广大知识界的关注和

欢迎，很快就风靡一时，发行份数从开始的几百份，数月就增加到上万份。康、梁以此为阵地，系统地宣传变法维新的思想。梁启超在发表的《变法通议》（此长文分十三节连载）系统地阐述了变法的各个方面，他认为："变法之本，在育人才；人才之兴，在开学校；学校之立，在变科举。而一切要其大成，在变官制。"这也就深深地触及了整个政治体制。

在《时务报》的影响下，各地维新变法的团体又逐步发展起来，粤学会、湘学会、桂学会等纷纷成立。鼓吹变法革新的刊物也不断增多，如《国闻报》《湘学报》等，这当中湖南省表现得最为生气勃勃。这是因为湖南巡抚陈宝箴本来就是维新派官员，而后来黄遵宪又从上海调来当了按察使，他们起用了一批维新志士，如谭嗣同、熊希龄、唐才常等，利用手中权力，大胆开风气之先。1897 年，为了培养维新人才，他们决定创办一个新式学堂，由熊希龄担任学堂总理，谭嗣同为总监，由陈宝箴出面聘任梁启超为中文总教习，李维格为英文总教习，取名为"时务学堂"。

1897 年 10 月，梁启超从上海应聘到长沙就职。他希望将此学堂办成"兼学堂书院二者之长"，制定了《湖南时务学堂学约》十章，包括立志、养心、制身、读书、穷理、学文、乐群、摄生、经世、传教。学堂中学与西学并重，既有经史诸子，又有算学、物理（格致）、化学等，希望能培养一批能担任明日中国革新重任的新式人才。时务学堂从创办到停办，只招考过三次。录取学生总数只有两百名左右，却培养出了一批杰出的人才，如蔡锷（后来云南都督，护国战争的组织者和领导者）、范源濂（北洋政府教育总长，北京师范大学首任校长）、方鼎英（黄埔军校代校长兼教育长）、杨树达（中央研究院院士，中国科学院院士）、李复几（中国第一位物理学博士）、李炳寰、林圭、田邦璇、蔡仲浩、唐才质、唐才中（自立军起义烈士）。

1897 年 12 月，康有为又向清廷呈递《上清帝第五书》，终于到达了光绪皇帝手中。1898 年（戊戌年），由于德国强占胶州湾，俄国索要旅顺大连，引起全国瓜分危机，引发民情鼎沸。1 月，光绪黄帝命翁同龢等大臣召见康有为，

2015 年 4 月 22 日，杨友麒与吴荔明重访长沙岳麓书院，在梁启超当年主持的“时务学堂”故址留影

询问变法大政。这时，他认为变法维新的时机终于到来，就立即召梁启超入京共谋大事。3 月，梁应召到京，立即投入变法活动之中。

4 月，正值三年一次的举人会试期，各省准备参加会试的举人云集京城，5 月，康、梁联合各省举人百余人，向都察院上书《请变法科举折》。6 月 11 日，光绪帝“诏定国是”，“百日维新”正式开始。16 日，光绪帝力排众议，召见康有为，任命其为“总理衙门章京行走”。本月，召见梁启超，梁趁此献上自己的《变法通议》，被任命为六品官衔。9 月，光绪帝又任命谭嗣同、刘光第、杨锐、林旭等任军机处章京行走，图谋介入军权控制。从 6 月 11 日到 9 月 21

■ 慈禧太后

日，共一百零三天，维新派借助光绪皇帝上谕形式一百多件，推出变法命令。变法内容广泛，涉及政治、经济、文化教育、军事诸多方面，为的是给人民一定程度的言论、集会和结社自由；鼓励资本主义工商业的发展，提倡实业；改革教育制度，废除八股取士，培养新式人才；鼓励著作和发明，准许办学会、开报馆，翻译外国书报，广开言路；裁撤绿营及一批冷衙门和冗官。这一系列的变法，极大地突破了中国传统的封建旧传统思想大一统的局面，起到了振聋发聩的作用，“变则存，不变则亡”的舆论一时间主导华夏大地，成为中国近代第一次思想大解放运动。

但是，由维新书生和无权皇帝发动的这场变法，很快就遭到以慈禧太后为代表的顽固派的封杀。9 月 21 日，慈禧命荣禄带兵囚禁光绪皇帝于颐和园，下令捕杀维新党人，宣布第三次垂帘听政，废除新法。在慈禧政变的前夕，康、梁已得知风声，知道大势已无法挽回，康有为于是逃离北京。梁启超劝谭嗣同也一同逃走，但谭已抱定以死唤醒国人，他对梁启超

说："不有行者，无以图将来，不有死者，无以酬圣主。……吾与足下分任之。"[1] 他对前来劝他逃往日本的日本志士说："各国变法，无不从流血而成！中国未闻有因变法而流血者，此国之所以不昌也。有之，请自嗣同始！"[2] 梁启超逃到日本使馆，26日流亡日本，开始他长达十四年的流亡生活。28日，谭嗣同、刘光第、杨锐、林旭、康广仁、杨深秀等"戊戌六君子"就义于菜市口刑场。

引领维新舆论　启蒙一代国人

梁启超流亡到日本后，总结了"戊戌变法"失败的教训，认为改革必从启发民智、伸张民权开始，在民间打下广泛的群众基础。他一面积极学习日语，一面筹办《清议报》作为舆论阵地。花费半年时间，梁启超就掌握了日文，从而大大地开阔了视野。日本明治维新后，系统地翻译了西方的经典政治、经济、科学技术著作，它们为梁启超提供了在国内无法接触的新文化平台，从而使他从康有为的万木草堂提升到一个新的境界，开始超越他的老师。

《清议报》从1898年12月创办，他自任主笔，每旬一期，主要向中国国内发行，印数达到三千份，一共出了一百期。他后来自己总结《清议报》有四大特点：一曰倡民权；二曰衍哲理；三曰明朝局；四曰厉国耻。"一言以蔽之曰：广民智，振民气而已。"[3]

1902年正月，《新民丛报》半月刊开始发行，其主要宗旨讲得明白："一、本报取《大学》新民之义，以为欲维新吾国，当先维新吾民。……一曰本报以教育为主脑，以政论为附从。……一曰本报为吾国前途起见，一以国民公利公益为目的。持论公平，不偏于一党派……"初创发行一千份，不久就风

[1] [2] 梁启超：《戊戌政变记·谭嗣同传》，《饮冰室专集》（三），第一至一百五十七页，台湾中华书局，1978年版。

[3] 丁文江、赵丰田：《梁启超年谱长编》，第一百七十三页，上海人民出版社，2009年版。

断发后的梁启超

靡全国，国人竞喜读之，清廷虽严禁，不能制止，几个月就增至一万四千多份。不仅沿海省市争相传阅，而且深入边陲，每册一出，内地翻刻本则十数种，成为当时最受欢迎的读物。黄遵宪曾称道："《清议报》胜《时务报》远矣，今之《新民丛报》又胜《清议报》百倍矣。惊心动魄，一字千斤，人人笔下所无，却为人人意中所有，虽铁石人亦应感动，从古至今文字之力之大，无过于此矣。"[1]

梁启超办《新民丛报》时正三十多岁，精力充沛，笔下感情丰富，"为文恒三数日不寐，作竟乃息。每作则数万言、十数万言，常手稿交付门弟子辈曰：'汝辈玩了两日，吾乃成书一本，吾睡觉去矣。'"[2] 他的笔端魅力形成了一种独特的风格，许多年轻人受到感染，纷纷仿效，一时间"新民体"的文风变

[1] 丁文江、赵丰田:《梁启超年谱长编》第二册，第一百八十一页，上海人民出版社，2009 年版。

[2] 吴其昌 :《梁启超传》，百花文艺出版社，2004 年版。

断发后的梁启超

成时髦。

梁启超对中国一代人的思想启蒙影响可以从毛泽东、郭沫若、胡适和鲁迅等人的自述中感受到。

当《新民丛报》出版时，毛泽东还在韶山一隅，到1910年才从他表兄文运昌那里借到了过期的《新民丛报》。他如获至宝，爱不释手，反复阅读，认真思考，直到里面不少文章都“可以背诵出来”。他尤其喜欢里面刊登的《新民说》，这篇长文分二十个专题，在重要段落，他都加了“批语”。他还一度将笔名取为“子任”，明显以任公的后继者自居。他那时写文章也学了梁的新民体，结果受到湖南第一师范学校语文老师袁仲谦的批评，袁认为这种体裁适合报刊，不适合正规的大文章。尽管如此，他对梁痴情不改，1918年，他和知心朋友成立第一个革新社团，就叫“新民学会”。1936年，在延安与斯诺谈话时，毛回忆起他就黄花岗起义失败气愤地写了大字报贴在学校墙上，呼

吁推翻清政府，呼吁让孙中山、康有为和梁启超来组织新政府。[1] 他说："这是我第一次发表政见，思想还有一些模糊，我还没有放弃我对康有为、梁启超的钦佩。我并不清楚他们之间的差别。所以我在文章里提出，把孙中山从日本请回来当新政府的总统，康有为当国务总理，梁启超当外交部长。"

胡适 1912 年在他的日记中写道：

"梁任公为吾国革命第一大功臣，其功在革新吾国之思想界。十五年来，吾国人士所以稍知民族思想主义及世界大势者，皆梁氏之赐，此百喙所不能诬也。去年武汉革命，所以能一举而全国响应者，民族思想政治思想入人已深，故势如破竹耳。使无梁氏之笔，虽有百十孙中山、黄克强，岂能成功如此之速耶！近人诗'文字收功日，全球革命时'。此二语惟梁氏可当之无愧。"[2]

郭沫若在自己的自传《少年时代》中写道：

"平心而论，梁任公地位在当时确实不失为一个革命家的代表。他是生在中国的封建制度被资本主义冲破了的时候，他负载着时代的使命，标榜自由思想而与封建的残垒作战。在他那新兴气锐的言论之前，差不多所有的旧思想和旧风气都好像狂风中的败叶，完全失掉了它的精彩。二十年前的青少年——换句话说，就是当时有产阶级的子弟——无论是赞成或反对，可以说没有一个没有受过他的思想或文字的洗礼的。他是资产阶级革命时代的有力的代言者，他的功绩实在不在章太炎辈之下。"

从推进宪政到出任司法总长

梁启超流亡日本的十四年，思想上曾有过波折，一度与孙中山领导的革命派走得很近。那是因为，一方面"戊戌六君子"的流血牺牲使梁对清廷彻底失

[1] 李喜所：《毛泽东眼里的梁启超》，《梁启超与饮冰室》，天津古籍出版社，2002 年。

[2] 胡适：《胡适文集·书信日记卷》，北京大学出版社，1998 年版。

1902 年，梁启超摄于加拿大

望，觉得数千年的封建痼疾盘踞膏肓，“故破坏之药，遂称为今日第一要件”；另一方面，流亡日本的中国精英大多是革命派，当时孙中山也居东京，在日本友人、日本宪政党魁犬养毅和宫崎寅藏等人的推动下，极力推动与康、梁的联合。1898 年底，他们促成了孙中山与梁启超的会面。梁启超对孙中山的言论十分倾倒，并答应请示康有为后可以进一步商谈合作之事。在 1899 到 1902 年这一阶段，梁的思想在立宪改革与革命破坏之间有摇摆。(详见杨度、梁启超与孙中山一章。)

1903 年，梁启超赴北美，花了九个月遍游加拿大、美国各地，深入考察了美国的民主政治制度及华人社会，结果他发现：西方文明制度与中国有很大反差，即使已长期落户美洲的华人社区，仍然为家族主义和村落思想控制，并无高尚的目的和自治的能力。如果按这样的国民素质，实行民主共和政体，“无异于自杀其国也”[1]。同时，他也注意到美国民主制度的缺陷。地方选举

[1] 梁启超：《新大陆游记》，社会科学文献出版社，2007 年版。

1910 年，梁启超与两岁的梁思庄、三岁的梁思忠摄于日本

光绪帝

造成财力浪费和营私舞弊，选出的19世纪的几任总统也很平庸，缺乏威信和生气。所以，回国后，他绝口不再提革命之事，反而成为坚定的君主立宪派。

1905到1911年是杨度和梁启超二人联手推进宪政的“黄金时期”，这时他们“同是天涯沦落人”，有共同的政治理想——君主立宪将他们结合在一起。

自八国联军入侵，慈禧与光绪逃往西安，他们回到北京后，慈禧的朝廷上下都明白：再不变法只能是死路一条。清政府开启了自上而下的缓慢革新之路。1901年1月，又以光绪名义，正式颁布“变法诏”；1904年6月，清政府为了缓和社会上认为清政府“内满外汉”的矛盾激化，以慈禧七十寿辰为名，宣布“康有为、梁启超、孙中山之外，其余戊戌案内各员，均著免其既往，予以自新”。1905年7月，下达“派遣五大臣出洋考察政治”之诏。这“五大臣出洋政治考察团”中有位关键人物就是出洋考察随行参赞熊希龄。他提出：为了将来考察回来向上交差，必须事先物色一位平时对宪政有研究的专家，请他先打个底稿，供我们回国加以整理、补充，以之上报朝廷，这样

1910年，梁启超与汤觉顿（荷庵）在日本

可以万无一失。他的方案得到五大臣首肯。于是，熊希龄先期来日本找到杨度，请他操刀代笔。但杨度认为海外宪政实际情况梁启超了解得比自己多，所以又推荐梁来共同完成。

1905年，孙中山等革命党人在东京成立了中国同盟会，以“驱除鞑虏，恢复中华，创立民国，平均地权”为政纲，并以章太炎为主笔创办《民报》为宣传阵地。这样，就与以梁启超为主笔的《新民丛报》并立，形成革命派和改良派两个阵营的对垒，就“中国向何处去？”展开了空前的大论战。这场论战涉及双方的报刊多达二十余种，时间长达两年多。梁启超作为这场论战的改革派主帅，写了大量关于君主立宪的论文，如《开明专制论》《驳某报之土地国有论》《中国不亡论》等等。（杨和梁这一段合作和贡献，后文再专述。）

1906年，清廷发布上谕宣布预备立宪，梁启超立即响应，在日本东京联合杨度等人成立“中华帝国宪政会”，奉康有为为会长。1907年，他与杨度分开，另行组织立宪团体“政闻社”，创办其机关报《政论》，次年2月，政闻

社总部由东京迁上海，8 月被清廷查禁。1911 年 10 月 10 日，武昌起义爆发。1912 年 1 月 1 日，孙中山在南京就任中华民国临时大总统，准备在中国实行美式共和。清政府被革命吓得只能下“罪己诏”，解散皇族内阁，推举实力派袁世凯组织新内阁（此内阁杨度是学部副大臣），同时宣布大赦政治犯，悬在梁启超头上十三年之久的“通缉令”终于解除。为了避免南北战争，1912 年 2 月，孙中山将临时大总统让位给袁世凯。梁启超立即向国内的立宪党人提出“和袁、慰革、逼满、服汉”的方针。1912 年 10 月，他由日回国，在天津和北京受到政府要员和社会各界隆重热烈的欢迎。1913 年，梁启超觉得依靠袁世凯实行“开明专制”的机会已经到来了，于是组织原立宪党人和其他改革派人士成立进步党，在国会中与国民党相抗衡。

袁世凯窃据总统位置后，却加紧了独裁专制的步伐，一方面指使黑社会暗杀国民党领袖宋教仁，一方面积极筹款武力摧毁南方革命势力。以孙中山为首的革命派于 1913 年 7 月发动反袁的“二次革命”，但因准备不足，仓促起事，很快被北洋军击败。袁世凯为安抚民心，决定以熊希龄为总理、进步

梁启超与友人在日本

党人为基干组成“名流内阁”。9 月 11 日，熊希龄内阁正式成立，熊任国务总理兼财政总长，其他总长是：外交孙宝琦，内务朱启钤，陆军段祺瑞，海军冠雄，教育汪大燮，司法梁启超，交通周自齐，农林、工商张謇。当时内定请杨度当教育总长，但他认为这是一个无法施展才能的虚职，只对熊希龄说了句“本人帮忙不帮闲”，便拂袖而去。进步党受宠若惊，企图乘此扩张党势，组成一个完全的政党内阁。梁启超成为内阁的灵魂，他拟定内政、外交、军事、实业、行政、教育等方面的施政纲要，起草《政府大政方针宣言书》。而事实上，还是袁世凯把持陆军、内务和外交等实权要害部门。

师生共策护国战争　推倒洪宪帝国

名流内阁本来就是袁世凯稳定民心的幌子，他追求的目标仍然是专制独裁。这就必然和主张用立宪和国会来制约总统的进步党人及内阁发生矛盾。

袁世凯

按规矩应当先制定宪法，规定好总统和议会各自的权力后，再选举总统。但袁待之不及，要尽快当上正式的大总统，所以要求“先选总统，后立宪法”。最后，内阁也不得不妥协，同意先选总统。袁当上了正式大总统后，就想尽量甩开议会，要求众议院“增修约法”，取消当时孙中山让位时制定的限制大总统权力的“临时约法”。这当然首先受到国民党议员的反对。于是11月，袁世凯下令取消国民党议员资格，解散国民党，这样一来，两院议员人数只剩下不到半数。1914年1月，袁又下令，并经内阁副署，停止残留议员的活动，给资遣散回家。2月，熊希龄辞去内阁总理职务，梁启超也随之辞职。袁世凯仍想挽留梁，又任命其为币制局总裁。这时，梁看到他原来立宪改革的理想已完全破灭，实在难有作为，最后于1914年底彻底离开袁政府。

梁启超在“从政”三四年后已感到失望和厌倦，准备集中精力发挥自己的特长，做自己喜欢的学术研究，但是国内政坛却不容他轻松抽身。他还没有与袁世凯彻底决裂，对其仍抱有希望；袁世凯也深知梁启超的影响力，要想做皇帝，梁是绝不能绕过去的人。当时，杨度正在和袁世凯的大公子袁克定等酝酿称帝之事。所以1915年初，由袁克定出面，杨度作陪在小汤山设宴，请梁启超来谈“国体”问题，希望他能合作推进帝制，结果遭到梁的拒绝，宴席不欢而散。梁启超是个对政治极为敏感之人，感觉正在面临一场新的政治运动，他实在不愿意卷入这场旋涡，于是立即将家小由北京迁往天津。

梁不希望袁误入歧途，又联络冯国璋来北京，一同入见袁，晓以利害，劝说他停止帝制运作，但是这并没有奏效。1915年7月，袁世凯御用美国顾问古德诺的文章《共和与君主论》发表，公开提出“中国如用君主制，较共和制为宜”的主张。8月，杨度组织的筹安会发表“宣言”，支持帝制的舆论一时间进入高潮。梁启超实在忍无可忍，决心不再沉默，动笔写出《异哉所谓国体问题者》的著名论文，驳斥甚嚣尘上的帝制舆论。文章尚未发表，袁世凯已得知，于是立即派人以为梁太公祝寿名义送去二十万元巨款，要求不要发表，被梁启超婉言拒绝。为了最后劝阻袁氏称帝改变国体，他还命人将

其立即抄录，寄给袁氏。袁不但听不进去梁的劝阻，反派梁士诒到天津对梁威胁，让他不要因此做第二次流亡。梁看私下劝告已无用处，果断交北京《京报》发表，这篇文章又一次将他推到舆论的中心。不但《京报》被抢购一空，其他报纸也纷纷转载，单行本也随即出版，以供大众抢读为快。正如后来蔡锷所言："先生所言，全国人人所欲言，全国人人所不敢言，抑非先生言之，固不足以动天下。"

于是，梁启超联络了自己在湖南时务学堂的爱徒蔡锷，在天津策划反袁护国行动的大计。蔡锷留学日本时，因梁的关系考入日本士官学校，毕业时成为"士官三杰"之一，担任过云南都督。袁世凯设计调他到北京，实际想解除他的军权，防止他在边陲云南坐大。蔡对袁世凯早就义愤填膺。梁启超与蔡锷师生二人志同道合，梁指出："余之责任在言论，故必须立刻作文堂堂正正以反对之。君则军界有大力之人也，宜深自韬晦，勿为所忌，乃可以密图匡复。"[1]

于是，蔡锷一面称喉病需赴天津治病，一面秘密联络云南旧部准备起事。1915 年 11 月，他们商定：云南应于袁氏下令称帝后立即宣告独立，贵州应于一个月后响应，广西应于两个月后响应。继而以云贵之师下四川，广西之师下广东，三四个月后会师湖北，底定中原。12 月，蔡锷带着梁启超起草好的电文，向袁世凯请假赴日本治病，由日本转赴云南。当时的云南都督唐继尧已在云南等待多时，蔡锷一到，12 月 23 日就在云南向袁世凯发出要求"永除帝制""惩办祸首"的最后通牒电文。在没有得到答复后，于 25 日宣布云南独立，举起了护国战争的大旗。这场护国战争从 1915 年 12 月算起，到 1916 年 3 月 22 日袁氏在慌忙中宣布撤销帝制，总共用了三个月左右的时间，就推倒了洪宪王朝。6 月，袁世凯一命呜呼。

护国战争的详细故事请看后面《杨度、梁启超和蔡锷》一章。

[1] 梁启超：《国体战争躬历谈》,《盾鼻集》，第一百四十二至一百四十六页,《饮冰室专集》(三),台湾中华书局,1978 年版。

著论求为百世师

梁启超的一生最精彩、贡献最大的部分还在于他的思想和学术论著，这些成就使他成为中国清末以来影响深远的第一人。他在 1901 年二十八岁写下《自励》诗曰：

献身甘作万矢的，著论求为百世师。
誓起民权移旧俗，更研哲理牖新知。
十年以后当思我，举国犹狂欲语谁。
世界无穷愿无尽，海天辽阔立多时。

这首诗说明，梁启超从二十八岁起就立下“求为百世师”的宏愿，虽然后来在“献身甘作万矢的”的政治斗争中，他也花费了不少精力，但从他本人的意愿来讲，研究学理、开启民智却是他最在意和热衷之事。经过出任北洋政府高官又被

■ 饮冰室及其前的梁启超像

2015 年初，作者全家赴天津缅怀饮冰室，
左起杨友麒、杨念群、杨峥、吴荔明

迫辞职后，他对当时专制主义统治下的政界已十分厌倦。1915 年，梁曾发表《吾今后所以报国者》的文章表达自己的心愿："除学问上或与二三朋辈结合讨论外，一切政治团体之关系皆当终止。"即使后来为了推翻袁世凯恢复帝制发动护国战争，他与蔡锷在天津商量起义大计，蔡锷临行前师生二人还是约定："事之不济，吾侪死之，决不亡命。若其济也，吾侪引退，决不在朝。"[1] 这说明，梁真的决心从政坛引退，发动护国战争完全出于责任心，实在是不得已而为之。

从 1915 年起梁启超就在天津意租界买下一处旧房子，打造自己的学术书斋——饮冰室，大约有十年时间，他在这里潜心做他最喜欢做的学术研究，他的《饮冰室全集》，一半是在日本侨居十七年间完成，一半就是在天津饮冰

[1] 梁启超：《盾鼻集·序》，《饮冰室文集》，台湾中华书局，1978 年版。

室完成的。他从二十八岁起立下宏愿，到四十三岁退出政治舞台，虽然拖延了十五年之久，但最终急流勇退，回归他最喜爱的事业。这一回归极为重要，使得他获得了十几年的宝贵时间，达到他学术成就的顶峰，成就了一代宗师。相比之下，杨度虽然也在袁世凯倒台后躲到天津潜心研究佛学，但只安静地研究了几年，一旦惩治帝制余孽的禁令解除，他立即从天津回到北京，重新回到他熟悉的政治舞台中去。从此，也就再无学术创造了。

梁启超终成一代博古通今、学贯中西的文化宗师，一方面由于他敏捷的才思，另一方面也由于他超人的勤奋。他为后人留下了一千四百多万字的著作，从戊戌变法到五十六岁于北京逝世，平均每年学术、政论著作有四十万字，在我国历史上，他也是丰产的第一人。正如郑振铎所说：梁启超“政治上虽然是一位温情主义的改良论者，野心一点也不大，然在学术上，他却是一位虎视眈眈的野心家。他不动手则已，一动手便有极大的格局放在那里”[1]。仅《饮冰室合集》就涵盖了史学、哲学、财经学、文学、法学、教育学、社会学、宗教学、政治学、地理方志、图书馆学等诸多领域，其视野之宽广、文笔之生动、分析之深刻确实在近代学术领域难有比肩者。下面只能择其精要略述几点：

他奠定了“新史学”基本理论，提出了系统的“中国历史研究法”。

> 中国于各种学问，惟史学为最发达。史学在世界各国中，惟中国为最发达。[2]

而在戊戌变法至辛亥革命一段时间里，随着西学深入，在“最发达的”中国史学中发生了一场“史学革命”。梁启超、章太炎、严复、夏曾佑等人纷纷起来批判传统史学，而这场革命也正是辛亥革命在思想领域的前奏。它的旗手

[1] 郑振铎：《梁任公先生》，《追忆梁启超》，中国广播电视出版社，1996 年版。

[2] 梁启超：《中国历史研究法》，《饮冰室文集》，台湾中华书局，1978 年版。

正是梁启超。1902 年，梁写出《新史学》长文在《新民丛报》上连载，形成了新史学的系统理论。他批判传统史学有“四大弊端”：

一曰知有朝廷而不知国家……；二曰知有个人而不知有群体……；三曰知有陈迹而不知有今务……；四曰知有事实而不知有理想……。[1]

他系统地整理中国学术思想，为启迪新思想打开了大门。梁启超是以近代学术体系研究先秦诸子的第一人，他认为中国的政治思想潮流有四大流派，即儒、道、墨、法四家，他突破了传统的注释考证的研究方法，而从自己开辟的近代学术体例、规范，立足中西比较，批判性地开展系统研究。他说：

不知己之所长，则无以增长光大之；不知己之所短，则无以采择补正之。语其长，则爱国心也；语其短，则救时之言也。[2]

他写出的一系列著作，如《中国近三百年学术史》《先秦政治思想史》《老子哲学》《孔子》《儒家哲学》《墨子学案》《清代学术概论》等，视野开阔，气势磅礴，开启了一代人的思想，同代人乃至后世很长时期无人能及。

梁启超倡导文学、诗学、美学革命，在文化界留下深远影响。早在 1902 年，他在横滨创刊《新小说》，后来又在《新民丛报》上开辟“小说专栏”。在《论小说与群治之关系》一文中，他说道：

欲新一国之民，不可不新一国之小说。故欲新道德，必新小说；欲新宗教，必新小说；欲新政治，必新小说；欲新风俗，必新小说；……故今日欲改良群治，必自小说界革命始，欲新民必自新小说始。

他提倡的“小说界革命”，重心不在艺术创作，而在思想境界。他自己也试作《新中国未来记》，以宣传自己的主张。在他的推动下，一批揭露社会黑暗的小说，

[1] 梁启超：《新史学·中国之旧史》，《饮冰室文集》，台湾中华书局，1978 年版。

[2] 梁启超：《论中国学术思想变迁之大势》，《饮冰室文集》之七，第一至一百零四页，台湾中华书局，1978 年版。

1920 年，梁启超摄于巴黎

如《20 年目睹之怪现状》《官场现形记》《老残游记》等纷纷面世。为了推动“诗界革命”，他编辑了《饮冰室诗话》，收集了当时好诗，包括黄遵宪、杨度的多首作品。

梁在晚年专注办学育才，成为著名的导师、教育家。他最早于 1906 年在上海就举办上海中国公学，后来到 1927 年由国民党政府接管。1914 年底，梁启超还曾到清华西工字厅“假馆著书”十个月。1917 年年初，他再次应邀到清华讲演。1920 年 12 月，开始到清华系统地讲授“国学小史”，1922 年 2 月起，被清华正式聘为讲师，讲授中国学术史等课程。但当时的清华实为留美预备学校，学生以学习英文和西学为主，虽有国学部，但不受重视，因为出洋留学并不计算国学成绩。同年，在他的推动下，清华学校开始改组为大学部、留美预备部和研究院。1924 年开始筹建“国学研究院”，梁启超、王国维、陈寅恪、赵元任四人被聘为“四大导师”，每人负责一个研究室；还有一位李济（聘为讲师）负责人类学及考古，实为五个研究室。1925 年 9 月，国学院正式开学。所以说，梁启超是清华大学人文科学的奠基人之一。

伏案写作的梁启超

梁启超的成就，还与他漫游世界的经历直接相关。古人说："读万卷书，行万里路。"他可以说是身体力行了。他二十六岁开始流亡日本，对于正如饥似渴地求新知的青年而言，日本恰似一个西方文明的中转站，使他成为当时少数得以接触西方文化的青年学者。1900年，二十七岁的他又奉康有为之命，赴美国、澳大利亚为保皇党筹措经费，春夏在檀香山考察半年，冬天赴澳大利亚，直到次年4月才回到日本。这期间，他实地考察了西方的民主共和政治的运作方式，当地的社会制度和风尚对于他后来的政治主张有着深刻影响。辛亥革命之后，1918年，四十六岁时他又和丁文江等人组织民间团体，赴欧洲考察。一方面，他们希望在第一次世界大战结束巴黎和会即将召开之际，在外交上施加影响，做出贡献；另一方面，借机全面考察欧洲各国的国家社会制度。这次，他访问了英国、法国、比利时、荷兰、瑞士、意大利和德国，历时一年多。梁启超除了精通日语外，还边考察边学习英语，到后期已经可以用英文读写。须知，这次"考察"虽然是"民间团体"名义，但其规格极高，不是一般外交使团可比拟。梁所到之处均有社会名流和政坛要人接待，所谈之事均是国家大事，仅举一例可以说明：他们到达比利时时，就得到比利时国王的亲自接见。所以，这样纵横世界的大师，即使是当今全球化如此发达的今天，也是难得一见的。

参考文献：

《梁启超年谱长编》，丁文江、赵丰田编，上海人民出版社，2009年版

《新会梁氏——梁启超家族的文化史》，罗检秋著，中国人民大学出版社，1999年版

《三十自述》，附：《我之为童子时》，梁启超著，《饮冰室文集》第四册，台湾中华书局，1978年版

《南海康先生传》，梁启超著，《饮冰室文集》第三册，台湾中华书局，1978年版

《戊戌政变记》，梁启超著，《饮冰室全集》，香港天行出版社，1972年版

《谭嗣同传》，梁启超著，《饮冰室全集》，香港天行出版社，1972 年版

《梁启超传》，吴其昌著，百花文艺出版社，2004 年版

《毛泽东眼里的梁启超》，李喜所著，《梁启超与饮冰室》，天津古籍出版社，2002 年版

《胡适文集·书信日记卷》，胡适著，北京大学出版社，2013 年版

《少年时代》，郭沫若著，人民文学出版社，1979 年版

《梁启超与护国战争》，董方奎著，重庆出版社，1986 年版

《国体战争躬历谈》，梁启超著，《饮冰室文集》，《盾鼻集》，台湾中华书局，1978 年版

《饮冰室诗话》，梁启超著，人民文学出版社，1959 年版

《追忆梁启超》，夏晓红编，中国广播电视出版社，1996 年版

第三章

杨梁联手，共推宪政

从杨度的一首诗谈起

杨度和梁启超的密切合作是在日本流亡时期（大约1905到1907年左右）。这里有一首诗为证。在梁启超的《饮冰室诗话》（人民文学出版社1959年版）中他录用了杨度写给他的一首诗：

哲子复赠余一诗云：

志远学不逮，名高实难副。古来学者心，栗栗惟兹惧。忆吾新会子，夙昔传嘉誉。德义期往贤，流风起顽锢。襄余初邂逅，讲学微相忤。希圣虽一途，称师乃殊趣。（原注：戊戌春在长沙论《春秋公羊传》，各主师说，有异同。）杨朱重权利，墨子尊义务。大道无异同，纷争实俱误。（原注：余尝谓湘潭王先生援庄入孔，南海康先生援墨入孔，实为今世之杨墨，而皆托于孔者也。）茫茫国事急，恻恻忧情著。当凭卫道心，用觉斯民悟。古人济物情，反身先自诉。功名岂足宝，贵克全予素。君子但求己，小人常外骛。愿以宣圣训，长与相攻错。

诗末复眷以小札云：

近以国中青年子弟，道德堕落，非有国萃保存之教育，不足以

挽狂流，如前数次所面论者。因时取旧书温阅，思有所编述。乃每一开卷，责人之心顿减，责己之念顿增。时一反省，常觉天地之大，竟无可以立足之地。自治之道，其难如此。因思古今社会风俗，其能致一时之醇美者，必由于二三君子，以道相规，以学相厉，流风所及，天下效之。

以躬行为之倡，而因以挽一世之颓俗，此必非口舌论说之功所能比较者。古圣贤之为学，必求其反躬自省，而无丝毫不歉于心，乃为有得。

若夫名满天下，功满天下，曾于吾身无一毫之增损者，常人道之，君子不计焉，以其无关于求己之道也。今同处异国，于众人之中，而求可以匡吾过而救吾失者，无如足下，辄以其意成诗一首。知足下亦无取乎便妄，故自附于直谅之末，亦以托于先施而求诲迪，特录以奉呈。

诗中追述往事者，欲以纪实，著其离合之迹；君子之道，不贵苟同也。而又必称师者，薄俗忘本，非度等所当出。足下担任一世之教化者，尚以予言为信乎？若能俯赐酬答，而无辜我嘤鸣，是所幸也。

呜呼！自万木草堂离群以来，复生、铁樵宿草之后，久矣夫吾之不闻斯言也，吾之疚日积而德日荒也，十年于兹矣。风尘混混中，获此良友，吾一日摩挲十二回，不自觉其情之移也。

这首诗写于何时？

从梁启超的《后记》中可以推断出，它大约写于离开万木草堂后的十年，也就是1905年流亡日本时期。1905年是多事的一年，也是丰富多彩的一年。（湖南人民出版社出版的刘晴波主编的《杨度集》中将此诗列为1903年据《新名丛报》第三十八、三十九期合刊号。经到北京大学图书馆查阅《新民丛报》，证明实无此诗，有误。）

黄兴

第一句："志远学不逮，名高实难副。"当年，杨度还是三十岁的年轻人，为何能有这样"老气"的感慨？

杨度曾于1902年由湖南赴日本东京第一次留学，当年他才二十一岁，以自费生入弘文书院，他的同学有黄兴、胡汉民、杨守仁等。第一次留学日本，他主要为了考察日本的教育，并与黄兴、杨守仁等创办了《游学译编》月刊，发表了一系列关于教育的论文，例如，为日本大教育家伊泽修二所著《日本学制大纲》一书写后序，与日本女教育家下田歌子研讨女子教育的纪要《华族女学校监下田歌子论兴中国女学事》，其中一篇《支那教育问题》就刊发在梁启超主编的《新民丛报》上。他还与其所在的弘文书院院长嘉纳治五郎开展了有名的"中日教育大辩论"。通过这一系列的活动，杨度在日本的教育界和中国留学生中已造成相当大的影响，他又将《游学译编》和《支那教育问题》的单行本分送国内上层亲友，因而到他半年期满回国时，在国内也有了一定的知名度。

1903年，按慈禧太后下旨开经济特科全国考试，杨度被四川总督锡良保荐（一说是由太常寺卿陈兆文保荐），取得参试资格。此次考试于1903年7

■ 杨度著《日本学制大纲》

月在保和殿由皇帝亲临御试，最后杨度以一等第二名录取。后来，这次考试被认为录取人与康梁乱党有关而被慈禧太后否决并下令彻查。杨度只得再一次流亡日本。

到日本后，杨度进入东京法政大学，由于他这时名声更大，又好交友，他的寓所几乎成了“湖南会馆”，湖南在东京的留学生黄兴、宋教仁、陈天华、蔡锷、刘揆一、杨笃生等是经常的座上客。1904 年春，杨度与蔡锷等人被湖南留日学生推举为中国留日学生会馆的评议员，杨度又被推为总干事；10 月，他又被推举为留日留美学界总代表，回国参加争取粤汉铁路废约自办的请愿活动。

理解了当时的背景之后，我们回过头再来了解这首诗本身的含义，就明白“名高实难副”的意思。这是杨度一首十分特殊的诗。因为杨度从来就恃才傲物，又加上典型的湖南“犟驴子”脾气，极少自我批评；甚至到袁世凯“登基”失败，他本人遭到通缉，也从未公开自我批评过。而在这首诗的一开始就“反躬自省”：“志远学不逮，名高实难副。古来学者心，栗栗惟兹惧。”

之所以能如此，对于当年正值而立之年的他而言，有以下原因：一是在而立之年，感到自己生于乱世，旅于海外，“时一反省，常觉天地之大，竟无可以立足之地。自治之道，其难如此”，由衷感到自己的孤独；二来他环顾在日本的朋友中最可钦佩的人，当属梁启超。对别人可以不服气，但对梁他是

应该低姿态的。

下面一句是赞扬梁启超的话："忆吾新会子，夙昔传嘉誉。德义期往贤，流风起顽锢。"

梁启超比杨度大两岁，是一个"八岁学为文，九岁能缀千言"的神童，十二岁考上秀才，十七岁"中举"（皆为虚岁）。中了"举人"就进入上层士绅阶层。梁启超在广东参加乡试时被从北京派来主考的礼部尚书李端棻看中，李将自己的堂妹妹许配给他为妻，成为当时传遍学界的一段"嘉誉"。

梁启超中举后一年，深感自己的训诂词章"旧学"不足以救天下，于1890年前往南海拜康有为为师，学习"新学"，成为康有为的第一大弟子。从此，就与康有为一起在广州万木草堂研究新学，并为戊戌变法的政治改革做

1895年4月17日，李鸿章与伊藤博文、陆奥宗光在日本马关签订《马关条约》

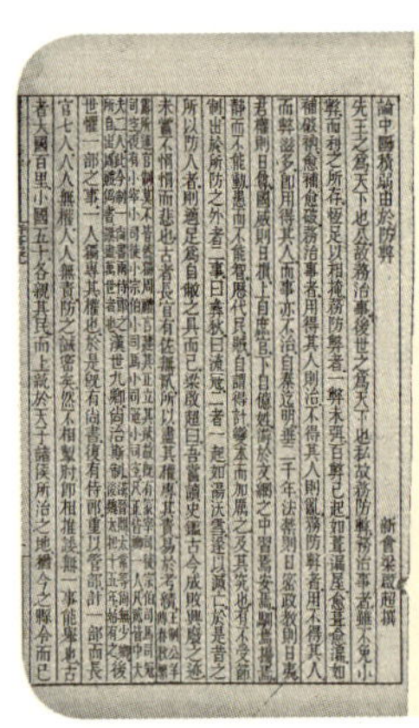

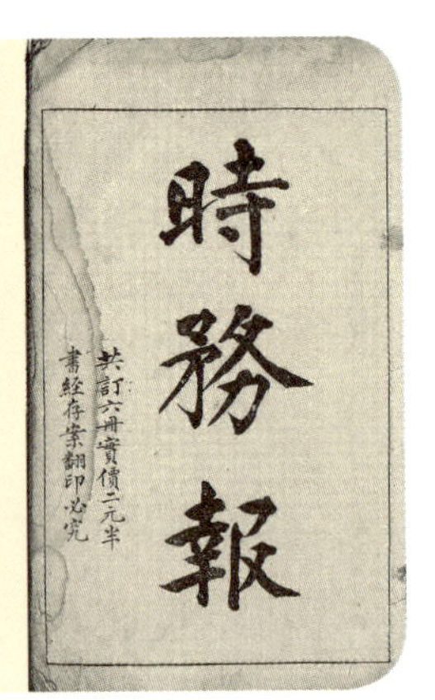

■《时务报》

培训干部准备。1894 年，甲午战争中中国大败使得中国上下的朝野震动，兴起了政治改革的热潮。梁启超深感："……今日之事，以广求同志开倡风气为第一义。"

1895 年，二十三岁的梁启超与大他十五岁的老师康有为一同入京参加会试，正值中日和谈签订丧权辱国的《马关条约》传来，一时群情激愤。在他们二人领导下，发起了同来北京参加会试的举人举行的中国近代史上的第一次学潮——名垂史册的"公车上书"。由康、梁师徒二人带上连夜写成上皇帝"万言书"，率领十八省举人前往都察院请愿，要求改革维新。这一次"传嘉誉"使得梁启超成为全国知晓的人物，并为后来的"戊戌变法"开创了一定的舆论准备，并在此基础上成立了"强学会"。

第二年，梁启超在上海启动了《时务报》，进一步为变法维新造舆论。这份报纸很快成为所有当时的有为青年的必读之报，甚至也是高层改革派官僚的桌上常见的读物。

到了 1897 年，湖南巡抚陈宝箴、按察使黄遵宪与革新派谭嗣同、熊希龄等，为了引进新学，培育湖南青年走向革新道路，在长沙成立"时务学堂"，并特聘二十五岁的梁启超为主讲席。梁启超也欣然受聘，以此为基地培育变法革新的人才和舆论。当年的长沙"时务学堂"真可谓人才济济一堂，有蔡锷、齐白石、林圭、李炳寰、唐才质等，有的成为维新运动的中坚，有的则成为

资产阶级革命运动的骨干。

1898年，梁启超与康有为及后来被慈禧太后所杀害的谭嗣同、林旭、杨锐、康广仁、刘光第、杨深秀“六君子”在北京发动了“戊戌变法”，失败后有几十人被捕，为首的“六君子”在菜市口被杀，梁潜逃到日本。此时的梁启超已不仅是鼓吹变法维新的一介书生，而是经过生死线上滚过来的、感动了一代国人的志士。这才有杨度所说的：“德义期往贤，流风起顽锢。”

下来四句是回忆检讨过去和梁启超初次在湖南见面的情景和今天自己的认识：“襄余初邂逅，讲学微相忤。希圣虽一途，称师乃殊趣。（原注：戊戌春在长沙论《春秋公羊传》，各主师说，有异同。）杨朱重权利，墨子尊义务。大道无异同，纷争实俱误。（原注：余尝谓湘潭王先生援庄入孔，南海康先生援墨入孔，实为今世之杨墨，而皆托于孔者也。）”

这是历史上有名的一次辩论，至今有不同的解释。1898年，杨度中举人后，在王闿运门下学了三年，正踌躇满志准备从湘潭到北京去参加全国会试之际，听说长沙“时务学堂”请来了一位广东青年俊才梁启超担任中文总教习，甚为不服气，他有心挑战这位“总教习”。于是趁去北京路过长沙之便，专门前往“时务学堂”拜访。因“时务学堂”章程规定，先让学生学《孟子》，继读《公羊春秋》，以合公法的规定。当时杨度在日记中认为自己取得压倒性胜利，甚至认为以梁启超这样的“年少才美，乃以《春秋》骗钱，可惜，可惜”。他当时还没有接触“新学”，还固守老师王闿运那一套“旧学”。到日本后，经过留学的洗礼，杨度的认识就有了很大的转变。这时杨度自己的解释是：“诗中追述往事者，欲以纪实，著其离合之迹；君子之道，不贵苟同也。而又必称师者，薄俗忘本，非度等所当出。”因为两人各执“师说”：康有为推崇墨子，而王闿运推崇杨朱，所以才有了分歧。从而可以看出，时隔七年之后，杨度的认识有多大的变化。

但有人以为，那次辩论实质上是两个人思想状态存在巨大差别的结果：梁启超、康有为是热衷于西学的人物，梁启超当时已成为享誉全国的维新变

■ 康有为

法、介绍西学的代表人物；王闿运则一贯排斥西学，是保守派学者的代表人物。杨度虽然并非完全符合老师的所有观念，但当时从思维、师友社会网络方面，基本上还没有走出老师的圈子。所以这本质上是一场“旧学”（中学）与“新学”（西学）之争（蔡礼强：《晚清大变局中的杨度》）。另一些人则认为：将其简单归结为“新党”“旧党”的政治层面之争过于肤浅，这实则系湖湘学派（王闿运为代表）与岭南学派（康、梁为代表）文化冲突的表现，虽然双方依赖的主要是同样的思想资源，但却是不同的方面[1]。

最后一段才是全诗要说的中心意思：“茫茫国事急，恻恻忧情著。当凭卫道心，用觉斯民悟。古人济物情，反身先自诉。功名岂足宝，贵克全予素。君子但求己，小人常外骛。愿以宣圣训，长与相攻错。”“茫茫国事急，恻恻忧情著”，指的是当时的形势和忧国忧民的心情。

面临这样的形势，杨度提出要从“教化”入手，“因思古今社会风俗，其能致一时之醇美者，必由于二三君子，以道相规，以学相厉，流风所及，天下效之；以躬行为之倡，而因以挽一世之颓俗，此必非口舌论说之功所能比

[1] 杨念群：《儒学地域化的近代形态——三大知识群体互动的比较研究》，生活·读书·新知三联书店，2011年版。

较者”。而这“二三君子”的首选当是梁启超，他认为梁乃“担任一世之教化者”，是最适合担此重任的人物。

而要担当这种任务的人首先要提高自己的素质，对自己有一个崇高的要求，即“古人济物情，反身先自诉。功名岂足宝，贵克全予素”。这种要求并不是要得到多么高的“功名”，或者用现代的时髦话，要做多大的官、发多大的财，而是要保持自己的素养和清白。所以他深感“乃每一开卷，责人之心顿减，责己之念顿增。时一反省，常觉天地之大，竟无可以立足之地。自治之道，其难如此”。

他认为那种追名逐利者都是干不了大事的“小人”，即“君子但求己，小人常外骛”。要学习提高自己就不能为眼前的利益功名所左右，“古圣贤之为学，必求其反躬自省，而无丝毫不歉于心，乃为有得。若夫名满天下，功满天下，曾于吾身无一毫之增损者，常人道之，君子不计焉，以其无关于求己之道也”。

最后，在阐明自己的道德修养之道后，杨度认为：“今同处异国，于众人之中，而求可以匡吾过而救吾失者，无如足下。”所以提出：“愿以宣圣训，长与相攻错。”

梁启超收到杨度这封真挚恳切的信后，深为感动，觉得似乎一股清新之风吹到了日本神户须磨自己的书斋。回想十年前在广州万木草堂康有为门下和一批志同道合的学友，意气风发、挥斥方遒；而如今流落异国他乡，形单影只，深有“异乡逢知己”之感：

> 呜呼！自万木草堂离群以来，复生、铁樵宿草之后，久矣夫吾之不闻斯言也，吾之疚日积而德日荒也，十年于兹矣。风尘混混中，获此良友，吾一日摩挲十二回，不自觉其情之移也。

这里提到的复生、铁樵即谭嗣同（字复生）和吴樵（字铁樵），均是当年戊戌变法时期梁启超最好的朋友，因变法流血牺牲的烈士谭嗣同，是梁最佩服的同代人。也就是说，自从离开了广州万木草堂，当年维新派的许多志士去世以后，已经很少听到这样激励的话了。在这样“风尘混混”中能获得杨

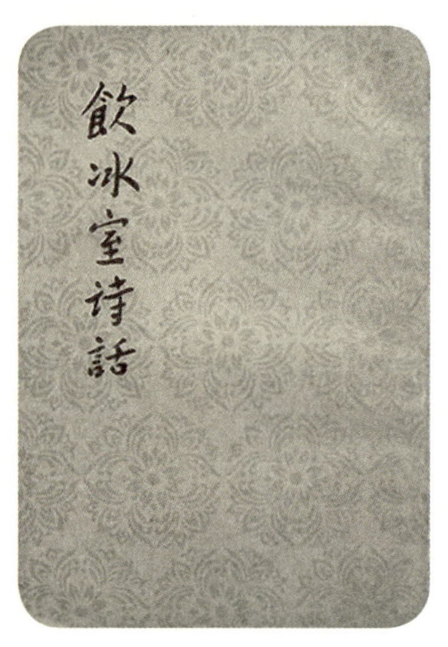

■《饮冰室诗话》

度这样一个良友，让他想起谭复生，一天恨不得抚摸这封珍贵来信十二回，来体会其中的感情。

这首诗和这封信，以及梁启超在《饮冰室诗话》中的《后记》中将杨度比作谭嗣同，见证了二人深厚的友谊。以此为基础，遂演绎出后来十年中国历史上的君主立宪的分分合合。

梁启超、杨度为代表的立宪派与革命派的论战

甲午战争战败，列强对中国的欺凌越演越烈，自从清政府与日本签署了丧权辱国的《马关条约》之后，中国自强自救的呼声也日益高涨。“中国向何处去？”成为上下共同关注的大问题，特别是所有青年志士全身心投入思考的问题。这时，变法维新运动和孙中山领导的反满革命运动同时启动。到19世纪末的百日维新变法失败后，国内几乎没有任何维新派和革命派活动的余地，大部分志士都选择了流亡海外。所以不论维新派或革命派均把自己的宣传阵地移到海外，其中人数最多的地方是日本，到20世纪初，中国留学人员已达几千人。于是这时的日本成为中国精英汇集、探讨救国之路最热闹

的场所。

当时在日本的中国精英们大体可以分为两派：改革派和革命派。当时以梁启超、杨度为代表的立宪派主张应该走改良道路，仿效英国、日本的体制，实行君主立宪；以孙中山为代表的兴中会、同盟会则主张反清排满、恢复中华，必须采取革命之手段彻底推翻清政府，还汉族政权。双方各有自己的宣传阵地。革命派曾有《国民报》及一些留学生办的刊物等，到1905年同盟会成立，开办《民报》作为机关报，成为主要宣传阵地，其中不乏精英人物，如章炳麟、汪精卫、胡汉民、陈天华、刘师培等。除了报纸之外，像陈天华著《猛回头》《警世钟》和邹容著《革命军》等单行本也发行很广，影响巨大。而立宪派则有梁启超1902年于东京再创的《新民丛报》、杨度等留学生创办的《游学译编》以及1907年创刊的《国民新报》等。从阵容来看，其似乎不如革命派强大，但正如黄遵宪描述的梁启超论说“惊心动魄，一字千斤，人人笔下所无，

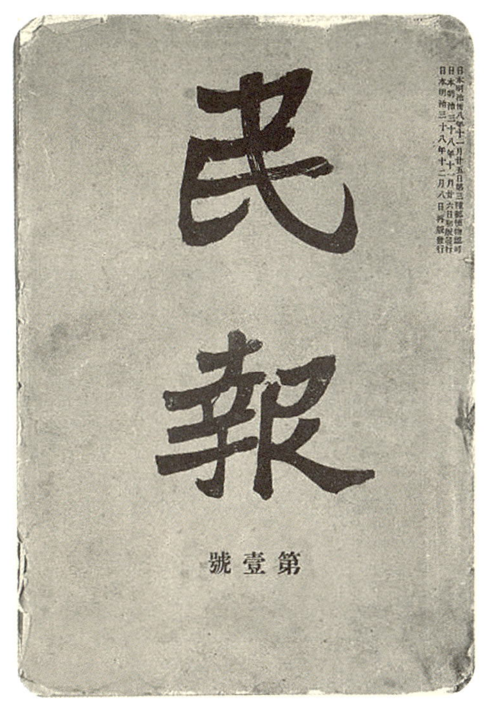

《民报》

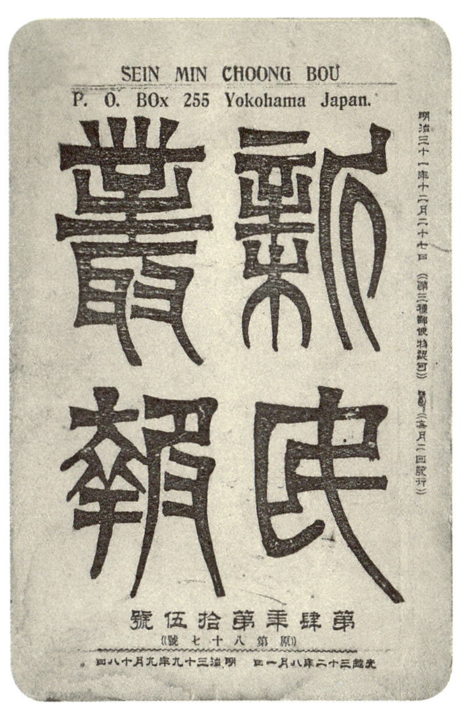

《新民丛报》

却为人人意中所有，虽铁石人亦应感动矣。从古至今，文字之力之大，无过于此者矣”。在20世纪初一直是舆论界之主导。

应当说，这两派人物并非对垒分明，他们之间个人的私交往往是很不错的，尤其杨度以交游广泛而著称，他也经常参加革命派的活动。1905年12月，陈天华写《绝命书》，决心以“死谏”激励国人“共讲爱国”，于东京大森湾投海自尽。陈天华是中国同盟会发起人之一，也是《民报》的编辑。这一事件不仅使所有旅居日本的华人极为震惊，也使梁启超深处悲痛之中，他连写了《开明专制论》（其中特为声明：“本篇因陈烈士天华遗书有‘欲救中国必用开明专制’之语，故畅发其理由。”）、《申论种族革命与政治革命之得失》等几篇政论，这也是当时双方之间友谊的例证。双方论辩从1905年打到1907年，为时两年，直到《新民丛报》停刊。

后来到了辛亥革命成功，清王朝被推翻，革命派高唱凯歌，历史上也就都认为这场论战当然是以革命派胜利和立宪派失败而告终。从此，孙中山被尊为“国父”，革命派一路以压倒优势，将改革派说得一无是处。开始革命派的大旗由国民党高举，抗日战争时期和胜利之后就逐步交由共产党高举。1949年解放之后，“左倾”思潮就进一步加剧，改革成了不革命的代名词，哪里还有容身之地。直至20世纪60年代，革命的“左倾”思潮发展到了极端，形成了“文化大革命”，走向了自己的反面。那时改革＝不革命＝反革命，谁还敢说什么改革呢？“文化大革命”之后人们才开始反思：“并非一定越革命越好，革命派就完全正确吗？在革命派与改革派的论战中，改革派的意见有没有可取之处？而革命派的意见有没有片面之处？”

我们不是历史学家，无意全面研究评价这场著名的论战中谁是谁非，或者谁对了几分，谁错了几分。在这里我们只想“痛定思痛”，重新清理一下多年来被歪曲了的思想。三十年前对打上了“不革命”戳印的梁启超、杨度之流，只能批判，还需要研究吗？现在，可以用比较客观的眼光来看待祖辈在这场著名的历史论战中双方面都有哪些有益的思想财富可以启发我们后代，减少

前进中的弯路。

杨度、梁启超提出“中华民族”的概念

首先，杨度、梁启超第一次提出以汉、满、蒙、回、藏五大民族为主体的“中华民族”的概念，与“反清排满”的狭隘民族主义划清界限，也为这样一个多民族大国的现代爱国主义奠定了思想理论基础。

中国在清政府统治两百多年后，已“病入膏肓”，内忧外患，矛盾激化。甲午之战败促使所有中国的有识之士都痛感：若不抓紧维新自强，中国就有被列强瓜分的危险。但戊戌变法失败后，许多志士已对清政府彻底失望，认为不以暴力推翻清统治就无以救中国。以孙中山 1894 年成立的“兴中会”为

梁启超

代表的革命派的主要口号就有“驱除鞑虏，恢复中华”。所谓“恢复中华”就是说，中国已经被“鞑虏”（即满族）所灭，只有将他们赶出去，恢复了汉族的统治，中国才有希望。当时百日维新失败逃到日本后，梁启超创办《清议报》，开始以扶助光绪皇帝继续维新改革为号召。后来接触到孙中山后，了解到世界各国革命振兴之路，他也一度倾向革命，大谈“近世各国之兴未有不先以破坏时代者”。一直到 1903 年赴美洲考察之前，梁犹言：“深信中国之万不能不革命。今怀此志，转益深也。”可见当时革命思潮的流行。

然而，应当如何看待满族入关、以清代明的统治，如此是否就意味着中国被满族灭亡了，所以只有将满族赶回去才能“恢复中华”？

杨度在《金铁主义说》中痛斥了“亡国论”，他提出：

考明之时，今东三省皆为明之属地，满族实为中国领土上之人民，不过与汉族为同族异种之民耳。而满人不知如此即是中国之国民也，乃常自命为一国，以其入关篡夺中国君主也，遂谓之为以国灭国。其实，彼自明正统、景泰以来，所世居之兴京，即为明之建州卫地，数传至于太祖，又曾为明之都督，继复为明之龙虎将军，其为中国臣民义无可逃，满族亦自知之。且震慑于中国君臣大义之说，自念以臣篡君，背于大义，急谋所以避之，乃自矫号为一国，谓中国为其国所灭，其用心甚苦，而立论甚拙。

大明之非国名，犹之大清之非国名。以清国灭明国，犹之以汉国灭秦国，以唐国灭隋国，是为朝姓之迁移，而与国家之存亡毫无关系也。

乃满人以其一种族为一国家，创作中国灭亡论，以自尊大而傲汉人。而汉人之谀满者亦效之而呼曰：亡国亡国。其耻之者则呼曰：光复光复。其实中国国家未亡，无可光复。

接着杨度更进一步论述国家之要素，他说：

夫国家之元素有三：一曰土地，二人民，三统治权。三者缺一

则国亡，否则其国无自而亡。此世界学者所同言。而君主非国家，种族亦非国家。西洋各国常迎外国人为君主而不为亡国，故近日挪威国迎一丹麦人为国王而不为亡国。即令无国之他种族侵入国土乃至为其君，但使于土地、人民、统治权三者未至缺一，亦不为亡国。故日耳曼族人入英为英王，蒙古族之入中国为中国皇帝，不为亡国。若在本国土地上之人民，无论是何种族，彼此代起而为君主，则更不为亡国。

故君主即国家之说故非，种族即国家之说尤非。故今国家仍为中国国家而非满洲国家。今国家既为中国国家而非满洲国家，则今政府自亦仍为中国政府，而非满洲政府。盖中国不能无政府而有国家，满洲又不能无国家而有政府也。惟其满洲非国，所以中国不亡。

故明末清初之变，乃同国异种之人竞争天子之变，而与国家存亡无丝毫之关系。明末之烈士，皆殉朱家，而非殉中国，中国领土如故，人民如故，统治权如故。立国之三要素，无一缺乏，则其国无自而亡，……中国儒生，不知君主为国家之一机关，而以君主即国家，数千余年习于君臣大义之说，论史则必以君主为正统，以君主为国家，以易姓为亡国，完全以君主为国家之主体。其君主国家说之谬说遗毒恒于数千年。

杨度在这一问题上与梁启超进行过充分的讨论，并取得一致意见，杨度在此文中也提到这一点。“予向者即持此说，曾以语新会梁氏，梁氏亦以为然，故作论文于《新民丛报》以说明之。”这里指的是梁启超在《新民丛报》上专门发表的一篇论文《中国不亡论》。

“中华民族”的概念最早于1902年由梁启超所采用，他在《论中国学术思想变迁之大势》一文就使用了“中华民族”概念，但他当时所指的是汉族。后来1905年，他又在《历史上中国民族之观察》一文中指出:“今之中华民族，即普通俗称所谓汉族者。”但他同时也指出 :“中华民族自始本非一族，实由

多数民族混合而成。”

杨度则比较系统地考察了以汉、满、蒙、回、藏五大民族为主体的“中华民族”各自状况及国民能力，并进一步提出，中华民族不仅是种族的融合体，更是一个文化共同体。这就和现代国际上的公认观点更加接近，更加全面地奠定了“中华民族”概念的包容性及凝聚性的理论基础。或者更进一步说，为后来发展的现代爱国主义及发展中国软实力提供了思想理论基础。他说：“一民族与一民族之别，别于文化；中华云者，以华夷别文化之高下也。即此以言，则中华之名词，不仅非一地域之国名，亦且非一血统之种名，乃为一文化之族名。故《春秋》之义，无论同姓之鲁、卫，异姓之齐、宋，非种之楚、越，中国可以退为夷狄，夷狄可以进为中国，专以礼教为标准，而无亲疏之别。其后经数千年混杂数千百人种，而其称中华如故。以此推之，华之所以为华，以文化言，不以血统言，可决知也。”

杨度论证中国乃是一个既“重土”又“重民”的多民族国家，但并无严禁种族之间通婚，从而使国家成为广纳非种、人口兴旺的大国。他说：“数千年中，广进异种，互相混合，血脉繁杂，其国势遂以日趋盛强，至今日尚有汉、满、蒙、回、藏等族，同处一政府之下，为一国之国民，至使人口之多，数十倍于西洋各国。”然后他进一步分别考察了五大民族的“国民之程度”，即其军事能力、经济能力、政治能力与责任心之程度。其结论是：“言乎能力，则可分为三级，汉为首，满次之，蒙、回、藏又次之。”

有人说，如果各民族国民之程度不同，不如使其各自分离，成就数国，“不相统一，各任其自然之发达，各谋己国之政治之时，不反圆活而便利乎”？杨度就此论述道：

> 是五族分立说，乃亡国之政策，决不可行者也。何也？今日中国之土地，乃合五族之土地为其土地，今日中国之人民，乃合五族之人民为其人民，而同集于一统治权之下，以成为一国者也。此国之外，尚有各大强国环伺其傍，对于中国，持一均势政策，而倡领

土保全、门户开放之说，以抵制瓜分之说。使中国能于领土保全之中，国民速起而谋自立，视其事之急，等于救人，等于救火，竭数年之力，以整理其内政外交，建设立宪政体，完成军国社会，则中国之国家或可从此自立，不再有覆亡之忧。苟国民放任之而不负责任焉，则十年之后，吾可决其与印度、埃及同列于经济亡国史之一，而永无复兴之望矣。

杨度大呼："故此数年中，实中国或存或亡之一生死关头，能自立则存，不能自立则亡。"那时候想要成为像印度、埃及那样为"无形之亡国"而不可得，"唯能如四分五裂之波兰耳"。

为了与革命派的"驱除鞑虏，恢复中华"种族主义划清界限，梁启超有感于《民报》编委陈天华跳海自杀"死谏"，专门发表《申论种族革命与政治革命之得失》。他一开始就表示对陈天华的敬仰，并表示应当把烈士的思想志向进一步加以阐明。他说："相识不过一年，语谈不过两次，然当时已敬其为人。非于其今之既死而始借其言以为重也。但君既以一死欲易天下，则后死者益崇拜之而思竟其志，亦义所宜然。"然后，他阐发了应当如何对待"种族革命"和"政治革命"的道理。他引用陈自己的遗言："革命之中，有置重于民族主义者，有置重于政治问题者，鄙人所主张，固重政治而轻民族。"所以梁启超说："是其于政治革命与种族革命两义之中认政治革命为可以达救国目的之手段。君又言曰：'鄙人之排满也，非如倡复仇论者所云云，仍为政治问题也。'"

于是，梁启超从廓清"种族革命"和"政治革命"的基本概念，全面论证两种革命的区别与得失，这对澄清像陈天华那样的有志革命派的思想也极为重要。当年的孙中山革命派以"驱除鞑虏，恢复中华"为号召大旗，在这杆大旗下聚集了三教九流，为了组织各地的武装起义，除了前述的知识分子精英外，还有各种会道门的英雄豪杰。为了争取华侨中的会党，孙中山自己就参加了洪门（天地会）致公党，后来成立中国同盟会包括了兴中会、华兴会、光复会、日知会的会员，也不乏强烈种族主义的排满义士。所以，同盟会的

纲领中虽然在“驱除鞑虏，恢复中华”之外增加了“创立民国，平均地权”，形成了十六字纲领。但是实际上还是“反满联盟”。因此，从思想上，那时的革命派也比较混乱，虽然像陈天华这样的精英分子重视政治革命，但也不能厘清与种族主义的界限。所以当时革命派面临一个从种族革命提升到政治革命的历史转变。而这种转变正是在双方论战中逐步完成的。梁启超定义了两种革命的概念：“（一）政治革命者，革专制而成立宪之谓也。无论为君主立宪、为共和立宪，皆谓之政治革命；（二）种族革命者，民间以武力而颠覆异族的中央政府之谓也。”

他以自身思想转变批评排满主义说：

> 每读扬州十日记嘉定屠城纪略，未尝不热血溢涌，故数年前主张排满论，虽师友督责日至，曾不即自变其说。……苟使有道焉可以救国，而并可以复仇者，鄙人虽木石，宁能无嗜焉。其奈此二者决不能相容，复仇则必出于暴动革命，暴动革命则必继以不完全之共和，不完全之共和则必至亡国。故两者比较，吾宁含垢思痛，而必不愿为亡祖国之罪人也。

是国会立宪，还是暴力革命？

革命派就是主张民主，立宪派就是主张保皇吗？

长期以来的历史著述中，谈起清末革命派与立宪派的论战，多以为革命党人主张建立民主制度，而立宪派则站在保守面，反对民主制度。争论的结果是革命派的民主论战胜了立宪派的保皇论。这果真是历史的真相吗？事实并非如此。到了21世纪，才有些历史学家指出：两派在必须改变君主专制、确立某种形式的近代民主制度上，并无根本分歧。甚至立宪派对如何在中国实现民主制度上比革命派研究得还要深入一些。这是因为，革命派当时更加注重推翻清政府的革命行动，难有静心来深入研究革命后的民主制度建设问

题。[1]杨度、梁启超提出的以国会立宪为核心的民主思想对启发民智具有重要的启蒙作用。

为什么梁、杨均不赞成暴力革命？

我们可以将杨度、梁启超提出的以国会立宪为核心的政治主张归纳为以下几点：

首先，要救中国就必须改变"不负责任的清政府"，实行政治革命。这一目标与革命派是一致的，但在如何改变政府所主张的手段上、在是否"排满"上有分歧；杨度、梁启超对清政府的批判是严厉的。杨度在《金铁主义说》一文中专门有一节《中国现政府之不负责任》，其中称：

以言乎对外，则为送礼之政府，除承诺他人条件以外无所事事，以求其为本国争回一寸之权利，不可得也。以言乎对内，则为偷钱之政府，除窃取人民财富以外无所事事，求其以自动为民间兴起一寸之利益，不可得也。

梁启超也在《现政府与革命党》一文中明确指出：清政府的极端腐败，是"制造革命党之一大工场"，必然会促成自己的灭亡。他虽然并不赞成革命党暴力革命的主义，但也同情那些革命志士均是"多血多泪先国家之忧乐而后其身之人，斯亦国家之元气，而国之所以立于天地也"。他十分反对清政府加紧杀灭革命志士的做法，认为那是"以积极的手段而直接制造革命党"。

立宪派认为，要改变不负责任的政府，中国人民不应该走秦朝两千年来的老路——通过流血革命，来改朝换代。这种办法花费的代价太大，而结果还很不确定，因新朝代的政府没有保证就比原来的更好。所以中国人民有必要学习立宪国家的榜样，找出一条不必同一民族自相残杀、大量流血的更换政府方法，即通过立宪使国会有权弹劾政府。杨度说：

吾中国数千年为专制之国，君主虽有道德上之责任而至不确实，

[1] 耿云志：《从革命党与立宪派的论战看双方民主思想的准备》，《近代史研究》，2001年第六期。

故人民一旦愤激，则去此不负责任者之方法，舍革命军之外，殆无第二方法之可行，而君主又以不负责任为常，而以能负责任为变，故自秦以来二千余年中，革命之事，数十年一小起，数百年一大起，杀无数之人，流无数之血，而所得之结果，又复如前此无他，但知以专制易专制，而不知以立宪易专制也。……以革命军改换君主，其事甚难，而所得又常不足以偿所失。反之，而以国会改换政府，其事甚易，而所改者必优于过去者。故中国人之目的，经数千年之革命流血至今不得达。而各立宪国之人民则否，倒内阁一次，则人民之权利安全发达一次，而其目的已达一次，愈达愈进，不转瞬而国势大张矣。百年以前，欧洲各国之程度，较吾国为野蛮；二十年前，日本之程度亦较吾国为野蛮。而自责任政府立，乃以瞬息千里之势，突飞猛进，忽然而支配世界。

他认为这是西方国家人民找到的一条巧妙的道路，“此其为法至巧而亦至稳”。[1]

其次，国会立宪是走向民主富强的关键。为了要达到“立宪”，首先要“开国会”，所以杨度将其主张最集中一点是“开国会”。他说：“故吾今日所主张之唯一救国之法，以大声疾呼号召于天下者，曰‘开国会’三字而已。无国会必无责任政府，此如车之两轮。”首先，他区分专制政体和立宪政体，认为专制政体是责任集中于君主一人的政体，而立宪政体则是君主无责任，责任在内阁的政体。因为不论君主立宪还是民主立宪，都是权力归于国会，责任归于内阁。他说：

先专制君主之国，其负仁民爱物之责任者，举国中惟君主一人而已。自理论上言之，则西洋之以权力说为前提者其君主之责任较轻，东洋之以道德说为前提者，其责任较重。故立宪与专制国之异点虽多，

[1] 杨度：《金铁主义说》，《杨度集》，第二百一十二至三百九十五页，湖南人民出版社，2007年版。

而其精神上最大之区别，则立宪国只君主无责任，而专制国之君主有责任是也。

梁启超在《政治与人民》一文中也强调了国会的重要意义：

欲求政治之良能，莫急于有监督机关以与执行机关相对立，执行机关者何，政府是也，监督机关者何，国会是也，故国会者良政治之源泉也。……则凡无国会之国，其政治决无术以进于良，凡有国会之国，其政治亦决无术以堕于不良。何以故？以政治之良否，恒因监督之者之有无故，而监督政治之实，非国会莫能举。然则人民欲求得良政治也，亦曰求得国会焉而已矣。

梁启超和杨度虽然同样强调国会之重要，但在何时可以“开国会”的问题上意见并不一致。梁主张“开明专制”，认为中国当时的条件不仅没有民主立宪的可能，君主立宪的条件也不成熟。他在《开明专制论》一文的第八章《论开明专制适用于今日之中国》中写道：

中国今日尚未能行君主立宪制之理由。既万不能行共和立宪制，而国家又非可以专制终也，则所余者唯有君主立宪之一途。君主立宪固吾党所标政纲，择必得之而后已者也。然谓其今日尚未能行者何也？请就两方面说明之。（甲）人民程度未及格；……（乙）施政机关未整备。

梁启超详细探讨了这两个问题，在施政机关未整备方面列出了十三个方面问题，结论是：当前只能实行“开明专制”，待政府准备好条件时，才能召开国会、实行立宪。

杨度在民主思想方面则更加激进一些，他首先批判“国民程度不足之说”，他提出：“其一曰，子以何标准而定人民程度之不足？其二曰，子以何方法而使人民程度之足？”他在《金铁主义说》中第五节《中国国民之责任心与能力》中详细考察了汉、满、蒙、回、藏五大民族的军事能力、经济能力、政治能力和国民责任心，他认为最难的是国民责任心。结论是：“以言乎能力，则可

分为三级，汉为首，满次之，蒙、回、藏又次之。以言乎责任心，则虽汉族有所不足。”为什么呢？他认为是因为西洋家族制度破于封建制度之先，一旦封建制度破除，则立即形成以个人为主体的权利、义务观念，“然权利、义务之主体，以个人而不以家族，故其个人发达”。“此西洋所以以各个人之发达，而成为一国家之发达也。”

而中国封建制度破于家族制度之先，今家族制度犹未破，“故社会上仅有家长与家人二级，而无完全之国民”。

他进一步论证：那是否就可以说中国人民比立宪国人民程度差，就不能开国会了呢？那就应当看当今的中国国民程度与西洋国家开始立宪时程度相比较（因为已有国会的人民程度当然比无国会人民的程度高），而且只“宜据中流社会之少数者以立论，而不必及于全国多数之人民”。这样就可以得出相反的结论：中国是已具备了开国会的条件的。有人以为人民程度不足，不会行使自己权利，将使国会笑话百出。杨度认为：国会与政府之间关系的磨合是要经过几代人的历练的，所有立宪国初开国会时没有不是笑话百出的。“且凡议会初开之国，不仅议会中多笑柄，即政府中亦多笑柄，日本亦然，各国又然。”“余以为使中国政府中人即令皆为周公，议会中人即令皆为孔子，其程度之高皆如此，然使其在最初试演今世立宪国家议会与政府之作用，及一切细密之议院法等，亦必当两无经练，而有今世各国所无之笑柄。”总之，人民程度是在开国会的过程中历练出来的，也只有这样才能使人民程度迅速提高。“然吾人以为进行一步，即程度高一步，鼓其进行，即所以养其程度，若不进行，而待程度之足，虽再历万年，犹将不足也。”[1]

杨度从来主张直接发动人民，而不必等待政府准备好条件时才召开国会和立宪。他说：“吾友新会梁氏曾言：中国政府若能开明专制，当能促使人民程度进步。予则谓与其求有开明之政府，而人民赖之以开明，何如求开明之人民，

[1] 杨度：《〈中国新民〉序》，《杨度集》（上），第二百零六至二百一十一页，湖南人民出版社，2008 年版。

而政府不得不开明乎。”所以，他认为召开国会、实行立宪，不能等政府来恩赐，必须发动民众向政府斗争，才有可能争取到。他说：“各国之立宪也，皆由人民与政府争权之结果。彼之所以不能已于争者，政府与人民各主张自己之权利而不相让，故必出于争。”就当时清政府的实际情况，他断定政府只会敷衍了事，难以真诚合作，“政府宁肯与人民以一尺之空文，不肯与人民一寸之实事”。

在民主立宪还是君主立宪的选择上，杨度考察了各立宪国的实际状况后，认为民主立宪和君主立宪并无高下之分，其主要精神在于伸张民权，使国民发达，“其所重者必不在君主与民主一方，而在国民一方可以断言矣”。只要“国民发达”，君主立宪（如英国）与民主立宪（如美国）并没有什么差别，采用哪种政体，完全根据各国自己的情势而定。但具体到中国为什么必须采用君主立宪，是考虑到国际形势和中国自己的民族问题，为了防止国内分裂，引起外国列强瓜分的不得已办法。他详细分析了革命党人的民族政策，一为压制策，二为分立策，认为都行不通，不能保证不会民族分裂而被外国列强瓜分之命运。他说：“欲保全领土，则不可不保全蒙、回、藏；欲保全蒙、回、藏，则不可不保全君主，君主既当保全，则立宪亦但可言君主立宪，而不可言民主立宪，此予所以主张君主立宪之唯一理由也。”

再次，只有通过国会立宪才能提高人民民主意识和培养人民实行民主的能力。杨度、梁启超提出的以国会立宪为核心的思想还有一个重要方面，就是通过召开国会来促进“国民发达”，提升“国民程度”。因为国会必然采用代议制，而代议制必然使政党活动发达起来，而政党发达才能促进国民参政能力提高，达到国民发达的目的。“国会之所以发达，由于政党之发达；政党之所以发达，由于国民之发达。”而只有国民发达才能促成真正的共和政治。杨度说：“英、美惟其国民公德之发达也，故能合小为大，以发达其政党，以发达其国会，以发达其国家，而成为共和政治也。共和之所以为共和，其精神即在乎此；英、美之所以为英、美，其精神即在乎此。”

所以杨、梁与革命党人的分歧，不在于要哪一种立宪、要不要君主，而

在于他们认为：革命党的民主立宪以民族主义为手段，以种族革命代替政治革命，并不能提升国民程度。杨度评论当时的政治家总想依赖政府来治理人民，而不去关心如何提升国民责任心。而没有责任之人民，就难以改造责任之政府。甚至他认为现在政府之放任，也是由于人民之放任。所以政治家与官僚政客不同之处在于：不能只关心国民被治理之途，而应更关心国民自治之道，启发民智，提高"国民程度"。

"今中国之谈政治者，率多依赖政府之心，日注意于国民所以被治之途，而不从事国民所以自治之道。此不惟不通治体，抑且增长国民之放任心而减少国民之责任心，于国家之进步，必有损而无益矣。"[1]

早在一百多年前杨度就指出：考量一个政治家好坏的标准在于他是启发国民责任心、研究国民的"自治之道"，还是只关注依赖政府使国民被治之途？这一点对现在很有启发。

一百多年过去了，如果我们回顾一下百年来中国政坛上的政治家们，启发国民责任心、支持国民的"自治之道"者实在不多。

宪政的推进与失败

如果我们聚焦到1905至1908这几年，就会发现：这乃是晚清最具历史意义、转变最急剧、最具戏剧性的时期。在"中国向何处去？"的大博弈中，清政府从顽固保守向妥协改革转变；革命党人则加紧组织串联，准备起义推翻清王朝；而立宪派（改良派）则加紧宣传政治革命，反对暴力革命，试图通过召开国会、通过立宪走上民主共和之路。这三种力量在政治舞台上的斗争、互动，演绎了一段值得反复回味的历史大戏。这里重点介绍其中两件大事。

[1] 杨度：《〈中国新民〉序》，《杨度集》（上），第二百零六至二百一十一页，湖南人民出版社，2008年版。

杨度、梁启超为五大臣出洋考察宪政报告做枪手

八国联军入侵几乎酿成家国危亡之祸。此时，朝廷上下都认可了变法革新。革新派重臣张之洞告诉慈禧："非变西法不能化中国仇视外国之见，不能化各国仇视朝廷之见。"新军机大臣鹿传霖（张的郎舅）、当权的荣禄也为了表示开明而赞成变法。在这种条件下，1900 年 12 月慈禧下懿旨：命内外大臣督抚条陈改革朝章、国政、吏治、民生、学校、科举、兵政等。1901 年 1 月，又以光绪名义，正式颁布"变法诏"，宣称："康逆（有为）之谈新法，乃乱法也，非变法也。……今者恭承慈命，一意振兴……近之学西法者，语言、文字、制造、器械而已，此西艺之皮毛，而非西政之本源。"那么什么才是"本源"呢？要征求各方面的意见。1902 年 3 月，她命出使大臣查取各国律例，责成袁世凯、张之洞保荐专家，以备开馆编译。

1904 年 6 月，清政府为了缓和社会上认为清政府"内满外汉"的矛盾，以慈禧七十寿辰为名，宣布"康有为、梁启超、孙中山之外，其余戊戌案内各员，均著免其既往，予以自新"。1905 年 6 月，袁世凯、张之洞及江西总督周馥三大臣奏请十二年内立宪。7 月，湖南巡抚端方、两广总督岭春煊也建议实行立宪，出使各国的大臣孙宝琦、杨枢、汪大燮等也纷纷上奏朝廷，促进立宪。这是因为，日俄战争结果已明朗：君主立宪的日本打败了多年专制的强国俄国。这是震惊中国的大事，"专制负于君宪"，已成为有眼光人士的共识，朝廷上下都感到再不考虑立宪，革命就会势不可当。慈禧则思量：自己已是七十多岁的人了，待到真的立宪之日恐怕中国也已不是自己的天下，于是同意了三大臣之请。

1905 年 7 月 16 日，"派遣五大臣出洋考察政治"[1]之诏下达：派镇国公载泽、湖南巡抚端方为首，及戴鸿慈、绍英、徐世昌五人分两组赴日、英、法和美、德、意等国考察宪政。9 月 24 日出发之时，桐城革命青年吴樾在火车站引爆炸弹，

[1]"五大臣出洋考察宪政报告"这段公案目前版本不少，本文不拟一一考证，只据家属掌握材料，分别采信其中说法。

熊希龄

但没有成功，载泽、绍英仅受了轻伤。但行期只得推迟。这反过来似乎证明：立宪不利于革命，有利于清。反而促使慈禧进一步表示支持立宪，11 月，决定成立“考察政治馆”。12 月，绍英（吓破胆不愿再出行）、徐世昌（已升任巡警部尚书）换成山东布政使尚其亨、顺天府丞李盛铎，会同载泽、端方、戴鸿慈重新出发。

五大臣带了一批参赞、随员，其中有位关键人物就是熊希龄。

熊希龄，字秉三，湖南凤凰人。光绪年间中过进士，戊戌变法之前就与维新派过从甚密，曾与谭嗣同、黄遵宪等共同促成长沙时务学堂的成立，聘请梁启超为总讲习，他担任时务学堂总办，受到时任湖南巡抚陈宝箴的支持。戊戌政变之后，他以“康梁余党”得到“交地方官严加管束”的处分。湖南地方官把他发往常德西路师范学堂当体育教习，这实际是照顾性质的安排。他在常德却因此为常德知府朱其懿所赏识，朱把妹妹朱其慧许配给他。不久新任巡抚赵尔撰以“兴学有功”替他平了反，并提拔晋升为候补道。1905 年，端方接任湖南巡抚，选派他为五大臣出洋考察随行参赞。他提出一个条陈：

考察时间急促，不易收集到东西各国政情资料。即使收集了资料，各国国情也不尽与我国相适合，一时也难于整理就绪。不如先物色一位平时对宪政有研究的专家，请他先打个底稿，供我们回国加以整理、补充，以之上报朝廷。五大臣认为此议可行。

熊希龄心目中“对宪政有研究的专家”有两人：一个是他的湖南老乡杨度，另一位就是时务学堂的老朋友梁启超。梁启超当时还是朝廷所通缉的要犯，熊只能先找到杨度，动员他借此机会一展才华，将自己一贯倡导的“君主立宪”理想汇入“考察报告”中去，争取变成社会变革的现实。杨度当然明白这次机会的难得和重要，便一口答应。但是，谈到“考察各国宪政之所长”，两人均认为非梁启超莫属。梁久居日本，海外信息丰富，且已于1900至1901年游历澳洲，1903至1904年应美洲保皇会邀请，访问了加拿大和美国。所以，杨度自己着重写《宪政大纲应吸取各国之所长》和《实施宪政程序》，而由梁启超撰写《东西各国宪政之比较》。

1906年7月，五大臣奉命提前回国，但此时两位代笔的大作尚没有完成。于是又是熊希龄出点子，要五大臣以“考察东南数省民意并征集名流意见”名义多在上海逗留一些日子，待他从日本将文章取回。载泽、尚其亨先抵上海，端方、戴鸿慈7月21日随后才到，7月25日熊才从日本拿到杨度、梁启超的大作赶回上海，此时载泽、尚其亨已先北上。端方、戴鸿慈根据杨、梁的材料拟定了《请定国是以安大计折》《请改定官制以为立宪准备折》《请定外交政策密折》等五项奏折，于8月启程北上。

8月是京城立宪呼声迭起的热闹时光，载泽等五大臣声称立宪可以使皇位永固，外患大减，内乱销匿，宪法可仿日本君主共和制。袁世凯等首请实行。

9月1日，《预备立宪诏》下达，上谕命先议定官制，厘定法律，广兴教育，清理财政，普设巡警，整顿武备，以为立宪的基础，待数年后再看情形以定实行期限。

这个《预备立宪诏》只想缓解矛盾，完全没有解决燃眉之急，错过了真

正实行立宪的最好机会。更有甚者，之所以将“议定官制”放在诸事之首，是因载泽等满族重臣准备借立宪之名，在改革官制时防止汉人在政治上占优势，特别要解决地方汉族军政重臣拥权自重的问题，要排挤汉人巡抚，集权中央。这里，袁世凯首当其冲，于是在研究改革官制会议上，袁世凯与军机大臣铁良、载泽等发生冲突。后来虽然提出一些妥协方案，但终因阻力太大而无法实施。本来对《预备立宪诏》满怀期望的民众十分失望，反而增加了对革命派的同情。

此时，革命派也在抓紧准备行动，同盟会的刘道一等在湖南发动长沙学生，动员江西萍乡，湖南醴陵、浏阳的会员、矿工，于1906年12月4日起事，一度发展到数万人，打出“中华民国军”的旗号，目标是建立“共和民国”。东京同盟会的会员争先回国从军，虽名号与过去有别，但排满色彩并未改变，奋战数月，最后失败，刘道一等在长沙遇害。1907年2月后，江苏、浙江、安徽民变迭起，形势对于革命党越发有利。7月，徐锡麟在安庆刺杀满人巡抚恩铭，被捕而死。秋瑾也因事泄被杀，成为为革命牺牲的第一位中国女子。这一事件震动全国，更加促进了革命高潮的到来，两江总督端方恐惧地说:“自是而后，我辈将永无安枕日矣。”

杨度与梁启超联合组织政党的合与分

杨度、梁启超和熊希龄借五大臣出国考察报告之机，终于促成了《预备立宪诏》颁布，这就使得形势急转直下，“立宪”成了全国各阶层政治生活的热门话题。本来打算“自上而下”实现改革的当权派和主张“开明专制”的梁启超一派均被推向“自下而上”的立宪大潮。梁启超前一年才发表专论《开明专制论》，阐述今日之中国既不能共和立宪制，也尚未能实行君主立宪制，只“当以开明专制为立宪制之预备”。但面临立宪活动的合法化，不管你原来如何主张，只能选择参与进去。1906年10月，康、梁立即将原保皇会改名为

“国民宪政会”，梁启超自己又想将各路立宪派的知名人士网罗起来，成立“政闻社”。对于杨度所主张的专以召开国会为号召，以对抗革命党以“排满革命”为号召的策略，梁启超表示赞同。“至专提倡开国会，以简单直接之主义，求约束国民心理于一途，以收一针见血之效，诚为良策。弟当遵此行之，并在《时报》上有所鼓吹。”

所以，当1906年底，熊希龄又来到日本神户与杨度、梁启超商谈组织“宪政会”的具体方案时，大家均觉得下一步组织政党、进入真正实施立宪的时机成熟。他们商谈了三天三夜，确定纲领为：“尊崇王室，扩张民权；巩固国防，奖励民业；要求善良之宪法，建设有责任之政府。”在组织方面，拟定以康有为为会长，而以杨度为干事长，实际主持党务，总部设在上海，以便邀请国内立宪派名流，如张謇、郑孝胥等参加。梁启超这样考虑是想用康之名、用杨之才，同时将原来保皇会和日本留学生中改革派资源整合起来。他在给康有为的汇报信中讲得很清楚：

> 东京学界人数日众，近卒业归国者，亦遍布要津，故欲组织政党，仍不得不从东京积势。东京中最同志而又最有势力者莫如杨哲子度（湘潭人，孝廉，顷新捐郎中），其人国学极深，研究佛理，而近世政法之学，亦能确有心得。前为留学生会馆总干事，留学生有学识者莫不归之。数年来与弟子交极深，而前此以保皇会之名太狭而窘，且内之为政府所嫉，外之为革命党所指目，难以扩充，是故不肯共事。今闻我会已改名，距跃三百（东京一部分人皆然），故弟子邀秉三与彼同来神户，熟商三日夜。
>
> 干事长必须极有才有学有望而极可信者，舍哲子必无他人，拟以彼任之。
>
> ……以弟子所见，此人谭复生（即谭嗣同）之流也，秉三亦谓眼中少见此才。先生能得其心，必能始终效死力于党矣。凡有才之人，最不易降服，降服后则一人可抵千百人，愿先生回信极留意，勿草

草也。彼前此亦迷信革命，幸与弟子交深，终能回头。去年中山以全力运动之不能得，今革命党日日攻击之，而其志乃益因以坚定。此人不适彼，而终从我，真一大关系也。

这一三人宪政会方案如果成功，将是晚清大变局中立宪派从思想启蒙走向政治组织实施的重大步骤，清王朝也许不会那么快灭亡。但当时《预备立宪诏》发布之时，并没有给立宪派留下组织准备时间。梁启超想以原来的保皇会为主，“降服”收编以杨度为代表的留学生们，再加上国内立宪派名流，组成立宪基本队伍。

但这种考虑只是书生气的一厢情愿，首先杨度为了贯彻自己一贯主张的“各国之立宪也，皆由人民与政府争权之结果”，也为了增加自己在“宪政会”中的分量，1907 年 1 月在东京创办《中国新报》，自任总编撰员，加入对《民报》的论战。2 月，又与方表、陆鸿逵等成立“政俗调查会”，自任会长。这样一来，就与康、梁原来的期望大相径庭，颇令康、梁失望。而杨度则认为梁是天真热情的学者大师，并不善于识人用人，所倚重的徐佛苏、蒋观云之辈皆非干大事的国士，听信这类人物来组党，一定会误大事。

到后来，康、梁已不再想联合杨度，而打算与徐佛苏、蒋观云等另起炉灶，成立“政闻社”了。梁在给康有为写信汇报时称：

杨皙子初本极热心此事，至今犹然，但征诸舆论，且察其行动，颇有野心，殆欲利用吾党之金钱名誉，而将来得间则拔戟自成一队，故不惟本党旧人不敢放心，即东京学界各省新进之士表同情于吾党者，亦不甚以彼为然。故现在政闻社之组织，杨氏不在其内，弟子数月来所经划徘徊而久不定者，颇为此也。

杨度与梁启超联合组党，经过半年的筹备，到 1907 年中已到了分道扬镳的时候。7 月，杨度与熊范舆等人成立“宪政讲习会”，会长为熊范舆，但幕后实际主持是杨度。而梁启超则与徐佛苏、蒋观云等成立“政闻社”。从此，宪政讲习会与政闻社变成竞争关系，杨与梁两人联合组党、共推宪政不仅没

有达到目的，反而使二人在日本结下的友谊受到深深伤害。

1907 年 9 月，杨度的伯父杨瑞生逝世，因杨度生父早逝，全靠伯父杨瑞生抚养成长，所以他放下一切事物，立即回国奔丧。在回国期间，他一方面令熊范舆等在日本发起上书请愿，要求清政府开设民选议院（这是清政府时期第一次请愿召开国会）；一方面杨度在国内联络湘绅谭延闿、罗杰等人，在长沙成立宪政讲习会长沙支部，并以湖南全省士民的名义，上书清政府请开国会。宪政讲习会在杨度领导下，国内外相互呼应，加上日本宪政讲习会的会员（曾达到五百人）不断回国，参与活动，一时间宪政讲习会声誉大震。这又加深了政闻社和康、梁诸君对于杨度的不满。

1908 年 1 月，杨度将宪政讲习会更名为宪政公会。4 月，早就想网罗人才、自上而下地推行新政的张之洞、袁世凯得知杨度归国，于是立即联名保荐杨度“精通宪法，才堪大用”。清政府发布上谕，任命杨度为四品京堂候补，

晚年慈禧太后画像

■ 载沣与溥仪、溥杰

在宪政编查馆行走。杨当然并不满足当一个御用文人，他仍旧热衷于“请开国会”。在他活动下，宪政公会于 6 月得到清政府的民政部的正式批准。于是，宪政公会成为合法政党组织，修订章程，宗旨为“确定君主立宪政体”，杨度出任常务员长，并在全国各地建立支部，声势极于一时。杨度又单独向政府提出限期召开国会的说帖，引发一场国会开设期限的高层讨论，也直接促成了 8 月清政府出台的《钦定宪法大纲》和《立宪预备事宜年表》[1]，其中明确规定九年为期立宪。这两个文件虽然也引起许多人士不满（认为九年太长），但毕竟是立宪运动阶段性的成果。

1908 年 11 月，清廷发生巨变，光绪皇帝和慈禧太后在两天之内相继去世。慈禧在临死前拟定以光绪皇帝名义的“遗诏”，传位给光绪的弟弟醇亲王载沣的儿子溥仪，时年仅三岁。于是溥仪继位，醇亲王载沣成为“监国摄政

[1] 有人称：《立宪预备事宜年表》即出自杨度手笔，湖南人民出版社出版的《杨度集》也将其收入，但此《年表》乃朝廷大事，说它是一人手笔似乎根据不足。

王”，定年号为宣统。当年，醇亲王载沣进入军机处工作时，袁世凯已掌控军机，没有把载沣看在眼里，彼此关系就不妙。这时，袁世凯一看大势不好，弄不好会有杀身之祸，于是以足疾请假回原籍河南彰德（安阳）养病，立即得到“诏准”。袁世凯离开北京时，除杨度、严修少数人外，几乎没有人敢来相送。政闻社遭到查禁，宪政公会也日益萧条了。

从1905年立宪运动渐入高潮，到1911年10月辛亥革命，这中间有约六年时间，这是“中国向何处去”大变局中的关键年代。当时存在开明专制、君主立宪和排满革命三种前景。有人说发生在20世纪初的清末新政，做成的改革事业比洋务运动与戊戌变法多得多[1]，但为什么中国既没有走上开明专制的道路，也没有走上君主立宪的道路，而最终走上不断革命的道路？究其内因，在清政府、立宪派和革命党三种力量的大博弈中，前二者犯下了致命的错误，才造就了辛亥革命的成功。

就清政府而言，其最佳选择应是开明专制。一方面继续世纪初开启的“自上而下”的改革事业，缓和人民的矛盾；一方面还可以保持皇室利益。然而，慈禧心狠手辣有余，而政治大气不足，她明知道光绪如果死去，清室朝廷后继乏人，必然会陷入危机，但还是千方百计要光绪死在自己之前。这是一步死棋，为清室覆灭埋下祸根。但当时清政府的国家机器还是强大的，如果摄政王载沣继续依靠张之洞、袁世凯这样的重臣，加快按《立宪预备事宜年表》有序推进改革，局势也不至于失控。但他却反其道而行之，一方面想夺回汉族重臣之权，贬杀他们；另方面又不能团结立宪派，在1910年“国会请愿同志会”发起三次请开国会的运动时，虽同意将立宪期限由九年改为六年，但下令解散“同志会”，从而形成僵局，造成政府和立宪派“双输”的局面，也把一部分改革派推向了革命。

[1] 萧功秦：《从清末改革想到当代改革》，《炎黄春秋》，2010年第四期。

就立宪派而言，从思想理论上和组织上都缺乏成熟的准备，这是造成立宪运动失败的原因。应当说，在思想理论上梁启超见识的深度和广度要比杨度强，但在政治社会活动方面杨度要优于梁氏，如果两人能够联合组党成功，各用其所长，也许立宪派的作用就大不一样。梁启超在《开明专制论》中曾论证过：中国今日万不能行共和立宪制之理由，而“凡因习惯而得共和政体者常安，因革命而得共和政体者常危”；中国今日尚未能行君主立宪制之理由；中国今日当以开明专制为立宪制之预备。但后来《预备立宪诏》发布，梁启超又很快转变支持杨度直接请开国会的策略，这也符合梁启超变化快的一贯特点。这样一来，改革策略就由“自上而下”的改革，转变成“自下而上”的改革。而这样的改革，正如梁启超论证过的，是不具备成功条件的。

在纪念“辛亥革命一百周年”之际，我们回顾这段历史，也证明了“因革命而得共和政体者常危”的论断，中国也就进入了将近半个世纪的不断革命之中。“今中国之谈政治者，率多依赖政府之心，日注意于国民所以被治之途，而不从事国民所以自治之道。此不惟不通治体，抑且增长国民之放任心而减少国民之责任心，于国家之进步，必有损而无益矣。”今天，我们重温当年杨度的话，感慨良多。我们期待那种能够培养“国民自治之道”“增进国民之责任心”的政治家，这是时代的呼唤。只有中国的老百姓都具备了国民责任心，不再害怕政府，而敢于监督政府，中国的宪政才能成为真正的宪政。

参考文献：

《饮冰室诗话》，梁启超著，人民文学出版社，1959 年版

《晚清大变局中的杨度》，蔡礼强著，经济管理出版社，2007 年版

《儒学地域化的近代形态——三大知识群体互动的比较研究》，杨念群著，生活·读

书·新知三联书店，1997 年版

《金铁主义说》，杨度著，《杨度集》，湖南人民出版社，2007 年版

《民族自觉与符号认同——“中华民族”观念萌生与确立的历史考察》，黄兴涛著，《中国社会科学评论》，第一卷，第一期，2002 年版

《从革命党与立宪派的论战看双方民主思想的准备》，耿云志著，《近代史研究》，2001 年第六期

《申论种族革命与政治革命之得失》，梁启超著，《饮冰室文集》（第七册，第十九集），台湾中华书局，1978 年版

《梁启超年谱长编》，丁文江、赵丰田编，上海人民出版社，2009 年版

《中国新报·叙》，杨度著，《杨度集》，湖南人民出版社，2007 年版

第四章

杨度、梁启超与蔡锷

2015 年 1 月，我们全家祖孙三代一同前往天津，重游了梁启超饮冰室纪念馆，在客厅里的蔡锷的标准像前共同合影，引起无限感慨。因为吴荔明从小生活在这里，很清晰地记得外祖父对蔡锷情有独钟，当时在饮冰室家中正厅就一直挂着蔡锷身着将军服的标准像。而蔡锷又是杨度的湖南老乡和留日时期结下的挚友，二人曾共事袁世凯总统，后又成为政敌。蔡锷在日本临终时，

2015 年 1 月，我们祖孙三代重访天津梁启超旧居饮冰室。从左至右：杨友麒、杨念群、杨峥、吴荔明

杨度又是他至死念念不忘的人。民国初年，他们三个人的互动，演绎出许多波澜壮阔的历史故事，是颇值得我们后辈怀念的。

蔡锷是湖南宝庆（今邵阳市）人，1882 年 12 月 18 日生于一个贫寒的手工劳动者家庭，原名艮寅，字松坡。父亲蔡正陵是一个曾经务农，后做过裁缝、蒸酒、做豆腐等手工活的老实人，有五个子女，蔡锷是老二，上面有个姐姐，他是长子。蔡正陵由于早年读过几年私塾，还有点儿文化，所以很重视培养自己的孩子。蔡锷六岁就入私塾，十三岁参加湖南省院试（即由省督学主持的秀才考试），受到督学江标的赏识，补蔡为县生员。

梁启超的得意门生

1894 年甲午战争失败，唤醒了中国朝野人士，发生了康有为、梁启超领导的以“公车上书”为代表的维新运动。维新派人士一方面从组织上入手，建立“强学会”，以便整合队伍；一方面加强宣传，在上海筹办《时务报》作为维新运动的宣传阵地，聘请梁启超担任主笔。在《时务报》的影响下，鼓吹变法革新的刊物也不断增多，如《国闻报》《湘学报》等，这当中湖南省表现尤为生气勃勃，得风气之先。这是因为，湖南巡抚陈宝箴、按察使黄遵宪、督学江标等就是维新派人士，在他们策划下，1897 年成立了有名的长沙时务学堂，请来《时务报》主笔梁启超担任总教习。在新任督学徐仁铸的推荐下，蔡考入新办的长沙时务学堂，成为第一期年纪最小的学员，当年他只有十五岁。

梁启超自己在《清代学术概论》中描述当年时务学堂时说：

> 已而嗣同与遵宪、熊希龄等，设时务学堂于长沙，聘启超主讲席，唐才常等为助教，启超至，以“公羊”“孟子”教，课以札记，学生仅四十人，而李丙寰、林圭、蔡锷称高才生焉。启超每日在讲堂四小时，夜则批答诸生札记，每条或至千言，往往彻夜不寐。所言皆当时一

派之民乐论，又多言清代故实，胪举失政，盛倡革命。

从这里可以看出，当时这位青年总教习教得热情负责，对学生的教诲极其认真深入，而学生也学得兴奋努力。蔡锷在一篇“札记”中写道：

国之破不足虑，种之厄不足虑，惟教之亡足虑，心之死、气之销足为大虑。心不死，气不销，则可望裨思麦生，爹亚（Thiers，法国总统，又称爹亚士）生，萨长浪徒（日本政治家）生也。[1]

戊戌政变后，梁启超亡命日本，其后一段时间国内政治气氛压抑，有志青年纷纷出国求学。1899 年，蔡锷、唐才常与时务学堂一批同学先后辗转来到日本，投靠老师梁启超，蔡是最早到日本向梁求学做人的学生之一。此后大约一年的时间，他就住在梁家，又像在长沙时务学堂一样，天天读书、写作，讨论天下大事。但这时的康梁保皇会中以唐才常为代表的激进派并不满足于勤王光绪皇帝于宣传议论之中，而要求将“讨贼勤王”付诸行动。

当时义和团之乱，1900 年唐才常等认为时机可乘，带领一批保皇会人回到上海，成立“自主会”，7 月 26 日在上海成立“中国议会”，宣布不承认清政府，联外交，平内乱，保全中国自主，推进文明进化。推举容闳，严复为正副会长。实际担任联络会党（如哥老会及长江流域各会党）的是林圭、秦鼎彝等，他们成立“自立军”准备起义。8 月 9 日，自立军在安徽大通起义，但此消息英国领事早已得知，并通知了湖广总督张之洞。结果，清政府破获了唐、林等在汉口英租界的机关，唐才常等人被抓获处死。

梁启超在《护国之役回顾谈》一文中写道：

我们又一块儿做学问，做了差不多一年，我们那时候天天摩拳擦掌要革命，唐先生便带着他们去实行，可怜赤手空拳的一群文弱书生，那里会不失败。我的学生就跟着唐先生死去大半。那时蔡公正替唐先生带信到湖南，幸免于难。……蔡公旧名本是艮寅两个字，

[1] 蔡锷：《湖南时务学堂札记》，《蔡锷集》，湖南人民出版社，2008 年版。

蔡锷

自从那回跑脱之后，改名蔡锷，投身学陆军。[1]

自从自立军起义失败之后，蔡锷不但更改了名字，而且深以为救国之道，必须从掌握枪杆子入手，所以他决心进入日本军校习武。但当时要想进日本的军事学校必须得到清政府的“保荐”，否则不予录取。这就得靠梁启超动用国内关系，找寻保荐的路子。终于，在 1901 年 12 月，梁才辗转找到张之洞出面资送，清廷驻日本公使蔡钧担保，使蔡得以自费生进入日本成城军校学习。他经过十五个月修完初级全部课程，1903 年 7 月进入仙台第二联队实习。由

[1] 梁启超：《护国之役回顾谈》，《饮冰室文集》，第三十九集，第八十三页，台湾中华书局，1978 年版。

于成绩优秀。他于 1903 年 12 月升入陆军士官学校第三期骑兵科深造。最终，蔡锷在 1904 年 10 月以优异成绩毕业，与后来毕业的蒋百里、张孝准成为“中国士官三杰”。

杨度和蔡锷成为中国留日同学会中的密友

杨度比蔡锷年长七岁。1903 年第二次东渡日本时，在日本的中国留学生已达一千三百多人。杨度在东京交游极广，不论主张改良的保皇派，还是主张推翻清政府的革命派，均是他在阪田町寓所的座上客，当时在留学生中戏称其为“湖南会馆”。其中黄兴、蔡锷、宋教仁、陈天华、刘揆一等来往最为经常，而黄兴和蔡锷又都是湖南老乡，与杨度关系更深一层。这二人中，黄兴是铁杆革命派，而蔡锷属梁启超改革派一伙。杨度第二次去日本，正是因为“经济特科”考试中了一等第二名之后，遭到“康梁余党”之嫌逃避过去的，

■ 蔡锷

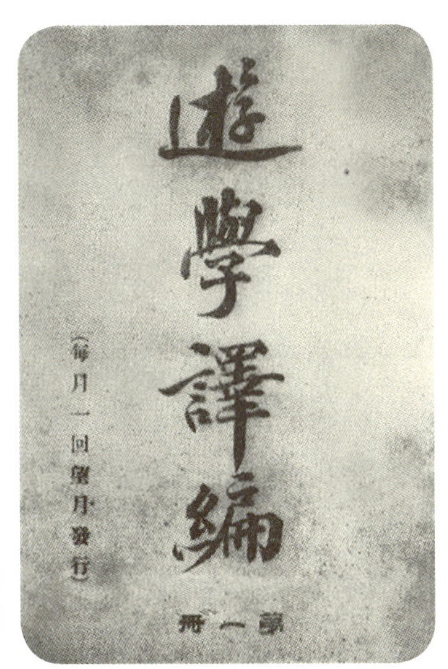

1902 年 11 月，杨度与杨守仁、黄兴等在日本创刊《游学译编》，这是第一本湖南同乡会刊物

所以和蔡锷来往更为投机。蔡锷还同杨度共同创办《游学译编》月刊。1902年冬，蔡锷回国奔父丧并为湖南编译社募集股资，经过湘潭时，还曾专门寻访了已先期回国的杨度。最近发现 1906 年蔡锷致杨度的一封信，一开始他写道：“今春接读手札，仁者之言，蔼然充溢。砭戒吾人之处，尤觉字字沁人心脾，钦感无既。”随后他陈述了自己回中国后的苦恼和对国事发展的看法，最终写道：“僻处内地，毫无见闻，如相见爱，请时惠好音。匆此。敬叩起居。”[1]这里，字里行间均透露着他们二人深厚的情谊。不怪乎有人说他，“乡人之中，独于度契。休假日，必饭于度”。又说，虽然蔡锷奉梁启超为师，“然得启超之心传者少，而受杨度之熏染者为多”[2]。

杨度到东京后，进入东京法政大学速成科学习，这个“速成科”是清政府驻日公使杨枢与东京法政大学校长梅谦次郎联合议定设置的，专门教中国到日本游学的官绅子弟，主要向中国学生讲授日本的法律及与欧美各国宪法

[1] 邓江祁：《蔡锷丙午年致杨君书考论》，《邵阳学院学报》（社会科学版），2013 年第十二卷第六期。

[2] 钱基博：《近百年湖南学风》。

比较，也讲“经济学”“财政学”“政治学”和“外交史”等课程。这种“速成科”议定六个月为一学期，三个学期学满就可毕业。头几批学员中涌现了不少清末民初政坛上的活跃人物，如清末的各地咨政局议员和革命派主要理论家胡汉民、汪精卫、朱执信等。在速成科中，杨度无论旧学根底，还是新知识水平很快就显得出类拔萃，成为留学生群体中公认的佼佼者；而且他热心国事，友善同学，雄辩出众，很快赢得了中国留学生的拥戴。次年（1904年）中国留学生会馆改选，杨度和蔡锷都被选为干事，杨度后又被选为总干事，蔡锷当然是积极推举人之一。10月，杨度更被推举为留日留美学界总代表，回国参加争取粤汉铁路废约自办的运动。

杨度、梁启超同向袁世凯荐蔡锷

1905年，蔡锷从日本陆军士官学校以优异成绩毕业，回到长沙老家，时年方二十三岁，成为各地竞相争聘的人才。一开始，湖南巡抚端方聘他为湖南教练处帮办，后来新上任的广西巡抚李经羲看好他，重礼聘请他到广西任总理随军学堂，兼理测绘学堂事，并负责督练新军。1907年，李经羲调走，新任广西巡抚张鸣岐奏请清政府任命他为广西陆军小学堂总办，次年又升任讲武堂总办，并领龙州、南宁新军第一标统带，这是他第一个掌握军事实权的职务。到1910年，蔡锷奉命调回桂林，接任广西干部学堂总办职务，成为总揽全省训练新军大权的要员。

时年二十六岁的蔡锷正意气风发地打算通过训练新军打造一支摈弃旧式清腐败涣散之弊、真正以新风气为国效力的新军时，他作为湖南军人掌控广西新军大权，早已引起广西本地军人的嫉恨。他们想趁张鸣岐巡抚调离广西之际将蔡赶出广西，于是串联了新军中的同盟会会员发起“驱蔡运动”。这使得蔡锷十分伤心，流露消极退意，而此时正好李经羲被任命为云贵总督，正想招揽人才之际，立即派人到广西聘请蔡锷去云南就任新军第三十七协统领

蔡锷

（相当于旅长）。1911 年，蔡锷离开广西前往云南担任掌握实权的部队首长，这成为他人生最重要的转机，因为这时距离辛亥革命爆发只有几个月的时间了。

蔡锷愿意到云南来的一个重要原因是：当时的中国革命时机已经比较成熟，而云南是南方革命党人活动的重镇，而其地理位置又处于清政府鞭长莫及的战略要冲。他早在广西时就已用“击锥生”的笔名发表过《云南外交之失败及其挽回》的文章，对云南的天时地利有所分析。蔡锷治军严谨，从不在军中谈论清政府之短长，但私下与同盟会的人员来往颇多，也有意识地安排了一些同盟会的同志担任了营级军官。所以，到辛亥革命之前，他在云南在组织上已打下一定基础。

10 月 10 日，武昌打响革命第一枪，蔡锷马上与唐继尧等人秘密策划起义响应，并被推举为临时革命军总司令，于 11 月 30 日宣布起义。起义后，他

又被推为“大汉云南军都督府都督”。但蔡早在日本就受梁启超、杨度影响，对于革命的性质思路十分清晰，这一点和当时一些北洋军阀及许多有革命思想的起义都督不同。新都督就任后治理思想十分明确：“此次系政治革命，并非种族革命，不得妄生满汉意见。”[1]1912 年 6 月，他就千方百计地邀请梁启超从日本回国，参与革命后的中国治理。开始，他致电黎元洪、谭延闿等实力派人物，想请黎元洪牵头，联合致电大总统袁世凯，由总统出面敦请梁启超回国。但国内看法不一，有些人认为梁曾是“保皇党”，并非革命派。于是蔡又于 6 月直接致电大总统袁世凯、国务院、副总统黎元洪、南京留守黄兴及各省都督，力陈敦请梁启超回国的理由。最终，促成南京、福州、兰州、桂林、成都、贵阳、吉林、黑龙江等地都督也联合致电中央政府，纷纷要求请梁回国，7 月连蒙古王爷也向袁大总统递上呈文，促大总统电召梁启超回国。11 月，梁启超从日本回到天津。1911 年到 1913 年，蔡锷主政云南大局，励精图治，使偏处西南一隅的云南有了蒸蒸日上之势。

到 1913 年，代表北洋军阀势力的袁世凯总统与南方地方军阀势力矛盾加剧，国民党乘机发动“二次革命”，由江西都督李烈钧带头于 7 月发动起义，企图一举推翻袁世凯政权。但是由于国民党准备不足，响应者并不多。蔡锷当时反对再一次将国家推入内战之中，由于和国民党黄兴等人关系密切，他也不便公开斥责国民党，因而给人以“中立”印象。当时国民党内部也思想不统一，在袁世凯的坚决剿灭下，“二次革命”进行了不到两个月就以失败告终。从这次表现看，虽然蔡锷总体上还是维护袁世凯，却使袁对他多了一份戒心，认为他“毕竟不是自己嫡系”。

袁世凯取得军事胜利后，发现北洋军阀内部有尾大不掉之势，袁想训练新军来强化自己的嫡系部队，以便牢牢掌控军权，但一时还找不到训练新军的人才。他向担任内史的夏寿田流露了此意，夏与杨度不仅是“湘绮先生”

[1] 蔡锷：《致楚雄县议事会劝学所电》，《蔡锷集》，湖南人民出版社，2008 年版。

王闿运的同门弟子，而且后来娶了杨度的侄女为妻，所以是同乡、同门加亲戚，所以袁世凯的意图杨度总能最早得知。杨度直接找到袁世凯，力荐蔡锷是当世不可多得的人才，应当委以重任。杨度的推荐是真诚的，他在日本就深知蔡是有远大抱负的人才，对于他1902年发表在《新民丛报》上的《军国民篇》就十分欣赏。有的“历史演义”上甚至讲，杨度向袁世凯说：“此人可不是一般人物，你若是不能用他成为你的左膀右臂，就得把他杀掉，否则将来就会成为你的可怕敌人。”总之，袁世凯也早就心许蔡锷是军人中的佼佼者，心想让这样一个人拥兵在外，独霸一方，确实不是个好办法，如果能调到自己身边，为自己所用才是上策。而此时蔡锷也想离开云南偏远之地，希望到内地来发展，并多次给恩师梁启超写信表达此意。早在6月，梁启超就向袁世凯写信推荐蔡锷，他高度评价蔡，认为其可以出任陆军总长一职。但这更增加了袁世凯的顾虑，因为梁启超当时正在联合共和党、民主党、统一党合并成进步党，成为国会内第一大党，如果再把弟子蔡锷召来掌握军权，那么一文一武，珠联璧合，那将成为对自己的威胁。此时，又是杨度极力为蔡锷辩解，说明师生关系并非牢不可破，康、梁不也是师生关系吗？现在不也不存在了。而蔡锷早就有军国主义思想，认为中国积弱太久，只有铁腕治国才能转弱为强，正符合袁的思想，只要总统能给他展其所长的机会，他会忠诚为总统效力的。最后袁世凯总算被说服了。

于是1913年9月，袁世凯一面封蔡锷为“昭威将军”，一面召他进京准备委以重任。开始传出消息，打算让他主持训练新军，而让自己的亲信夏寿田给他当副手。但实际上只给了他个参政院参事和经界局督办的闲职。直到1914年5月，袁总统身兼全国陆海军大元帅，并设立大元帅统帅办事处，要将军事大权统一到办事处来。办事处设少数办事员，除了陆军、海军和参谋三部总长为当然办事员外，就只王士珍、廕昌、萨镇冰和蔡锷四人。这当中仅有蔡是一个与北洋派毫无渊源的南方新式军人，而且是最年轻的一个，所以显得十分突出。随后，又通过夏寿田传出，袁已内定先任命蔡为参谋长，

以替代从来不到部的黎元洪，然后再调其为陆军总长，以替代跋扈不驯的段祺瑞。但终于没有成为现实。在当时政府内部，各种重要职位都要平衡各方势力，蔡锷仅凭个人才干想上大位是难上加难的。袁世凯开始虽有通过重用蔡锷而收编他的意图，但受到北洋派内部各种势力的一致抵制，最终还是没有真正给予蔡锷有实质兵权的职务，同时，又怕他另有打算反加强了对于蔡的监督。

筹安会成为蔡、梁与杨、袁对立的起点

蔡锷到北京之时，正是熊希龄为总理、进步党人为基干组成“名流内阁”，梁启超出任司法总长之时。大家对袁世凯都存在好感和希望。蔡锷到北京，来往最多的就是自己的恩师梁启超和老乡兼老友杨度了。但是好景不长，由于袁世凯下令取消国民党议员资格，解散国民党，使议会陷于瘫痪。次年（1914年）2月，熊希龄辞去内阁总理职务，梁启超也随之辞职，成立不到半年的“名流内阁”就垮台了。

袁世凯在成功镇压了“二次革命”后，认为“国会”“政党政治”完全是多余的摆设，可以肆无忌惮地甩开，中国最适合的只有独裁专制，而当前情况来看，也非他莫属，加紧了帝制的运作。“名流内阁”帮助袁从“临时总统”变成了“正式总统”，又帮助他打击了议会内的国民党势力，最后将立法机构议会取消，而代之以钦定的“政治会议”代行立法职权。这个政治会议由六十九人组成，十人由总统亲自指定，五十九人由各省来推举。袁世凯指定的十人中就有杨度和蔡锷。“名流内阁”辞职后，政治会议又变成“约法会议”，其目的是要改变孙中山让位给袁世凯时为了约束袁而确定的《临时约法》。“约法”无疑是对袁的一道“紧箍咒”，是袁必须尽早去除的障碍。约法会议产生的《新约法》赋予总统极大权力，而取消了责任内阁和议会，由立法院为立法机构，在立法院成立之前，以参政院代行立法院职责。1914 年 5 月，袁世

凯下令设立参政院，以黎元洪为院长，参政委员七十人皆由袁世凯总统委派，其中就有杨度、梁启超、严复、蔡锷等，杨、严和梁还被选为“宪法起草委员会”委员。

到这个时候，梁启超对袁世凯导演的这套政治已感失望和厌倦，但他还并未和袁决裂，一方面他仍然对袁抱有希望，感觉到他还是中国政坛上无可替代的人；另一方面，袁世凯也深知梁启超的影响力，要想做皇帝，这是绝不可得罪的人，所以也处处给梁留足面子。与此同时，杨度和蔡锷、梁启超一直保持着相当和谐的关系，毕竟大家从日本开始就共同推进的宪政，如今清政府倒台后，在袁世凯总统领导下比以前希望更大了。

这种情势到了 1915 年发生了逆转。

1914 年 8 月，日本趁第一次世界大战突然出兵山东青岛，取代德国，并提出灭亡中国的“二十一条”迫使袁政府接受，袁政府签订了屈辱的条约后，取得日本的支持，就加紧了帝制的运作。而要变更国体，必须舆论先行，袁世凯深知领导舆论者非梁启超莫属。于是有了 1915 年初，由袁克定出面，伙同杨度在北京小汤山宴请梁启超的一幕。当时梁已退出政府，受聘清华学堂演讲写书，受到袁克定的邀请赴宴实感意外，到达饭店后发现就只有两位熟人在等他，袁克定解释道：“没有外人，为的是可以随便谈一谈，不受任何约束。”谈来谈去，梁就听出来味道：是不断批评目前的共和国体不合乎中国国情，希望梁附和赞同变更国体之意。这本来就不符合梁一贯主张，所以梁力陈推翻共和变成帝制的危害。结果谈来谈去没有谈拢，不欢而散。那么梁启超的主张是什么呢？后来他在回答《京报》记者谈话中讲得很明白：

> 吾以为国体与政体本绝不相蒙，能行宪政，则无论为君主为共和，皆可也。不能行宪政，则无论为君主为共和，皆不可也。两者既无所择，则毋宁因仍现在之基础，而徐图建设理想的政体于其上，此吾十余年来持论之一贯精神也。夫天下重器也，置器而屡迁之，其伤实多，吾滋惧焉，故一面常欲促进理想的政体，一面常欲尊重现在的国体。

此无他故焉，盖以政体之变迁，其现象常为进化的，而国体之变更其现象常为革命的，谓革命可以求国利民福，吾未之闻也。[1]

梁启超是个政治敏感的人，一看话不投机，就感到将来可能会出事，既然自己已经离开政坛，还是躲开为上策，于是立即将家从北京搬迁到天津去了。

杨度看梁启超不想帮忙，但是舆论先行时不可待，就自己亲自动笔，于4月赶写出一篇《君宪救国论》，托内史夏寿田转呈总统袁世凯，袁看过感到正合心意，嘱将此文立即寄给湖北彰武上将军段芝贵，令他秘密付印，然后分发给各省文武长官参考。为了表彰杨度，袁世凯还立即亲自提笔写了“旷代逸才”四个大字，做成匾额，送到杨度府上。

在杨度积极伙同袁克定筹划帝制之时，梁启超则正千方百计地劝阻袁大总统千万不能改变国体。4月，他为了替父亲庆祝大寿，从天津返回广东，在离开天津前还给袁世凯写了一封《上大总统书》，在这份上书中，梁从古今中外经验教训晓以利害，苦苦劝袁千万不能因私自改变国体而失信于民，他说：

国体问题已类骑虎，启超良不欲更为谏诅，益蹈愆嫌。唯静观大局，默查前途，越思越危，不寒而栗。友邦责言，党人构难，虽云肢葛，犹可维防。所最痛忧者，我大总统四年来为国尽瘁之本怀，将永无以自白于天下。天下之信仰，自此堕落，而国本自此动摇。……一度背信而他日更欲有以自结于民，其难犹登天也。明誓数四。口血未干，一日而所行尽反其所言，后此将何以号令天下。[2]

6月，梁又约好同样不赞成帝制的冯国璋一同进京，面见袁世凯数次，力陈国体之不宜变动。而袁世凯在他们面前一再表示绝无称帝之意，冯国璋也感到袁的态度十分诚恳，他登报称：“此议可以休矣！”

如果说杨度的《君宪救国论》还只限于“内部发行”，那么总统府的美国

[1] 1915年9月4日，《申报》转载梁启超与《京报》记者谈话。

[2] 梁启超：《上大总统书》，《盾鼻集》，《饮冰室专集》（三），第二十页，台湾中华书局，1978年版。

顾问古德诺启程回美国之前写的一篇《共和与君主论》呈献给袁大总统，袁命翻译出来并在《亚细亚报》上发表，那就使帝制运动向全国公开推行了。

这时，进步党人徐佛苏、于世铎等上书袁世凯，请其明令废弃共和，改行帝制。袁则令夏寿田转告杨度，授意他们网罗一批“名流”，组成一个学术团体来制造舆论，试探全国各界的反应。袁感到，这种大事不宜操之过急，需要慢慢来才能有回旋余地，如果杨度出面，那么世人马上就看出是袁的本意。杨度一直抱有成为“帝王师”的美梦，觉得在这么关键的时刻自己不出面岂不遗憾，所以等不得袁世凯的同意，就迫不及待地跳出来操办组织筹安会了。

1915 年 8 月 14 日，杨度、孙毓筠、严复、刘师培、李燮和、胡瑛等“六君子”发表联合通电，宣告筹安会成立。梁启超再也无法坐住，于一个星期之后写成了那篇著名的文章《异哉所谓国体问题者》。这篇文章成为全国反对袁世凯称帝的号角，正如蔡锷所说：“先生所言全国人人所欲言，全国人人所不敢言，抑非先生言之，固不足以动天下也。”[1] 从此，舆论就由袁派导演的帝制论逐步转向了反对帝制保护共和的浪潮。梁启超自己后来这样谈及当时的写作心情：

> 其时亦不敢望此文之发生效力，不过因举国正气销亡，对于此大事无一人敢发正论，则人心将死尽，故不顾利害死生为全国人代言其心中所欲言之隐耳。[2]

当时梁启超对袁还存在希望，曾手抄了一份送交大总统一阅，想进一步劝阻袁世凯走向危险之路。袁见到此文后大惊，决心阻止梁发表此文，先派人带了二十万元给梁，说十万是作为给梁父亲祝寿的贺金，十万是供他出国考察的旅费，但文章就不要发表了。梁对此婉言拒绝。袁见软的不行就来硬的，又派人威胁梁说：你已经亡命日本十几年，受苦还不够多吗，何必还要自苦呢。

[1] 蔡锷：《蔡锷集》，湖南人民出版社，2008 年版。

[2] 梁启超：《国体战争躬历谈》，《盾鼻集》，《饮冰室专集》（三），台湾中华书局，1978 年版。

在袁世凯内阁任职的杨度

袁的这步棋实在是大大的败笔，他不明白梁启超是多年流亡的国士，岂会因压力就屈服就范，这进一步得罪了梁，使他对袁彻底失望，看清了袁的真实面目。

杨度想拉一些名流组建“筹安会”，第一大要务就是引导舆论，这方面当然首推梁启超。他上次宴请梁被拒后并不死心，还是千方百计要请梁加入，做发起人之一。当初，袁世凯授意进步党人徐佛苏、于世铎等组织学术团体，就是要他们去促梁启超出马。上次请梁吃饭已碰过钉子，杨度只得请与梁关系密切的汤觉顿、蹇念益去天津动员梁。二人到天津见梁之后，还没有谈清来意，梁启超就拿出《异哉》一文请他们过目，二人一看也很吃惊，希望梁

别把话说绝，将来进步党恐怕没有回旋余地。梁启超即写了一封信给杨度，称："吾人政见不同，今后不妨各行其是，既不敢以私废公，但亦不必以公害私。"打发二人带上亲笔信，回复杨度去了。

梁启超的这封信表示：与杨度从政治上划清界限，但仍保持私交不变。杨度得到此信还不肯死心，又找到自己老朋友，也是梁最信任的弟子蔡锷，请他出面前往天津劝说梁，想替袁世凯打个圆场。其实蔡锷自到北京后，来往于梁处十分频繁，师生之间早就十分默契，他知道梁是劝不回来的，但杨度也是密切的知交，难以拒绝，只得打着受杨之命的旗号前往天津拜访老师。这次访问，其实成了他们共商如何策划反袁起义的重要会晤。梁启超为爱徒确定的方针是：我来公开出面反对帝制，争取在舆论上占领制高点，因为袁正在收买人心之际，不敢对我怎么样。但你是军事实力派，要注意"韬晦"，千万别引起袁的怀疑，今后才能秘密图谋起义之策略。梁后来在《国体战争躬历谈》中说道：

> 当筹安会发生之次日，蔡君即访余于天津，共商大计。余曰，余之责任在言论，故余必须立刻作文堂堂正正以反对之，君则军界有大力之人也，宜深自韬晦，勿为所忌，乃可以密图匡复。[1]

于是，蔡锷返京回复杨度，称："人各有志，不能相强。"

蔡锷与梁启超在袁世凯眼皮底下演出一场大戏

方针既然已确定，蔡锷回到北京就开始精密策划一系列极具戏剧性的行动。

公开表示劝进袁当皇帝：8 月 25 日，云南会馆举行以军人为主的将校联欢会，会上有人发起签名写请愿书赞成帝制，蔡锷毫不犹豫提笔签名赞成。

[1] 梁启超：《国体战争躬历谈》，《盾鼻集》，《饮冰室专集》（三），台湾中华书局，1978 年版。

小凤仙

与此同时，当筹安会通电各省军政首长及商会要求派代表到京请愿改变国体，云南将军唐继尧、贵阳护军刘显世都就此发电向在北京的蔡锷请示机宜时，蔡都多次复电，授意"赞成帝制"。如8月26日《复刘显世电》说："筹安会发起后，京外多主张赞同，军界重要诸人亦皆与闻其事。此事关系国家大计，势在必行。该会既有电相属，仍以推举代表为宜。"[1]

出入"八大胡同"，示人花天酒地：本来蔡锷与杨度就是烟酒不分的好友，这一段时间更是主动和杨一同出入"八大胡同"，以便通过杨传递信息给袁世凯，表示自己无意在政治上进取。这样一来，成就了一段蔡锷和名妓小凤仙的风流韵事。其实蔡锷原本是一个极为严肃的典型军人，并没有沾染旧式军人那些坏习气，但此刻事出有因，也不得不假戏真做和小凤仙结交。即使这样，

[1] 蔡锷：《蔡锷集》，湖南人民出版社，2008年版。

小凤仙

他也并不失大将风度，对小凤仙取鼓励向上的态度。据说他曾给小凤仙题联扇面：

不信红颜终薄命，自古侠女出风尘。

但小凤仙慧眼识英雄，确实真心爱上了这位难得的将军，这是完全可以理解的。在她的人生道路上，在那种烟花酒巷里，哪里找得到这样一位品貌双全的人物呢，这真是上天送来的礼物。两人的千古爱情直到最后蔡锷病逝日本方休，蔡锷灵柩运回上海，黎元洪总统下令举行国葬时，小凤仙曾托人赠挽联曰：

不信周郎竟短命，早知李靖是英雄。

这里将史上三国风流倜傥、让曹操几十万大军在“谈笑中灰飞烟灭”的大将周瑜比作蔡锷，那么言下之意，小凤仙自己也就是著名的美人——吴侯孙策夫人之妹小乔了。同时，她也借隋末英雄李靖和红颜知己红拂的爱情故事抒发了自己的哀思。

假借家庭反目先送走家眷：其实筹安会成立不久，黄兴就从美国寄来密信，

劝蔡锷早日脱身虎口，回云南起事，并告诉他张孝准可以随时掩护他由日本撤离。张孝准是日本陆军士官学校蔡锷的学弟——“中国士官三杰”之一——黄兴留在东京的代理人。蔡也有密信回答，告以不久将离开北京。随后，张孝准派云南人李华英到北京面见蔡锷，打算迎蔡到东京。李带来了张孝准的密信，后又派人送来密码本以便将来联络之用。但这一切还绕不开一个难题：蔡不能自己一个人行动而把家属留在北京给袁世凯做抵押。

于是有一天，蔡锷请了杨度、王楫唐、朱启钤等几个熟友到家做客，没有想到客人一进门就听到蔡家闹开了锅。蔡夫人正在为小凤仙的事与蔡锷大闹，而蔡母也站在夫人一边数落蔡锷，朋友们连忙过来劝架。只听到蔡锷狠狠地说：“这样的日子没法过了，只能把他们送回老家了！”果然，没有几天，蔡母和夫人就带着孩子回湖南老家了。

袁世凯假借匪徒搜查蔡家，蔡锷越发恭谨职守：自从梁启超发表《异哉》一文及一系列公开反对帝制的文章后，他成为袁世凯公开的敌人。袁对蔡锷十分不放心，虽然杨度一直替蔡锷说好话，但袁仍然怀疑梁、蔡师生二人是穿一条裤子的。10 月 14 日，袁秘密派人伪装盗匪闯入棉花胡同蔡家，翻箱倒柜，查找电报信件。但蔡锷是一个十分严谨的军人，他们哪里查得到任何把柄，结果一无所获。这件事传到云南，令当地的蔡锷部下十分恼火，有人就提出立即起义，蔡锷也当理不让提出质问。袁为了安抚大家，只能从监狱里提出几个犯人枪决，以资搪塞。

此后，袁世凯表面上放松了对蔡的监视，但暗下仍然对其加紧控制，而蔡锷则越发恭谨自己的职守。蔡自从担任袁世凯委派的大元帅统帅办事处处员，每天上午十一点钟必到统帅办画到；家眷回湖南后，他表面与小凤仙打得火热，但统帅办事处的画到却从不耽搁。

借喉病发作去天津、日本看病逃离北京：蔡锷最后从袁世凯眼皮底下逃回云南，这一举措充分展示出蔡锷机警、严谨、睿智和深谋远虑，这段传奇故事也是版本最多、争议最大的。笔者认可云南谢本书著《蔡锷大传》提供

的说法：即这是一个“半明半暗”、半合法半非法的巧妙过程。

说是“半明”“半合法”，是因为蔡的每一步行动均有合法依据，均有袁大总统的正式批准，都刊登在当时北京《政府公报》上。

10月下旬，蔡锷就给袁世凯打了第一个报告：“为近患喉痛，日久未愈，恳请给假五日俾资调养事。”要求去看西医。10月30日，他就获得袁总统批示：“准予给假五日！”这一报告意味着蔡锷启动了策划已久的长途逃离行动。既然获得批准，当然事不宜迟，他立即乘车前往天津，与恩师梁启超去研究下一步行动了。当时，梁启超派了自己的家人曹福去北京，事先买好了火车票在车站等候，陪同蔡上火车赴天津。蔡先去梁家会见了恩师，随后立即住进了日租界的同仁医院。在行前，蔡又委托自己的亲信、时任经界局秘书长的周钟岳，替自己拟定第二、三、四封给袁大总统的请假信。袁世凯虽然批准蔡请假看病，但对于他可能在天津与梁启超闹事仍然高度警惕，梁启超家周围总是有便衣监视。11月上旬，实际是蔡和梁密商下一步行动路线的时间。

其间还有一位重要人物参与其中，他就是曾任贵州省长、巡按使的戴戡。此人曾留学日本，是梁、蔡的故交，且与他们政治观点完全一致。袁世凯启动帝制运动后，觉得戴本不属于北洋派而观点又可疑，遂将其免职。免职后，戴立即就被蔡、梁召至京津，成为蔡锷可靠得力的助手。梁启超在《国体战争躬历谈》中提到：

> 戴君以去年十月到京，乃与蔡君定策于吾天津之寓庐，后此种种军事计划，皆彼时数次会谈之结果也。

11月中旬，因“五日准假”已到期，周钟岳就替蔡锷上了第二封请假报告：“为病体未痊，恳请续假一星期以资调治，恭呈仰钧鉴事。”这次明确说要“赴津就医，以期早日痊愈”。袁世凯再次批示：“准予假七日，俾资调理。”同时还命令卫兴武兼代经界局帮办一职。

这时，蔡锷和梁启超一面派戴戡直接南下香港，转去越南先行踏勘蔡去云南的路线；一面与黄兴派来天津的张孝准联系，策划如何从天津到日本，

再从日本转赴云南的路线。

到11月22日，因“七日准假”又到期，于是周又替蔡打了第三个请假报告：“为病体未痊，吁恳续假调治，请将督办经界局事物暨参政院参政两职遴员署理，恭呈仰祈钧鉴。”这次不但要请假三个月，而且还请辞去两个总统任命的职务。报告打上去，意思是作为一个有始有终的人，打算与袁政府“拜拜”了。袁世凯见报也感觉到了寒意，立即派了蔡锷熟悉的老同学蒋百里去天津，一面表示慰问，一面劝他早日回京。但蒋百里和蔡锷本是无话不谈的知己，结果正促成他们两人讨论了一夜的反袁计划。蒋百里复命后，袁世凯又批示道：“着给假两月，所请遴员署理缺差之处，已另有明令发矣。”[1]

其实，在袁批复前，蔡锷已经开始由天津去日本的行动。这时张孝准已来天津接应，蔡锷将一些特任状、勋章和重要文件交给他，让他先行到东京，准备避开各路人员（日本和袁政府、熟人等）的路线措施，而自己则由梁启超安排，于12月2日夜里三点改穿和服，上了一条日本运煤船——山东丸号，开往日本门司。这时，张孝准等早在那边等候，他们改换了衣服，雇用小船前往横滨。

离开天津之前，蔡锷已授意周钟岳，可于12月2日以后，再呈上袁大总统第四个报告：“为病势迁延，赴日疗养，恭行呈报仰祈钧鉴事。”说明自己非常感激总统给两个月假，但病体不耐北京寒冷冬天，病情并没有好转，需要到气候和医疗条件均佳的日本去疗养，所以就东渡以求早日治病痊愈，再图报答。袁接到报告，得知蔡先斩后奏已遁逃日本，十分震怒，心知这一去便是放虎归山。他一面派儿子率部去天津彻查此事，一面还要维持官冕堂皇，在报告上批示：“批令，呈悉。一俟调治就愈，望早日回国，销假任事，用副倚任。”

蔡锷在日本期间，又写了好几封亲笔信，向袁总统报告自己在日就医旅行情况，将其交与张孝准，请他每到一地就发出一封，以形成似乎一直在日休养旅游的假象。而事实上，他早就在石陶钧陪同下前往上海、香港了。

[1]《政府公报》。

在整个过程中杨度扮演了什么样的角色让人难以琢磨。有一些“演义”和影视作品上，把杨度刻画成袁世凯的狗腿子，甚至特务，这是简单化的推断结果，其实并不符合事实。当时，杨度一直试图说服蔡锷站在自己一边，某些时候也在一定程度上取得蔡的认同，这才有杨度派他去天津说服梁启超一事。反过来，蔡锷也想说服杨度反对袁世凯，站在自己一边。笔者大姑杨云慧记述：

据我母亲徐粲楞回忆，某夜，蔡锷突然匆匆来到我家，拉住我父亲密谈。这时，他才向我父亲吐露了真情，不愿再在北京当傀儡，决定引身他去。他说袁世凯为人阴险奸诈，决非成大事者，劝我父亲悬崖勒马，早日引退。他们正这么密谈着，男仆忽报夏寿田来访。夏寿田原是我家亲戚，又和我父亲交往甚密，平时可以随便出入于我家的内室。但这回与蔡锷密谈的事却绝不能让他知道，所以，我父亲和蔡锷闻报都大为惊慌，不知所措。幸好我母亲在一旁急中生智，一把拉蔡锷进入卧室，藏在大床的帐子后面。到夏寿田走后，我父亲才设法派人护送蔡锷回家。[1]

从这里也可以看出，不论蔡锷还是杨度，都不把自己当成袁世凯的“亲信”，而夏寿田才是“袁世凯的人”。所以，杨度作为蔡锷的挚友，在京师无疑是蔡锷真情的少数知情者之一，但他们都遵循梁启超所说的君子之交的原则：“既不敢以私废公，但亦不必以公害私。”这样的两个人，一个是坚定的“帝制派”，一个是坚定的“反帝派”，谁也没有说服谁，但谁也没有“以公害私”，就这样在北京分手了。

袁世凯发现蔡锷之走，“放虎归山”，恼恨之余，后来却有客观评价：

以彼临行之谋虑深远断之，此人之精悍远在黄兴及诸民党之上，即宋教仁或亦非所能匹。

当时，国民党中袁世凯最忌惮的人是宋教仁，对孙中山、黄兴并不放在眼中，

[1] 杨云慧：《从保皇派到秘密党员——回忆我的父亲杨度》，第五十至五十三页，上海文化出版社，1987 年版。

这里他将蔡锷放在宋教仁之上，可见其评价之高了。

梁启超、蔡锷公开发动护国战争

早在1914年10月下旬，梁启超就在天津同蔡锷、戴勘、汤觉顿等人开始策划发动倒袁的军事行动。当时梁启超已从政坛退隐到天津饮冰室书斋中，原本无意再涉足政治了，但深感处于国体变更大是大非面前，不得不出来讲话。当然，他不管这场斗争将来胜负，均无意再回到政坛上去做官了。他和蔡锷商定：

> 频行相与约曰：事之不济，吾济死之，决不亡命；若其济也，吾济引退，决不在朝。[1]

在这样的大义凛然前提下，他们研究了起义的地点和步骤设想：

> 时决议云南于袁氏下令称帝后即独立，贵州则越一月后响应。广西则越两月后响应。然后以云贵之力下四川，以广西之力下广东。约三四个月后，可以会师湖北，底定中原。此余与蔡戴两君在津之成算也。[2]

当时这样策划是有充分考虑的：因为起义如果在中原发动，则处于袁世凯的腹地，袁容易从四面八方调集军力来剿灭之，先损声威，十分不利。必须选择进可攻、退可守的西南云贵来发动，打破其薄弱环节，易于夺得先声。此外，云南在辛亥革命后，同盟会、国民党、进步党等反袁的革命力量也十分活跃，许多团长、支队长一级的军官都是国民党（同盟会）或进步党的党员，从思想基础方面也具有起义的优势。

与此同时，袁世凯也在称帝前做了部署。他将反对帝制的军事领导明升

[1] 蔡锷：《盾鼻集·序》，《饮冰室专集》（三），台湾中华书局，1978年版。

[2] 梁启超：《国体战争躬历谈》，《盾鼻集》，第一百四十四页，台湾中华书局，1978年版。

梁启超

暗降，剥夺其军事实权；又派自己的亲信接管重要地区的军政首脑职务，以扼控南方地区，防止有人造反。例如，将段祺瑞封为建威上将军、陆军总长，待在北京大元帅府，实际是空衔。将何国华派到云南担任宣慰使，派王祖同去广西担任巡按使，派龙建章为贵州巡按使，用此三人来监视三省的军政大事，随时直接向袁本人汇报。对于四川如此重要的地方，他派了北洋嫡系陈宧为四川巡按使，率领北洋军三个旅入川，封成武将军，总理四川军政事务，扼控西南。在湖广地带，他派曹锟率北洋军精锐第三师驻扎湖南岳阳，王占元的第二师驻武昌，与四川形成犄角后援之势。

在这样的形势下，能否实现天津策划的“成算”，有两个关键点：一是蔡锷能否顺利返回昆明，直接领导起义；二是梁启超能否联络贵州、广西随后响应。

蔡锷到日本后，就在黄兴所派的张孝准、石陶钧的掩护下，避开日本的新闻记者和袁世凯的耳目，取道香港赴河内，准备绕道越南回昆明。这时，梁启超、蔡锷派出的王伯群已于12月15日先期到达昆明。16日，唐继尧接

到河内法国领事馆转来蔡锷自河内发来的密电，得知蔡已到达河内。于是召来他的堂弟、警卫团团长唐继虞，率警卫队两个连和宪兵一分队，17日搭乘滇越火车赶往河内迎接。此时，袁世凯也接到密报，蔡锷、戴勘已由越南赴云南，他一面急电唐继尧："蔡锷、戴勘偕同乱党入滇，应严密防范。"一面密电亲信、蒙自道尹周沆、阿迷知县张一鲲相机狙击暗杀。唐继虞团长携带唐继尧手书到达河内，河内梅总督派专车二辆、法国宪兵两个班护送蔡锷一行至越南边境老街，然后在唐继虞的警卫队保护下，机智地闯过周、张设下的陷阱，于19日顺利回到昆明。

梁启超自从发表文章公开反对袁世凯称帝后，知道自己已被袁密切监视，所以行动异常谨慎，蔡锷走后一直待在天津不动。这一来是为了保护爱徒蔡锷的行踪不受怀疑；二来也为自己南下做最后准备。直到蔡锷走了十几天后，梁估计他已脱离袁世凯的跟踪，才于12月16日启程由天津乘船先赴大连，而后由大连转赴上海。这次南下，梁启超做了最坏的打算。他在《护国之役回顾谈》中谈到自己离开天津时的情景：

> 我临走的前一点钟，去和我的夫人作别。把事情大概告诉她。我夫人说："我早已看出来了，因为你不讲，我当然也不问你。"她拿许多壮烈的话鼓励我勇气。但我向来出门，我夫人没有送过我，这回是晚上三点钟，她送我到大门口，很像有后会无期的感想。……我动身的时候，把我预备好的讨贼檄文和电报等等都交给一位朋友，云南今天起义，明天北京、天津、上海中西文报纸都一齐刊登出来。[1]

其实，蔡锷到昆明之前，云南都督唐继尧已做过一些起义的部署。唐继尧早年曾参加过同盟会，在日本是蔡锷在陆军士官学校的学弟，后来蔡锷离开云南时推荐他替代自己，他还是进步党的名誉理事，对于革命党人有一定

[1] 梁启超：《护国之役回顾谈》，《饮冰室文集》，第三十九集，台湾中华书局，1978年版。

同情和联系。但唐又受到袁世凯的拉拢，被封为开武将军、一等勋毅勇侯，袁又给滇军加薪俸三十万元，按月由中央拨给。唐也深怕自己的实力远远敌不过袁世凯的北洋军，招来杀身之祸。所以，他秘密和反袁力量往来的同时也讨好袁，做出拥护袁称帝状。他深知云南滇军内部反袁势力强大，蔡锷影响深远，所以他表示响应，连续开过三次秘密军事会议，并开始以剿匪名义调动军队向滇东北四川方向移动，以便一旦起义抢占先机，好进逼四川泸州、重庆一带。

蔡锷 12 月 19 日到达昆明的同时，同盟会国民党的重要人物李烈钧、熊克武等也到了。于是，21 日就在蔡锷、唐继尧主持下开了第四次军事会议，这回可以说实现了反袁力量的大联合，这样的联合只有在蔡锷主持下才能完成。他既能领导云南本土的滇军旧部，还为国民党革命派、进步党人所敬重，云南都督唐继尧也口口声声称他“老前辈”。唐继尧虽然有都督之衔，但不久前还帮袁世凯镇压过“二次革命”，带兵攻击并打败过在四川响应“二次革命”的重庆镇守使熊克武，所以很难让国民党人推崇，无法整合所有反袁势力。在研究谁应带兵出击，谁来主持坐镇云南本部时，唐继尧认为应当推蔡锷留守本部，他本人带兵出击四川。这虽然令蔡锷十分感动，但蔡认为这有“喧宾夺主”之嫌，而且与四川方面的战事将是起义后决定性的战役，还是由他本人指挥更为有力。所以，他最后决定：由蔡锷任护国第一军总司令，出击四川；李烈钧任护国第二军总司令；唐继尧任护国第三军总司令，留守云南。

正在这边商量何时正式通电全国起义之时，梁启超在上海通过南京冯国璋给蔡锷发来电报，此电报并未具体讲起义之事，但昆明的都督府收到南京宣武上将军府发来梁氏电报，便一致觉得冯国璋已经和梁站在一起响应反袁了，这大大鼓舞了昆明护国军的士气。当 23 日蔡锷宣布收到电报后，当场就把梁启超起草托人带过去的《云南致北京警告电》和《云南致北京最后通牒》交给省署秘书长由云龙加以合并，写成《致袁世凯请其撤销帝制电》。有人统计，

■ 云南护国军起义将领蔡锷（右三）、李烈钧（右一）、罗佩金（左二）

此电文与梁启超代拟的文稿只相差十六个字。[1] 电文当天下午发出，从而正式打出了“维护共和，反对帝制”的大旗，发起了护国战争起义的信号。

电文中点了杨度为首的十三个帝制祸首名字，要求其立即“明正刑典，以谢天下”。这个“先礼后兵”的电报还是给袁世凯留了“改弦更张”的面子，现摘录如下：

自国体问题发生，群情惶骇。重以列强干涉，民气益复骚然。佥谓：谁实召我，致此奇辱？外侮之袭，责有所归！乃闻顷犹筹备大典，日不暇给，内拂舆情，外贻口实，祸机所酝，良可寒心。

窃惟我大总统两次即位宣言，皆言恪遵约法，拥护共和。皇天后土，实闻斯言，亿兆铭心，万邦顷耳。记曰：“与国人交，止于信。”

[1] 董方奎：《梁启超与护国战争》。

袁世凯

又曰:"民无信不立"。食言背誓,何以御民?纲纪毁弃,国体既揆,以此图治,非所敢闻。[1]

……窃惟中外人士,所以不能为大总统谅者,以变更国体之原动力,实发自京师,其祸首之人,皆大总统之股肱心膂。盖杨度所倡之筹安会煽动于最初,而朱启钤等七人所发各省之通电促成于继起。大总统知而不罪,民惑实滋。查三年(1914 年)十一月二十四日申令有云:民主共和,载在约法,邪说惑众,厥有常刑。嗣后若有造作谰言,紊乱国宪,即照内乱罪从严惩办等语。杨度等之公然集会,朱启钤等之秘密电商,皆为内乱重要罪犯,证据确然。应请大总统查照前项申令,立将杨度、孙毓筠、严复、刘师培、李燮和、胡瑛、段芝贵、朱启钤、周自齐、梁士诒、张镇芳、袁乃宽等即日明正刑典,以谢天下,则大总统爱国守法之诚,可为中外所信,而

[1] 梁启超:《云南致北京警告电》,《饮冰室专集》(三),《盾鼻集》,第一至二页,台湾中华书局,1978 年版。

民怨可稍塞，国本可稍定矣。……伏望我大总统改过不吝，转危为安，民国前途，实为幸甚。

再者，此间军民痛愤久积，非得有中央拥护共和之实据，万难镇劝。以上所请，乞以二十四小时赐答。不胜悚息，待命之至。”[1]

袁世凯收到电报后，十分惊恐，但又认为西南一隅之地，无关大局，而且以自己北洋军之力，蔡锷也不是对手。他请英国公使朱尔典致电云南英国领事葛夫出面调停，希望蔡、唐收回成命，又命政事堂于25日复电，列举以前唐继尧劝进之各个电报，说：“事隔三日，背驰万里。本堂不信贵处有此极端反复之电，想系他人捏造，未便转呈。”同时，立即任命滇军第一师师长张子贞加将军衔，带督云南军务，令第二师师长刘祖武为巡按使，企图取而代之。其实，这二位均是同盟会、国民党的人，蔡锷的老部下，不会听命于袁。在这种情势之下，25日以唐继尧、任可澄、李烈钧、蔡锷和戴勘等五人名义，发电通告全国，宣布云南独立，并请各省响应，要求共同驱逐叛国贼袁世凯，“永除帝制，确保共和”。

按照蔡锷与梁启超在天津的策划，在起义时贵州与云南处于同等重要地位，一旦云南宣布起义，贵州应当在半个月内响应，使云南不至于陷于孤立境地。蔡锷早在北京时就与贵州护军刘显世之间电文往返频繁，蔡、梁还多次给贵州巡按使刘显治（刘显世的胞弟）写信，希望他说服刘显世赞助反袁。通电起义后，蔡锷立即委任戴勘为护国军第一军右翼总司令，率军由毕节去贵阳策动贵州独立，又派王伯群（刘显世的外甥）去黔南联络地方黔军。王伯群带着蔡锷亲笔信先到贵阳见刘显世，刘并不为其所动。贵州基层官民反袁情绪却很高，贵州军团团长王文华等劝刘显世响应云南讨袁。1月18日，贵州人民代表会议表决，响应云南，促刘显世改称护国军贵州都督，刘仍摇摆不定。直到24日，戴勘率领的云南护国军一营抵达贵阳，在26日贵阳欢

[1] 梁启超：《云南致北京最后通牒电》，《饮冰室专集》（三），《盾鼻集》，第二页，台湾中华书局，1978年版。

迎大会上，戴勘痛斥了袁世凯的叛国罪状，介绍了云南首义的情况后，会上才统一了思想，推举刘显世为贵州都督，27日通电独立，并准备派兵北上配合蔡锷第一军进攻四川。这当然大大鼓舞了云南首义的军民。

蔡锷川南苦战，梁启超南下从军

梁启超1914年12月18日到上海本来是秘密行动，他心知袁世凯的耳目决不会放过他，于是一到上海就请了四个印度保安，以护卫大门，自己则隐蔽在家足不出户。他在上海给滇、黔、桂等各省军政领导人写信，策动各省起义响应；也很注意为护国军筹军饷。筹饷也是十分紧要的任务，他深知“滇中财政之窘，久在意中”。没有粮饷支持，护国军无法与袁世凯做较长时间的对抗。梁为了筹集军饷，甚至动员了自己的大女婿周希哲（国贤）来帮忙。周从小在南洋长大，与南洋富商子弟多有交好，所以梁派他负责在南洋一带筹款。梁又联系岑春煊，请他负责海外筹饷，后来岑去日本筹得了饷械。

梁启超当时还有一项重要任务是开拓护国军的外交战线，特别是争取日本政府的支持。袁世凯为了称帝，虽然通过卖国的“二十一条”拉拢了日本的支持，但是到1915年，日本已发现袁的做法越来越违背民意，从长远来看，恐怕不是能支撑日中握手之人，所以眼光就转向反袁的护国军和进步党。1月7日，日本决定派出外交界的出色官员崛义贵为首任驻滇领事，强化与护国军联系。梁启超抓住这个机会，本打算亲自去日本进行外交斡旋与筹款，但未能成行，后改派周善培前去。梁在给蔡锷的信中说：“日本刻意联络吾党（青木少将特派驻沪，专与吾党通气，日内便到），饷械均有商榷余地。”[1]

但是，梁启超这样一位知名人物的行踪要完全不让朋友知道也是困难的，到后来，连新闻记者都得知梁启超在上海，并在报纸上报道梁将由沪入桂，

[1] 梁启超：《与蔡锷第四书》。

这就更加大他的行动困难。

袁世凯在获悉云南宣布独立后，立即部署了三路大军围攻云南的计划。第一路以第六师师长马继曾为司令，率第六、第五两个师，经湖南，进逼贵州；第二路以张敬尧为司令，率第七师及第八旅由四川堵击护国军入川。此两路统一由虎威将军曹锟总司令指挥。第三路派临武将军龙觐光，从广西攻云南。他对曹锟限令六个月内平定云南。

蔡锷指挥左路军刘云峰率部先行从昭通、盐津进攻四川叙府，自己则率中路，于 1916 年 1 月 16 日离开昆明，取道宣威、贵州毕节，准备北上进攻四川纳溪、泸州，最后与左路军在泸州会师。左路军经过三十一天的行军，战胜了北洋军的堵截，于 1 月 21 日占领叙府，同时派兵北向延伸，以截断成渝路。中路军也于 2 月初抵达毕节。这边，四川督军陈宧立即调动川军刘存厚从泸州南下叙永（永宁），堵截护国军北上。北京统帅办事处也随即来电，动以封侯、给予奖金，力促刘坚守叙永等待曹锟大军来援。刘存厚原来是蔡锷在日本士官学校的学弟，清末又曾在云南新军蔡锷部下任职，他的部下雷飚旅长又是蔡锷介绍到四川任职的湖南邵阳同乡。蔡锷回到云南后的第二天就电告雷飚反袁大形势，准备由云南和贵州联合组织军队，分别出四川、湖南与袁世凯决一死战，要求他“与积之（刘存厚）师长速做准备，相机因应”。刘存厚在不得已的情况下从泸州移师永宁，1 月 20 日就召集营长以上军官开会，统一思想，决心拥护共和，反对帝制。当蔡锷中路军一到毕节，刘存厚就派参谋来见蔡锷请示行动计划。蔡锷命他率军引导中路军先头部队一同北上入川，进攻纳溪。2 月 2 日，刘存厚率领三千多人在纳溪宣布起义。

在这一段比较顺利的进军途中，蔡锷用诗表述了当时的心态：

绝壁荒山二月寒，风尖如刃月如丸。

军中夜半披衣起，热血填胸睡不安。

蔡锷率领的护国军第一军在四川叙府和纳溪的胜利，贵州的宣布独立，使得护国军的气势在 1916 年 2 月初高涨，反袁各派势力都深受鼓舞。但是，斗争

绝没有那么简单，袁世凯的势力还很强大，不会那么快就服输。紧接着，曹锟所率的精锐军队就抵达泸州一带，与护国军展开激战。

其实，护国军的实力是很有限的。以蔡锷亲自指挥的第一军而言，由四个梯团（相当旅）组成，每个梯团辖两个支队（相当团），每个支队辖两个营，约有五六百人。第一军除第一、二两个梯团是原来的云南正规军，装备比较精良外，其余均是地方团练调凑起来的，总共也就是四五千兵员。即使是第一、二支队，其装备和曹锟统辖的北洋精锐部队也是无法比的。战争的残酷性在纳溪—泸州的争夺战中充分体现了出来。

泸州北枕沱水，南面长江，东据两江汇合之口，是有名的易守难攻之地，又扼滇黔入川之要道，乃兵家必争之地。护国军在纳溪得手后，由董鸿勋支队和刘存厚师分头北上，准备在泸州会师。开始进展顺利，董鸿勋扫清长江南岸守敌，甚至夺取了制高点月亮岩，可以俯览泸州。他部署了火炮阵地，将其交给刘存厚部的陈礼门团防守，自己又偷渡到北岸，形成东、南、西三面包围泸州之势。袁世凯大惊，在四川十万火急声中，速调重庆援兵西进。这时，北洋军张敬尧第七师、李炳之旅赶到，他们趁黄昏天暗之际，组织了两连敢死队，换成老百姓衣装，谎称是逃难百姓，要渡江避难。陈礼门受骗上当，被上岸的敢死队打个措手不及，慌乱撤退，丢掉了月亮岩阵地，陈本人羞愧难当，饮弹自杀。董鸿勋听说后路失守，自己成了北岸孤军，也连忙撤回南岸。这场进攻泸州之役顷刻间就成了纳溪保卫战。

当时蔡锷率领的护国军中路有三千余人，加上刘存厚师约一千五百人，还有川边义勇军张煦支队约九百人，总共五千多人。而面对的北洋军已集结了张敬尧师、吴佩孚旅和川军熊祥生旅总计一万五千多人。在双方兵力和装备都相差悬殊的情况下，护国军以少敌多，这场保卫战打得十分惨烈，持续三个星期，纳溪三易其手。梁启超后来在《护国之役回顾谈》中是这样描述的：

> 蔡公四个月里头，平均每日睡觉不到三点钟，吃的饭是一半米一半沙硬吞。他在万分艰难万分危险中，能够令全军将官兵卒个个

都愿意和他同生共死。他经过几回以少击众之后，敌人便不敢和他交锋，只打算靠着人多困死他，饿死他。到后来，他的军队几乎连半饱都得不着了，然而没有一个人想着退却。都说我们跟着蔡将军为国家而战，为人格而战，蔡将军死在哪里我们也都欢欣鼓舞的死在那里。[1]

在这里还应该提到一位重要人物，他就是后来成为红军领袖、中国人民解放军创始人之一的朱德元帅。当时他是蔡锷部下第六支队的支队长，原来驻扎在滇南蒙自。起义前夕接到蔡锷派人送来的亲笔信，告知起义计划，要求他的支队在 12 月 25 日和昆明同时发动起义，起义后并立即乘火车向昆明集中，以便一同向四川开拔。果然，后来朱德率领的支队按计划抵达昆明，见到了蔡锷，这次见面令朱德终生难忘。后来，美国新闻记者艾格尼丝 · 史沫特莱在延安采访他时，他描述了与蔡锷的会见。史沫特莱写道：

朱德和他的军官朋友们到达昆明后，立即下火车赶到蔡锷司令部，发现蔡锷正和参谋们开会。

朱德说："蔡锷起身向我们走来的时候我大吃一惊，说不出话来，他瘦得像鬼，两颊下陷，整个脸上只有两眼还闪闪发光。肺结核正在威胁着他的生命。那时他的声音已很微弱，我们必须很留心才能听得清。他向我走来的时候，我低头流泪，一句话也说不出来。"

"他虽然命在旦夕，思想却一如既往，锋利得像把宝剑。我们坐下来，他说明了全国各地起义的计划，并且说云南必须挑起重担，等待其他各省共和派力量组织起来。三天之后，我们就要出兵四川。"

……

蔡锷报告完毕，朱德发言说："可是你不能带队去啊！你有病，要送命的。"

[1] 梁启超：《护国之役回顾谈》，《饮冰室文集》，第三十九卷，台湾中华书局，1978 年版。

蔡锷望望他又把眼光移到别处，说道："别无办法，反正我的日子也不多了，我要把全部生命献给民国。"

朱德支队在 2 月 15 日抵达永宁时，接到命令称：由于纳溪战斗异常激烈，必须火速增援，立即急行军赶赴纳溪。朱支队花费两天时间，步行二百里，于 17 日上午到达纳溪，饭都没吃即进入棉花坡阵地。棉花坡处于纳溪城东一系列山岗中的制高点，是纳溪拉锯战争夺的焦点。纳溪争夺战的核心正是棉花坡的争夺战，在三个星期的战斗中朱德支队打出了名，在北洋军优势兵力的轮番凶悍进攻下，始终岿然不动，赢得了勇猛善战、忠贞不渝的声誉。直到蔡锷 3 月 7 日下令分三路撤出纳溪，他才主动离开棉花坡。

川南之战的意义，十年后梁启超在纪念护国之役云南起义十周年时讲得明白，在于"国民意志力的伟大"和"人格指导力之伟大"。由于有蔡松坡伟大的人格，才能在极端艰苦的条件下以少数护国军抗击十倍于己的北洋军，而不动摇，不气馁，最终得到全国各省的响应。他在《蔡松坡与袁世凯》一文中写道：

云南并不是没有长官，当时的长官为唐继尧，唐为什么不能起义？唐以现任都督，所不敢作的，蔡以前任都督资格去，人心如发狂，立即作出来了，皆因人格伟大，大家看见后佩服，……这并不是临时做到的，要靠平日的修养。他平时能以人格示云南，所以一旦出头，大家放心高兴，随他作去，可以由他初起义时，看出他人格的伟大。

他从出兵后，头一次在叙府打胜仗，再往前进，到纳溪，与十万袁军相对抗；本来有三千多人，加上四川响应的军队，有一两万人。但是都不得力，打先锋的退下来了，他在后方努力支持，败军如潮水一般；旁的军官，都以为没有法子，主张退，他虽坚持，然拗不过大家的意思，慢慢地持令静的态度退下。……退到大洲驿，士气异常颓丧，慢慢想方法恢复；他让大家休息，吃饭，洗脸，换衣，休息；用了两天一夜的工夫，一连一连的慰问，士气大振。他于是

下命令说，再退一步，就是我们的死所，排长退，连长斩之，连长退，营长斩之，旅长师长退，总司令斩之，总司令退，全军斩之，军容又从新恢复起来。

……

但是后来虽不能击败袁军，尚能两下相持，几个月后，袁军内部，纷纷离散，各省又独立响应，老袁一气而亡。……蔡松坡所以打胜，自己的力量，不过一小部分，大部分的力量，靠那视之不见听之不闻的国民意志力；袁世凯虽拥几十万雄兵，又有全国官吏，作为爪牙；事实上全国人心都反对他，当筹安会发起时，早已痛心疾首，不过大家没有表示的机会而已。所以老袁名义上有十万雄兵，实际上不过一个独夫；以十万对三千，固然彼众我寡，以三千对独夫，就变成彼寡我众了。我们全国人的意志，借蔡松坡的力量表现；他的力量，又靠全国人意志支持；从这一点看来，令我们十分兴奋，不要看见国内军阀，如何作威作福，自己失望，其实不相干；大军阀如袁世凯尚还不济事，何况二等袁世凯，三等袁世凯，将来一定要走同一的命运。他们那种力量，都不是真力量，那种力量发挥得愈大，愈能激起全国民的意志力，他们的独夫资格，一天天的加增；由建设在国民意志方面的力量看他们，都不过是些纸老虎。[1]

顺便说一句，这是历史上第一次出现关于“纸老虎”的论断，后来“一切反动派都是纸老虎”的论断大概源于此。

蔡锷在川南与曹锟北洋军苦战对峙就是为了赢得时间，促进其他各省的响应，但是两个月过去了，除了贵州宣布独立外，并没有其他省响应。梁启超在上海心如火焚，天天发电给各省军政大员，力促各方配合。到 2 月下旬，

[1] 梁启超：《蔡松坡与袁世凯》，《〈饮冰室合集〉集外文》中册，第一千零六至一千零一十二页，北京大学出版社，2005 年版。

终于迎来了好消息：广西都督陆荣廷派人到上海找梁，称：希望梁先生立即到广西，只要早上到，晚上就可宣布独立。

陆荣廷，广西武鸣人，青年时期本是“绿林好汉”，拉起过数百人的绿林武装。1893 年，他被清广西提督苏元春招抚，当了营管带，1903 年后又被两广总督岑春煊提拔到总兵位置。后因镇压孙中山、黄兴革命党有功，于 1911 年升任广西提督。辛亥革命后转而“附和共和”，被任命为广西都督，他打着“桂人治桂”旗号，拉拢一批旧军官形成桂系军阀体系。1913 年追随袁世凯镇压“二次革命”，成为地方实力派的代表人物。但是，袁世凯并不信任他，袁在推行帝制时封广东都督龙济光为振武上将军、一等公爵郡王，而只封陆荣廷为宁武将军、侯爵。陆对同为都督的自己被袁世凯低看甚为不满。1915 年 9 月，袁又派亲信王祖同到广西任巡按使，这明显是来监视陆的，更引起陆荣廷与袁拉开距离。当袁世凯改元洪宪称皇帝时，陆就干脆称病回武鸣老家休假，委托下属第一师师长陈炳焜来代理都督府。更有甚者，当他请求被袁世凯在北京扣为人质的儿子回来侍候自己病体时，北京方面表面同意放其回去，但陆子行至汉口时竟被袁下面的特务毒死途中，这就进一步促使陆荣廷走上反袁的道路。

陆荣廷本和梁、蔡并无直接来往，但他的拜把兄弟、第一师师长陈炳焜在蔡锷任广西陆军讲武堂总办时是讲武堂的学员兼学兵营督队官，后来与蔡锷结为拜把兄弟。蔡锷在云南起兵时就派人通过陈炳焜与陆荣廷联系，而陆对梁启超早就十分仰慕。梁启超于 1916 年 1 月 25 日曾写了一封长达三千多字的信《致陆干卿书》，从各个方面分析了广西起义的利弊，激发他反袁的决心，信末尾还表示：“将军若诚一怒以安天下之民，则启超力所能助者惟将军所命，不敢有辞。”加之陆的老上级岑春煊那时因和黄兴有联系，被袁世凯通缉逃亡国外，1916 年 1 月底也回到上海参加起义，极力劝陆加入反袁阵营。2 月 8 日，袁世凯又任命广东龙觐光为云南查办使，准备率兵假道广西南宁，从东面进击云南。这迫使陆荣廷必须马上决定是“迎袁还是反袁”，所以立即派人前往上海催促梁启超来广西。

梁启超由沪赴桂之行颇费心思，因为其行踪已经暴露，袁世凯密布四方的密探正想方设法捕杀他，稍一不慎就会铸成大错。这时，3 月 1 日正好日本驻沪武官青木少将也听说梁有离沪之说，前来打探求证。梁就实话告诉他，此行可能艰难险阻，并委托他帮忙筹划此事。青木将军慨然答应负责，并立即命下属日松井来筹办。他们策划由上海乘日本商船去香港，再由香港换乘一运煤船去越南海防，由越南再入广西境内。于是，3 月 4 日梁启超、汤觉顿、两位陆荣廷派来的使者和另外三位从人，一共七人登上了日本横滨丸号日轮，开始了梁启超一生最为艰险的旅程。

由于要保密，只能给他们在船舱的最下层锅炉房旁边辟出一个小间，吃饭睡觉都在里边，白天不敢出来，只有晚上夜深人静后才可上甲板去透一透气。梁启超在《从军日记》中这样描述：

> 生平酷嗜海行。今蛰伏舱之最底下层，在锅炉旁拓一室，饮食寝处其间，洿闷至不可耐。每深夜群动尽息，窃蹑舷栏，一享凭眺，谓此乐万钟不易。因悟天下之至乐，当于至苦中求之耳。[1]

梁离开上海次日，袁世凯接密探报告，得知梁已离沪，立即通电两广，称梁启超等数人已潜行内地谋图不轨，请即命沿途要隘严查，并电香港、越南政府协办。所以，3 月 7 日梁启超一行到达香港，唐继尧设立在香港的联络处李根源来迎接，告诉梁千万不能登陆，因香港袁的密探很多，警察也接到通知要查。这时又传来消息：过去越南的护照签证很容易，只要花一点钱就可得到。但现在 3 月 3 日突然发布新规定，必须本人亲自到领事馆去验明照片、印手模才行，如此一来，梁启超想正式通过海关进广西的路就不通了。这时，梁启超想换小船直奔梧州入广西是最快的办法，但汤觉顿等都认为太冒险，不同意他这么走。商量的结果是：兵分两路，由汤觉顿等二人带着梁起草好的

[1] 梁启超：《从军日记》，《盾鼻集》，《饮冰室专集》（三），台湾中华书局，1978 年版。

广西独立文件走梧州，以最快速度见到陆荣廷，告诉他梁启超已在路途中；梁本人则按原计划由香港赴海防，从越南偷渡去广西。

横滨丸号日轮初泊九龙，为了安全起见，开向公海以避免警察搜查，等待去越南的妙山丸号煤船的到来。3 月 12 日，妙山丸号终于到了，梁等人都换成和服化装成日本人，十几个日本人通力协助，用小船把他们由横滨丸引渡到妙山丸船上。妙山丸本是条运煤船，设备简陋可想而知，但船长受命于政府，对梁启超等十分客气，单独为他们开辟一个房间，所有用具都是新买的，伙食也很不错，随时均可以到甲板呼吸海上新鲜空气，使梁感到“由地狱到天堂”。在两艘船上，梁启超没有休息，连续为护国军起草了《护国军政府宣言》《上黎大总统电》《致电使团领事团电》和《在军中敬告国人》等文件。

船行三日，于 15 日到达洪崖煤矿海港，先停留海上，这里有日本驻香港领事通知的日商横山来迎。船长交代他偷渡任务，并领他见过梁先生后，他立即回海防部署。船入港前，船长又将梁启超等藏入煤舱，“煤为四壁，以烟养肺。吾蛰伏其间凡十四小时，畏人见也”。到半夜三点，横山带着夫人及女伴乘一游船，假装出来春游，趁夜深人静用一小筏将梁启超摆渡到游船上。待到第二天早上，梁发现到达一处从来未见过的海上群岛奇景（笔者推断，那里似乎就是当今越南旅游胜地下龙湾）。到晚上八点才悄然到海防。此时云南特派联络员、华商张南生前来相见，商量下一步去路。张告诉大家，法国人已收到袁政府委托，稽查很严，不可在海防停留。于是横山建议先躲入他的帽溪牧场。帽溪牧场地处万山丛中，条件很差，加上湿热瘴气，令梁十分不适，当地人告诉必须要黑布缠头以防热病，他也没有当回事，结果惹上了危险的热病，发高烧不退，差一点儿送命。后来经过土人施以草药治疗，总算退了烧。病刚好一些，他又开始奋笔直书，写就《国民潜训》《从军日记》等作。

当梁启超在越南丛山中躲藏时，汤觉顿已带着梁的书函从梧州到达陆荣廷的都督府。陆荣廷大喜过望，不等梁启超到达，立即于 3 月 15 日通电全国宣布广西独立，将柳州行营改为广西都督府兼两广护国军总司令部，任命梁

启超为总参谋。这里的通电即为梁启超代拟的《广西致各省通电》[1]，它对在川南和袁军苦苦对峙的蔡锷来说无疑是一个特大喜讯、一剂有力的强心针，广西独立响应护国军，使滇、黔、桂及川南连成一片，巩固了护国军的后方，促使全国反袁斗争进一步高涨。正如蔡锷所说：

> 先生亦间关入两粤。当锷极困危之际，突起而拯拔之，大局赖是以定。[2]

宣布独立的同时，陆荣廷立即下令肃清袁世凯党羽，派人去越南边界迎接梁启超。3 月 25 日，梁启超在陆荣廷所派官员陪同下，在仪仗队和军乐声中，步入镇南关，踏上了国土。此时已是广西宣布独立后十二天，所以他乘船一路走一路演说，备受欢迎，直到 4 月 4 日才乘陆荣廷派去迎接的巡逻轮，在陆率全队水师亲自迎接下抵达南宁，一同来到陆荣廷的都督府。此时，蔡锷在川南发动反攻得胜，张敬尧已不敢再战。广西独立后，按计划桂军分成三路出兵湖南、广东肇庆和广东钦州、廉州，进一步解决广东问题。

广东情势更为复杂，广东都督龙济光本来是忠于清政府的提督，辛亥革命后国民党胡汉民任广东都督，陈炯明任副都督，当然不能留用龙济光和他的“济军”，所以请示袁大总统办法。袁世凯则想笼络实力派为自己所用，就命龙部调到广西梧州一带，并给予大量饷械。“二次革命”时胡汉民响应宣布独立，失败后出走香港，于是袁世凯任命龙济光为都督，回到广州。袁极力笼络龙，当了洪宪皇帝后还要封他做亲王，所以龙是拥护袁世凯的“铁杆”。当时，广东革命势力很强，孙中山、黄兴在各地民间有很深的基础，所以反袁的呼声比其他各省要强。早在 1914 年 2 月孙中山就任命朱执信为中华革命军广东司令长官，在澳门设立机关策动各地区的起义工作。6 月，朱曾在广东

[1] 梁启超：《广西至各省通电》，《盾鼻集》，第六页，《饮冰室专集》（三），台湾中华书局，1978 年版。

[2] 蔡锷：《盾鼻集·序》，《盾鼻集》，第一页，《饮冰室专集》（三），台湾中华书局，1978 年版。

吴川、电白、信宜三地组织武装起义，但被龙济光镇压。后来，朱又在顺德县、佛山组织起义。到 1915 年末，云南护国战争打响，陈炯明在惠州成立粤军司令部，发动地方会道门及各地“绿林好汉”，组织十路队伍围攻惠阳。朱执信的中华革命军也与之呼应，占领平山，有进袭广州之势。这些民军虽然在反袁这一点有共同之处，但是并没有形成统一的领导，而且缺乏训练和枪械，不是“济军”的对手，此起彼伏，都没有站住脚跟。广西独立极大地震动了广东，使得反袁的地方民间武装的讨龙斗争也走向高潮。驻守潮汕的“济军”两个团在革命党的策动下，团长莫擎宇于 3 月 26 日宣布起义，旅长逃走。同时，开到汕头的北洋第二舰队司令汤廷光也响应莫擎宇，率领抵达的三艘军舰宣布起义，并与莫等发布联合声明讨袁，3 月 30 日成立护国军广东潮梅司令部，向惠州进发。当时，广东已有二十一个府县发起讨袁武装，其中四十一个反袁据点中，中华革命党占三十一个，约有兵力两万六千人；陈炯明的护国军占八个，约有兵力两千六百人。

龙济光北有广西独立桂军南下的威胁，南有革命党和民军武装起义，已经焦头烂额惶惶不可终日。面对这种情势，护国军方面在策略上发生“留龙”和“去龙”之争。多数人认为：龙济光是袁世凯下属将军中最为袁卖力，也作恶最多的一个，广东民众对其恨之入骨。“反袁必先讨龙”，应当南北夹击将他彻底打败，方可解除后顾之忧进行北伐。梁启超本来也赞同这一策略，但陆荣廷不愿广东落入革命党人之手，主张与龙妥协。梁又改变了主意，他认为：讨龙需要先费数月兵力，地方经战争后受到摧残，对于建立北伐供应财力物力的后方不利，更会拖延北伐之期，给袁世凯多留时间。此外，护国军本来目标明确是讨袁，现在变成讨龙，好像给人争夺地盘的口实。所以在梁启超的说服下，大家同意先按与龙妥协的策略进行。这就为后来发生的海珠惨案留下隐患，而梁启超自己也差一点儿送命。

龙济光在情势万分危急时向北京袁世凯请示机宜，袁只复电六个字：“独立，拥护中央。”龙济光心领神会，开始部署用假独立来缓解各方起义军进攻

广州，而实际仍拥袁。4月6日，广州的士绅军官会议召开，推举龙济光为都督，宣布“独立”，并电邀陆荣廷、梁启超速赴粤调停。4月12日，龙济光在海珠水上警署召开民军、桂军和粤军等几方合作协调会议，汤觉顿代表陆荣廷、梁启超前往参加，民军方面有民军总司令徐勤，警察厅长王广龄，商团团长岑伯铸，龙济光的代表、前海军司令谭学夔，还有龙的下属统领颜启汉、潘斯铠、贺文彪等，而龙济光本人却未出席。会议一开始，汤觉顿首先讲梁、陆二人已在来粤路上，二日之内即可到达，一切事宜当易解决。徐勤则提出粤省所有军队应一律改编为护国军，另推举总司令。会议进行才十几分钟，济军统领贺文彪刚表示赞成，颜启汉就开枪将贺击中。顿时枪声大作，颜启汉带来的蛮船也一起向会场射击。汤觉顿、岑伯铸、谭学夔、王广龄等多人

1916年6月6日，护国军两广都司令部军务院主要成员在广东肇庆合影。（左起：林虎、李根源、蒋百里、莫荣新、谭浩明、岑春煊、梁启超、李烈钧、李耀汉、高尔登）

被当场击毙，造成骇人听闻的海珠惨案。惨案的直接肇事者是颜启汉，但其背后预谋者是袁世凯的亲信梁士诒，正是他派人联络颜启汉，许以事后重金酬谢。

这时，梁、陆在广西听到噩耗传来，痛愤不已，因为汤觉顿、谭学夔、王广龄都是梁启超多年反袁的老友。陆荣廷随即带着大兵从梧州顺流而下，抵达肇庆。岑春煊也从上海来到肇庆会合。此时龙济光看到闯了大祸，自知理亏，主动派人到肇庆谢罪。这时梁启超心中也非常矛盾，他在《护国之役回顾谈》中描述了这一段经历：

> 蔡公正陷在重围，再下去个把月眼看着要全军覆灭。我们把广西独立原是想出兵湖南，牵制敌势，令根本问题早日解决。若是粤桂开起仗来，姑无论没有必胜的把握，就令得胜，也要费好些时日，而且精锐总损伤不少，还拿什么力量来讨贼。岂不是令袁世凯拍掌大笑吗？论理，汤王谭三公，都是我几十年骨肉一般的朋友，替他们报仇的心，我比什么人都痛切。但我当时毅然决然主张要忍着仇恨和龙济光联合。……我说非彻底叫龙济光明白利害死心塌地跟我们走不可。有什么方法叫他如此呢？我左思右想了一日一夜，除非我亲自出马靠血诚去感动他。当时我就把我这意见提出来，我的朋友和学生跟着我在肇庆的个个大惊失色，说这件事万万来不得。有几位跪下来拦我。但我那时候天天接着蔡公的电报，形势危在旦夕。我觉得我为国家、为朋友都有绝大的责任，万万不能躲避。
>
> ……当时无论何人也拦我不住，我自竟搭车跑广州去了。我到了沙面，打电话告诉龙济光说我来了，要会他。龙济光也吓一大惊，跟着我就一乘轿子跑上观音山去了。我和龙济光苦口婆心地谈了十几点钟。还好，他像是心悦诚服的样子。到第二天晚上，他把许多军官都聚起来，给我开欢迎会。个个都拖枪带剑如狼似虎的几十人。初时还是客客气气的啊啊，酒过三巡，渐渐来了。坐在龙济光旁边

一员大将——后来我才知道他的名字叫做胡令萱，在那里大发议论，起首骂广东民军，渐渐骂广西军，渐渐连蔡公和护国军都骂起来了，鼓起眼睛钉着我，像是就要动手的样子。龙济光坐在旁边整劝少说话。我起初是一言不发，过了二十分钟过后，我站起来了，我说："龙都督，我昨天和你讲的什么话，你到底跟他们说过没有？我所为何来，我在海珠事变发生过后才来，并不是不知道这里会杀人。我单人独马手无寸铁跑到你千军万马里头，我本来并不打算带命回去。我一来为中华民国前途来求你们帮忙；二来也因为我是广东人，不愿意广东糜烂。所以我拼着一条命来换广州城里几十万人的安宁。来争取全国四万万人的人格。既已到这里，自然是随你们要怎样便怎样……"

我跟着就把全盘利害给他们演说了一点多钟。据后来有在座的人说，我那时候的意气横厉，简直和我平时是两个人，说我说话的声音之大就像打雷，说我一面说一面不停地拍桌子，把那满座的玻璃杯都打得丁当作响。我当时是忘形了，但我现在想起了，倘若我当时软弱些，倒反或免不了他们的毒手。我气太盛了，像是把他们压下去。那位胡令萱悄悄跑了。此外的人像都有些感动。席散后许多位来和我握手道歉。自从那一晚过后，广东独立没有什么问题了。第三天我就回肇庆，陆君也带着兵出湖南去了。[1]

蔡锷之死

护国战争进行到 3 月，袁世凯已感到形势危急，为了缓和反对帝制的全国浪潮，他一面宣布取消帝制，一面派出各路人物去游说调停，妄图保留大总统地位。他的伎俩遭到梁启超、蔡锷的坚决抵制，提出"除袁退位外，更

[1] 梁启超：《护国之役回顾谈》，《饮冰室文集》，第三十九集，台湾中华书局，1978 年版。

■ 蔡锷

无调停之余地”。到 4 月，广东宣布独立，浙江也紧跟着独立；5 月一发不可收拾，陕西、四川、湖南也宣布与袁氏政权脱离关系。要知道陕西的陈树藩镇守使、四川的陈宧都督和湖南的汤芗铭都督都是袁世凯视为心腹的栋梁，连这些人都弃他而去，对他的打击之大可以想见。他真到了众叛亲离之境。袁一病不起，于 6 月 6 日去世。当时社会上有人这样讥讽袁世凯称帝的下场：

扶运六君子

送命二陈汤

“六君子”和“二陈汤”原来都是中药名称，这里六君子指的是以杨度为首的筹安会六君子，二陈汤就是指陕西的陈树藩、四川的陈宧和湖南的汤芗铭了。

6 月 7 日，也即袁去世后的第二天，梁启超致电黎元洪、段祺瑞、冯国璋及各省都督、司令，促请黎元洪按约法就任大总统。6 月 9 日，蔡锷也从四川发出通电，响应老师梁启超的建议并表明自己的态度：

项城（袁世凯）出缺，黄陂（黎元洪）继任，舆情拱服，中外翕然，元首得人，曷胜忭颂。……目前善后要务，尤在收束兵事，保固治安，维持财政诸端。三者互为关联，相因而成，果能内外一心，共矢贞诚，此善后诸事，不难于最短期内迎刃而解。

……所堪以告我邦人于愧者：出征以来，未滥招一兵，未滥使一钱，师行所至，所部士兵未擅取民间一草一木，不敢种恶因以贻恶国。故军范围收束极易，足纾中南顾之忧。

锷锋镝余生，无意问世，且夙病未痊，极待疗养。拟俟本军部署稍定，即行解甲归休，遂我初服。款款愚忱，伏乞鉴察。

蔡锷作为护国战争的第一个有功之臣，在大局初定之时，完全没有邀功心态。他考虑的是事关全国大局的三大任务：收束兵事、保固治安和维持财政。作为手握军权的护国军第一军司令，他完全没有拥兵自重，甚至乘机扩充实力的军阀作风，反过来，他处处想的是“收束兵事”，这在当时领兵的高级将领中，十分难能可贵，甚至是绝无仅有的，的确高风亮节，显示了政治家的风范。但云南护国军起义的其他将领们就不是这样了，如留守昆明的唐继尧就力图趁此机会将原来三个军扩充成八个军，而后来接替蔡锷统领川军的原护国军第一军左翼军总司令、蔡锷的主要助手罗佩金也在蔡离开四川后，将川军三个师扩大成七个，这都为后来川滇军阀混战埋下了祸根。

护国战争以洪宪王朝覆灭、护国军胜利结束，全国又恢复了“共和体制”，黎元洪当上大总统，冯国璋为副总统，段祺瑞当了总理，北京的中央政府认为四川省的军政一把手非蔡锷莫属。6 月 24 日，黎元洪大总统发布命令，特任蔡锷为益武将军，督理四川军务兼四川巡按使。蔡锷则一再表示，自己喉病已越发严重，应该赶快治病，无意接受任命。但当时北洋军曹锟等的部队也在四川，与护国军呈对峙形势，梁启超开始还想劝蔡锷以大局为重，不要推辞。7 月 1 日，蔡锷抵达泸州，又接到北京政府任命他为四川督军兼省长的

公报，他给梁启超发去电报，一方面要求梁帮忙从上海中行筹款三十万，立即汇给成都，以解决滇军入川粮饷之急；另一方面，请梁代为向北京政府请病假数月，以便专心治病。梁接到电报，立即向中央政府发电，详细陈述了蔡锷起兵以来经费物资之匮乏情况，并认为今大局既定，应当将“恤赏”“欠饷”和“息借商民贷款”由政府补发。同时他又将同样内容电文发给冯国璋，一方面请冯代转中央；一方面也请冯“中央或筹措尚艰，更请公从各方面代为设法，凑垫成数，俾解眉急”。

7月29日，蔡锷率部进入成都，罗佩金、刘存厚率领数万军民在城东大面铺夹道欢迎，全城高悬国旗，万人空巷，都望一睹风采。但此时蔡锷几乎不能说话，只能挥手致意，请副官代为答谢。一入成都，他立即做了全面体检，发现咽喉已有结核菌；那个时代结核病几乎与现在癌症一样，很难治愈，而咽喉结核就更难医治。医生建议蔡应立即停止工作，住院治病。梁启超又电请重庆德国医生来给蔡治病。此德国医生没有深入了解病情，就将自己珍藏治花柳病的“六〇六”针剂给蔡锷打上。结果一针下去，病情急剧恶化。他只得推荐罗佩金代理自己四川督军职务，戴戡代理省长。8月9日，只在成都待了十天的蔡锷，就在蒋百里陪同下离开成都前往上海，准备赴日本就医了。

8月底，蔡锷抵达上海后，避门谢客，只和老师梁启超和黄兴等几个朋友相聚。当时北京政府段祺瑞总理曾劝他到北京香山养病，但蔡锷恐又落入软禁境地，断然拒绝。在上海停留期间，蔡锷本来精力很有限了，但看到梁启超将护国战争期间所有文件（包括来往电函）整理成《盾鼻集》，还是很高兴地为其写了序。9月9日，蔡锷从上海乘船赴日本，黄兴亲自到码头送别，没想到这就是两人的永别了。

9月14日，蔡锷到达日本福冈医院就医，陪同的有挚友蒋百里、夫人潘蕙英、两个儿子、秘书及代副官长等人。因除蒋百里外，别人均不懂日语，故后来又急电湖南都督谭延闿派石陶钧来日本。起初，蔡锷病情一度比较稳定，10月31日，黄兴病逝上海，日本各大报均刊登消息。石陶钧他们怕蔡锷知道

会十分伤感，就将有关报纸收起来不让他看到。但最终他还是偶然从报上得知了黄兴的死讯。黄兴不仅是他的湖南老乡、日本留学一同学习军事的同学，更是近二十年来革命道路上相知相扶的挚友，这样一位肝胆相照的最好朋友去世，对他无疑是个不小的打击，引起了他深深的伤痛。蔡锷立即扶病写就《祭黄兴文》和《哭黄克强》挽联，联曰：

以勇健开国，而宁静持身，贯彻执行，是能创作一生者；

曾送我海上，忽哭公天涯，惊起挥泪，难为卧病九洲人。

杨度在天津也为自己这位最能推心置腹的老乡和朋友的逝世撰写了挽联：

公谊不妨私，平生政见分驰，肝胆至今推挚友；

一身能敌万，只惜霸才无命，死生从古困英雄。

最后的日子里，蔡锷自觉时日不多，他想到要给护国战争中牺牲的烈士们进行表彰和抚恤，特别是“珠海事件”受害人员汤觉顿、谭学夔、王广龄等烈士予以应有的荣誉和纪念，为此和唐继尧联名致信总统黎元洪。同时，他也想到了与自己政见分歧的老朋友杨度，终觉得杨度发起筹安会，是帝制的始作俑者，犯了很大错误，但根据自己多年对杨的了解，杨是一个执着于自己政治理念的政治家，并非追求个人荣华富贵的政客。杨至今还落得一个“通缉犯”的境地，蔡深感应“手下留情”。他留下遗书给中央政府：

本人少年时，羡东邻强盛，恒抱持军国主义。是项主义，非大有为之君，不足以鞭策而前，故政体孰善，尚乏绝端之政断。后因袁氏强奸民意，帝制自为，逞个人篡窃之私，不惜以一手掩饰天下人耳目，爰申正谊，以争国民人格。湘人杨度，曩倡君宪救国论，附袁以行其志，实具苦衷，较之攀附尊荣者，究不可同日语。望政府为国惜才，俾邀宽典。

11月7日，天气晴朗，蔡锷的精神也有较大恢复，正好窗外日本进行航空大演习，他令人打开窗户扶自己凭栏眺望。看后，他对蒋百里感慨道：“我们建设国防尚未着手，而现代战争已由平面而转立体，我国又不知道落后了

多少年！”孰料，当晚蔡锷病情急变，痰结塞于喉，顿时陷入极度痛苦，急报两位主治医学博士，午夜赶到病房，已经来不及抢救。8日凌晨，一代名将逝世，终年才三十五岁。

消息传到国内，第一痛苦的莫过于梁启超了。他难以接受自己最有出息的弟子、最为志同道合的亲密战友、将来还寄予厚望的中年人，两个月前还在上海共同探讨策划中国之未来，就如此匆匆而去！梁启超立即电请黎元洪总统，要求对蔡锷赐予国葬，并将事迹宣付史馆立传，准予在京师及立功省份立铜像和专祠以资纪念。12月，北京政府颁布大总统令：“国会议决故勋一位陆军上将黄兴、蔡锷应予举行国葬典礼，着内务部查照国葬法办理。”

1916年12月5日，蔡锷的灵柩在大总统特使袁华选和蒋百里、石陶钧等人护送下抵达上海。12月14日，上海各界人士为蔡锷举行公祭，淞沪护军使杨善德代表黎元洪大总统主祭，梁启超宣读祭文。当梁启超走上前去，见到蔡锷遗容时，不禁失声痛哭，一时难以自禁，无法宣读祭文，只得由他的另一学生石陶钧代行。

北京政府还在北京中央公园（即今中山公园）搭建灵堂举行公祭，并宣布将在湖南长沙举行国葬。祭奠仪式上挽联很多，最引人注目者，如孙中山的挽联：

平生慷慨班都护；
万里间关马伏波。

杨度在天津得知蔡锷的死讯，也不胜感慨，书写了大幅挽联，吊唁这位同乡和益朋：

魂魄异乡归，于今豪杰为神，万里江山空雨泣；
东南民力尽，太息疮痍满目，当时成败已沧桑。

据说，杨度为了亲自到北京政府设立的蔡锷灵堂致祭，曾专门向黎元洪求情，黎为杨度之真情所动，决定给他颁发为期两天的特别豁免令，允许他从天津来京吊唁，同时，还责令内务总长和警察总监派人全程护送，直到杨

2015 年，杨友麒专程拜谒岳麓山蔡锷墓

返回天津租界为止。

梁启超在公祭后，立即发起成立蔡松坡纪念图书馆，致电中央及各省军政当道，筹集款项。但这件事并不顺利，筹款之举长时间未见成效。直到 1920 年，梁自欧洲回国，决意集中精力来办这件事，为此不惜耗费精力卖字筹款。终于在两年后，北洋政府决定把北海公园的快雪堂和西单石虎胡同七号划拨给松坡图书馆，前者为第一馆，专藏中文图书；后者为第二馆，专藏外文图书。

1917 年 4 月 12 日，蔡锷的国葬典礼在长沙举行，他的遗体就葬在长沙岳麓山白鹤泉上方的山腰上，距离黄兴墓不远。陵园碧翠环绕，安静肃穆，冢和碑均由花岗岩制成。石栏环绕墓碑，二十四块栏板上刻着民国时期各地军政大员题写的纪念铭文。

后来，梁启超在南京纪念护国军云南起义的演讲《护国之役回顾谈》中，

满怀深情地说：

若说还有纪念的价值吗，那么请纪念蔡松坡这个人。我们青年尚能因每年今天的纪念，受蔡公人格的一点感化，将来当真造出一个真的善的美的中华民国出来，蔡公在天之灵或者可以瞑目了。

蔡公死了吗，蔡公不死，不死的蔡公啊，请你把你的精神变作百千万亿化身，永远住在我们青年心坎里头。[1]

参考文献：

《国体战争躬历谈》，梁启超著，《盾鼻集》，《饮冰室专集》（三），台湾中华书局，1978 年版

《蔡锷集》，蔡锷著，湖南人民出版社，1983 年版

《从保皇派到秘密党员——回忆我的父亲杨度》，杨云慧著，上海文化出版社，1987 年版

《从军日记》，梁启超著，《盾鼻集》，《饮冰室专集》，台湾中华书局，1978 年版

《护国之役回顾谈》，梁启超著，《饮冰室文集》，第三十九集，台湾中华书局，1978 年版

《梁启超传》，解玺璋著，上海文化出版社，2012 年版

《蔡锷大传》，谢本书著，广西师范大学出版社，2013 年版

《我和外祖父眼中的蔡锷将军》，袁泉著，中华书局，2013 年版

《梁启超与护国战争》，董方奎著，重庆出版社，1986 年版

《〈饮冰室合集〉集外文》，夏晓虹辑，北京大学出版社，2005 年版

[1] 梁启超：《护国之役回顾谈》，《饮冰室文集》，第三十九集，台湾中华书局，1978 年版。

第五章

杨度、梁启超与孙中山

孙中山成为推翻清政府的革命家

孙中山（原名孙文），1866 年 11 月 12 日出生在珠江三角洲香山县（后来改名中山县）翠亨村一户农民的家中。父亲孙达成是一个仅有不到一亩地的

青年孙中山

小农，只靠种田难以为生，所以还要做点儿小贩、裁缝等活计谋生，一直到三十岁才有条件结婚成家。结婚第十年才生了长子孙眉，后来共有五个子女，孙中山是五个子女中第三子，他上面还有一个姐姐。孙中山出生后，家庭经济情况相当困难，虽然知道去国外打工赚钱风险很大，孙达成还是决定让长子孙眉随他的舅舅到夏威夷去学习经商。同时，在孙文八岁时就送他入村塾读书。

孙眉的冒险精神很快得到了回报。那时夏威夷正开始盛行种水稻，这正是香山农民的专长。开始孙眉给先到的香山老乡做雇工，后来就在舅舅的帮助下和老乡合伙办了一个农场，并在檀香山开了一家店铺，如此，就有了收入源源汇回家里。孙眉成了村里外出成功的范例，他对夏威夷群岛富庶和自由的叙述深深吸引着幼小的孙中山和村里的孩子们。1876 年，父亲给荣归故里的老大孙眉举办了豪华婚礼，婚后孙眉返回檀香山时带回了一批劳工，因而也得到一笔佣金。于是次年，他就接母亲和十三岁的小弟弟孙中山来檀香山居住。

孙眉根据自己的经验深知，要想将来在檀香山求发展，首先要学好英语。所以他将弟弟送入了英国人办的意奥兰尼书院（Iolani School）当寄宿生。学校的老师除一名夏威夷人外，全部是英国人，一律用英语教学。在这里，孙中山开始接触基督教文化，若不是长兄孙眉的反对，他早就接受洗礼了。虽然没有受洗，他也必须每个星期日去大教堂去做礼拜。三年后，在毕业典礼上，他得到夏威夷国王亲自颁发的英语文法优胜奖。

毕业后，1882 年，孙中山进了当地最高学府奥阿厚书院（Oahu College，相当于中学程度），这是一所美国基督教公理会办的学校，在这里他对政治学和医学都产生了兴趣，对基督教的感情也更深了。1883 年，当孙中山行将皈依基督教时，引起了孙眉极大的愤怒，他立即决定将弟弟送回翠亨村老家，不许他再回来。

回到家乡农村的孙中山由于在夏威夷所受的教育和农民习俗格格不入，

不久就闯下大祸。他和好朋友陆皓东故意亵渎村里木偶神像的举措震惊了整个村子，被驱除出村。父亲没有办法，只好送他去香港。1884 年，孙中山进入皇仁书院学习，在这里由美国公理会喜嘉理牧师给他和好朋友陆皓东实施洗礼，正式加入了基督教。洗礼之后，基督教伦敦传道会会长区凤墀赠了孙文一个新名字：逸仙，这也是粤语“日新”读法的谐音。

孙中山在读书期间就对中国政治上遭受欺辱的事态深感不满，对洪秀全的太平天国故事十分感兴趣。在皇仁书院学了两年半后，他考虑应该选择职业学习。当时，受到 1883 至 1885 年中法战争的影响，他曾考虑学海军，但是最著名的福建水师学堂在中法战争中已被破坏了。他也曾想过学法律，但香港当时也办不到。最后他决定学医。那是他在夏威夷时就考虑过的。于是，1886 年喜嘉理牧师就介绍他进入英美教会联合办的广州博济医校就读，在这里孙结识了三合会首领郑士良。后又闻香港西医书院招生，1887 年旋即以优异成绩考入该校。香港西医书院是从英国回国的何启博士创办的雅丽氏医院为中国学生学医而办的医校，康德黎博士是协助创办的主要人物，后来任教务长。孙在校学习期间，除学习本科外，他对欧美各国的政治、经济、农业、乃至天文地理知识，无不涉猎。他是康德黎博士最得意的门生，曾陪同他深入中国麻风病村庄调查研究，为康德黎当翻译，后来这项研究获奖。与此同时，他也经常与同乡杨鹤龄以及陈少白、尤列等人共议国事，都深感清廷政治腐败无能，抨击朝政；时人认为此举为大不敬，称之为“四大寇”。

1892 年 7 月，孙中山以首届毕业生中第二的成绩毕业，并获当时港英政府总督威廉·罗便臣亲自颁奖。在医学院毕业后，他曾在澳门、广州设馆行医，每天定时义诊赠药，故求医者门庭若市。应当说，当时他对于从事医生职业相当敬业，也不愧是一个好医生。虽然他对于清政府十分不满，但还没有放弃走上层知识分子精英改革的道路。特别是直隶总督李鸿章 1889 年成为他所就读的香港西医书院的赞助者后，他对李鸿章抱有好感，后来又看到李开始推动“洋务运动”，更对他抱有希望。1894 年的一天，他独自花费了几个星期

李鸿章

工夫写就了很长的《上李傅相（鸿章）书》，并且决定在好朋友陆皓东陪同下前往天津面见李中堂，亲自递交上书。孙、陆二人兴致勃勃地来到天津，虽然托了关系将文件递交上去，但是此时中日关系已经恶化，到了甲午战争前夜，李中堂并没有安排接见。天津之行的失败使得他们极为失望，从此不再犹豫，决心放弃改革之路，走上推翻清政府的道路。

孙中山转赴檀香山，在孙眉的帮助下，发动广大华侨，创建了他生平组织的第一个革命团体——兴中会。该会的誓词鲜明地提出了“驱除鞑虏，恢复中华，创立合众政府”的主张，但是会员不多。1895 年，孙中山到香港，会见旧友陆皓东、郑士良、陈少白、杨鹤龄等人，进一步发展组织。同年 2 月 21 日（正月二十七），兴中会总会在香港正式成立，选出杨衢云为会办，孙中山为秘书。3 月 16 日，首次干部会议决定起义计划，决定首先攻取广州为根据地，并采用陆皓东所设计之青天白日旗为起义军旗；由杨衢云主持后方支援工作，孙中山主持前方发难任务。他进入广州，以创办农学会为机关

掩护，并准备集结三千名三合会的会员为骨干，定于10月26日（重阳节）为起义之日。可是由于事先泄密，这次起义还没有打响就以失败告终。陆皓东等多位重要成员被捕牺牲，孙中山等逃往香港，清政府发布了通缉令，孙文列在名单之首，凡举报抓获者可得赏银一千元。孙等到香港后，预计可能清政府会要求引渡，于是立即找到一艘第二天就要回国的日本货轮，孙中山和陈少白、郑士良等急忙登船，前往日本神户，从此成了被通缉的专职革命家。

虽然广州起义后孙中山就成为清政府要通缉的要犯，但真正使他成为中外闻名的革命家还是由于1896年在伦敦的蒙难事件。

孙中山从广州逃到日本后，不久就重新回到夏威夷，企图重新整顿兴中会组织。但是，广州起义失败后士气低落，而且筹措经费也很困难，孙打算前往美国和英国的华侨中去筹款。此时，正好碰到返回英国途经夏威夷的康德黎博士，真是他乡遇故人，双方都很高兴，康德黎邀请他去英国继续医学研究，孙也答应到英国一定去访问他。1896年×月，孙中山踏上了美国旧金山的土地，后来又去纽约，9月23日他登上“麦歇斯底”号轮船从纽约赴伦敦。在伦敦的康德黎博士早就在自己家附近为他租下寓所，10月1日孙中山到达伦敦后，立即就开始盼望已久的参观。这位在香港英国学校接受教育成长起来的三十岁青年人发现，过去书本中学到的英国文化，今天都变成了眼前活生生的现实，这怎能不让他欣喜若狂，甚至有点儿忘乎所以。

但是，清政府并没有忘记他，向香港总督提出引渡遭到拒绝后，就一直跟踪这个“危险分子”。孙中山从纽约登上轮船去英国时，清政府驻华盛顿公使杨儒立即通知了他的英国同僚龚照瑗公使，要他在船到伦敦靠岸后随即继续跟踪。龚照瑗就找到伦敦著名的司赖特侦探社来执行跟踪任务，同时委任中国使馆的参赞马格里来具体负责此事。这位马格里参赞原来是苏格兰军医，参加过中国军队，后来李鸿章搞洋务运动，被收归李的门下，最后进入中国外交界为清政府服务。他在得知孙中山即将到来时曾询问过英国外交部，可否将孙中山引渡回中国，遭到拒绝。于是，他就决定放弃合法押解孙中山回

国的办法，改用更加微妙的方式。

他们发现孙中山的寓所距离中国使馆不远，就决定利用孙初到伦敦人生地不熟的弱点，诱骗孙进入使馆。一天，孙中山在返回寓所途中碰到两个中国人上来寒暄，声称是广东老乡，邀他到前面不远寓所“一谈”。孙没有拒绝，就随着他们进入了使馆，当他发觉进入后门被锁上才疑心出了问题，但为时已晚。孙被直接带到马格里参赞面前，马格里告诉他，他们知道他是中国通缉的要犯，而这里已经是使馆驻地也就是中国的领土了。于是 10 月 11 日，孙中山被清政府驻伦敦使馆囚禁在使馆三楼，门前二十四小时有人把守。马格里估计孙一定会收买看守为其通风报信，所以下令：如果犯人要收买，可以把钱收下，但所传书信必须一律交给他。所以将近一个星期时间，虽然孙中山千方百计想将自己的信息传递出去，但到头来均被马格里截获。最后，孙中山发现看守中一个叫柯尔的人是可以争取的对象，柯尔也是基督教徒，同时他认为孙不是“疯子”。孙中山答应给柯尔二十英镑为他给康德黎博士传一封信，如果事成出去后，再付一千英镑。柯尔觉得事关重大，很是犹豫，就告诉了使馆的女管家豪夫人。豪夫人是一个很有正义感的女人，一面劝说柯尔应帮助孙中山，一面自己连夜径直赶赴康德黎博士家，将一封匿名短函投入信箱，通知康德黎：他的朋友已被囚禁在中国使馆，如不立即营救，必将落难。

康德黎博士正在为与孙中山失联一周而苦恼，接到信息后连夜跑到苏格兰场警署报警，但没有得到警署要立即采取行动的保证。于是，他又去找孟生医生研究救人办法。第二天，在豪夫人的鼓励下，柯尔决定采取行动，他找到康德黎博士家，将孙中山的信当面递交，并告诉他使馆早先的计划。这使得两位著名医生大吃一惊，才恍然大悟这是一场早已计划好的阴谋。他们跑到外交部找到值班秘书备了案（因是星期日，没有人上班），随即决定把真相通过新闻媒体公之于众。星期日晚，康德黎把写好的报道稿交给泰晤士报社，但这份报纸一向以审慎闻名，第二天报上只字未提。但柯尔的行动使他 10 月

■ 孙中山在伦敦

19日上午被直接带到苏格兰场侦探长的面前，乔福斯探长立即派了六名探警分三班日夜监视中国使馆。这时，康德黎、孟生博士的努力终于将英国官僚机构发动了起来。在首相兼外相沙士勃雷的授权下，外交部将康德黎备案的副本转给内政部，而内政部认为中国使馆拘留孙中山违反外交特权。《地球报》已风闻此案，并访问了康德黎博士，22日以耸人听闻的方式披露了案情，于是中国使馆即成为各报记者包围的亮点。与此同时，外交部也决定采取直接行动尽快结束这个事件，因为眼看它就会成为一场公众舆论危机。沙士勃雷首相召见马格里，并给中国公使发出一封措辞强硬的外交照会，要求立即释放孙中山。

第二天（23日），伦敦各大报同时刊登了孙中山被中国使馆扣押的消息，一时间成为英国轰动一时的大事。舆论完全一边倒地同情孙中山，促使外交部也进一步强硬起来，通知使馆必须立即放人，否则会要求中国政府召回大使。至此，龚照瑗和马格里意识到已经彻底输掉了这场游戏，唯一可做的就是放人。

四时三十分，外交部派来一位特使，会同乔福斯探长、康德黎博士来到使馆，在众目睽睽之下领走了孙中山。

第二天，许多记者吵吵嚷嚷要求访问孙中山，于是孙也主动给各大报刊写了一份声明：

> 予此次被幽禁于中国使馆，赖英政府之力，得蒙省释。并承报界共表同情，及时援助。予于英人之崇尚公德，力持正义，素所钦仰。身受其惠，益堪征信。且予从此益知立宪政体及文明国人之真价值。敢不益竭其愚，以谋我祖国之进步，并谋所之开通吾横被压抑之亲爱同胞乎。[1]

消息传到国内，当时梁启超正在上海主持《时务报》，他在报纸的第二十一册和二十七册分两期刊登了译自外电的《论孙逸仙事》。后来在一位编辑的帮助下，孙中山写了一本题为“伦敦被难记”的小册子，于 1897 年在伦敦出版，同年在上海出售。自此，他名扬四海，成为国际知名的革命家。

康、梁与孙中山始想联合，后成水火

1898 年，戊戌变法失败。康、梁都流亡到日本后，10 月 28 日，孙中山在东京就想通过日本朋友宫崎寅藏介绍与康有为一见，但遭到康的拒绝。在初到日本时期，康、梁对孙中山代表的革命派比较冷淡，这是由于两方面的原因：其一，康、梁虽然受到清政府的迫害，但他们认为这是以慈禧太后为代表的清政府顽固派的迫害，而以光绪皇帝为代表的开明派则是自己的大恩人，也同时受着迫害。所以他们的任务是保皇勤王，而决不能以推翻清为号召，这是要和孙中山革命派划清界限的，所谓“道不同，不相为谋”也。其二，康、梁均是从正统考取功名的“高级知识分子”（康有为是进士，梁启超是举人），

[1] 孙中山：《伦敦被难记》，《孙中山全集》第一卷，第二百一十五页，人民出版社，2016 年版。

犬养毅

而孙中山则基本上是受西洋教育长大的“小知识分子”，虽然他也两次专门请国学老师补习中国的传统经学，但毕竟与康、梁的学问不在同一档次，所以虽然康、梁得知孙并非等闲之辈，但骨子里还是有轻视的成分。

当时日本的有识之士却是同等重视这两派人士，康有为等人到达东京时，连起居费用均由日本政府供给。以犬养毅、宫崎寅藏为代表的日本朋友极力促成两派的联合，1899 年 2 月的一天，由犬养毅出面约请孙中山、陈少白和康有为、梁启超四人到早稻田寓所相见。到时间，康有为没来，梁启超解释老师有事不能出席，已委托他为代表出席。对于中国的前途，两边各抒己见，讨论今后的策略和合作的可能，十分诚恳热烈。犬养毅一直陪同到三更才回房休息，而孙、梁和陈三人彻夜未眠，直到天明才散。这是梁启超第一次见到孙中山，对年长自己六岁的孙中山十分倾倒，大有相见恨晚之意。[1]

[1] 陈锡祺主编，《孙中山年谱长编》，第一百七十五页，中华书局，1991 年版。

■ 孙中山与宫崎寅藏等日本友人在一起

从此，康有为和梁启超对待孙中山的态度就有了差别，康有为从骨子里就看不起与草根会党为伍的革命派，自认为是保皇勤王的正统派，对于以推翻清为号召的革命派始终应保持警惕。而自从梁启超见过孙中山以后，二人的关系就有了很快的发展，这是因为他们虽然有思想差距，但也有相当多的共同之处：首先，都认为当前中国处于非常危难之中，而对现任清政府极度失望和不满，都在探讨救亡之路；其次，两人的性格也有相似之处——十分率真。因此双方都觉得很谈得来，很快就成为相当密切的朋友。吴荔明记得外婆——梁启超的王夫人曾说起：在日本时，一次孙中山来访，饭后梁启超请他到二楼书房畅谈，王夫人就坐在楼梯上听，以便随时提供服务。就听得二人争论起来，声音越来越大，她十分担心二人会不会吵起来，结果二人争

论了大半夜，都快天亮才友好地分手。当年，梁启超创办东京高等大同学校，也得到孙中山的支持。其实，早在戊戌变法之前，陈少白、孙中山就想在日本横滨办一个华侨子弟学校，孙中山推荐梁启超来任教，但当时梁正在上海主持《时务报》，康有为为来访的孙中山代表推荐了徐勤，并亲自题写了“大同学校”门额为赠。学校中的学生如蔡松坡、冯自由、唐才质等都和孙有来往，从此也开启了孙中山与留日学界的接触。[1]

梁启超受到革命派的影响，思想上逐渐倾向革命，这可以从1899年（光绪二十五年）前后他发表的一系列文章上看出。这年，他连续发表了《独立论》《爱国论》《瓜分危言》等激昂慷慨的言论，大声疾呼，提出提倡民权比保国尊皇更为迫切。他在《爱国论》中说：

> 政府压制民权，政府之罪也。民不求自伸其权，亦民之罪也。西儒之言曰：侵犯人自由权利者，为万恶之最，而自弃其自由权利者，恶亦如之，盖其损害天赋之人道一也。
>
> 问者曰：子不以尊皇为宗旨乎，今以民权号召天下，将置皇上于何地矣。答之曰，……夫民权与民主二者，其训诂绝异。[2]

他比较了英国的“光荣革命”后国基巩固、君位尊荣和法国的路易皇帝压制民权导致1789年流血革命，得出结论：

> 然则保国尊皇之政策，岂有急于兴民权者哉？而彼愚而自用之辈，混民权与民主为一途，因视之为蜂虿，为毒蛇，以荧惑君相之听。以窒天赋人权之利益，而斫丧国家之元气，使不可复救。[3]

在《爱国论》一文中，他还强调了联合的重要性：

[1] 陈锡祺主编，《孙中山年谱长编》，第一百八十六页，中华书局，1991年版。

[2] 梁启超：《爱国论》，《饮冰室文集》之三，第七十六至七十七页，台湾中华书局，1978年版。

[3] 梁启超：《爱国论》，《饮冰室文集》之三，第七十七页，台湾中华书局，1978年版。

夫爱国者，欲其国之强也。然国非能自强也，必民智开，然后能强焉。必民力萃，然后能强焉。故由爱国之心，而发出之条理，不一其端，要之必以联合与教育二事为之起点。一人之爱国心，其力甚微，合众人之爱国心，则其力甚大。此联合之所以为要也。空言爱国，无救于国。若思救之，必借人才，此教育之所以为要也。[1]

梁启超说到做到，这期间他一手举办东京高等大同学校，另一手就抓与孙中山的联合。这年春天，康有为离开日本前往加拿大，梁启超与孙中山的来往就更加肆无忌惮了，于是，到秋季发展到维新派和革命派的大联合谈判。这时，也正好唐才常从国内到东京筹备后来的自立军起义，他准备一方面利用康、梁保皇会筹集的起兵勤王的款项，一方面利用孙中山兴中会沿长江流域会党的人脉，所以活动于康梁和孙中山之间，商讨以汉口为中心的起义计划，并力促两派合作。这些在日本的积极分子力推两派合并，拟选孙中山为会长、梁启超为副会长，并由梁草拟一份上康有为书，其中有“国事败坏至此，非庶政公开，改造共和政体，不能挽救危局。今上贤明，举同共悉，将来革命成功之日，倘民心爱戴，亦可举为总统。吾师春秋已高，大可息影林泉，自娱晚景。启超等自当继往开来，以报师恩”等语。署名者有康梁同门十三人。[2]后来还推陈少白、徐勤起草章程。

其实，在维新派内部对于与革命派合作问题是有两种不同意见的。在日本以梁启超为首的同门子弟在联合问题上倾向革命占优势，致使少数不赞成者也不得不随声附和，徐勤就是这样的两面派的代表。他表面上赞成，暗地里写信给在加拿大的康有为称：“卓如渐入行者（孙悟空，指孙中山）圈套，非速设法解救不可。”康有为在加拿大先得到“劝退书”本已很不高兴，又得

[1] 梁启超：《爱国论》，《饮冰室文集》之三，第六十八页，台湾中华书局，1978 年版。

[2] 陈锡祺主编：《孙中山年谱长编》，第一百八十七页，中华书局，1991 年版。

到徐勤和另一弟子分别来函告梁启超的状，故而勃然大怒，立即决定派叶觉迈携款赴日，勒令梁立即前往檀香山办理保皇会事务，不得拖延。

梁启超在日本接到康有为的命令，虽然不大情愿，但师命难违，不得不准备离开日本去檀香山。这时他的思想仍然热衷于两党联合之前景，所以临行前还请孙中山替他写封介绍信，因为他深知檀香山是孙的老家，也是兴中会的发源地，孙在那边的人脉基础都十分深厚，有孙中山的介绍会大大便利于自己开展工作。孙中山二话没说，慨然为梁写信给大哥孙眉请他照顾梁启超。这样，梁启超于1899年11月19日离开东京，乘香港丸前往檀香山。因梁启超携带孙中山的介绍信，又是国内著名的学者，所以到达檀香山后立即受到保皇会和兴中会两方面的热烈欢迎。本来他这次到檀香山只打算做路过性访问，其目的地是美国本土，但由于当地发生了鼠疫，美国卫生当局立即决定封锁这个群岛，禁止从岛上前往美国本土，这样一来，梁启超只能居留在檀香山达半年之久。因为梁此行的主要任务是发展保皇会组织，这一段时间使得保皇会在檀香山大获成功，在经济上和组织上均大获丰收。梁启超本来主导舆论的能力就无与伦比，他的演说感染力之强在檀香山更是以前那里从未见识过的，所以他所到之处听众真是有钱的出钱，有力的出力，不但成立了保皇会分会，原来兴中会的群众甚至骨干都倒向了保皇会，甚至连孙眉也参加了保皇会并成为保皇会茂宜分会的头目，檀香山的兴中会濒临瓦解。

梁启超在檀香山的成功原因有以下几个方面：第一，当时正值清帝国宣布指定端王之子为皇位继承人，这被看作是宣判受监禁的光绪皇帝的死刑，梁将此担忧传递给当地华侨，激起华人的同情和救难之心，加之他还相当于有威望的皇帝的使者，更让人仰望；第二，梁打着“名为保皇，实为革命”的旗号，与原来孙中山提倡的革命论也并不矛盾，似乎还更加“名正言顺”容易接受；第三，要归功于梁的鼓动能力和个人魅力，这样有名望、有学问的大学者的演讲是檀香山华侨界头一次听到，一时间风靡一时。孙中山亲密的朋友、兴中会的骨干钟工宇后来描述道：“……人人都想见这位著名的改革

派。我也拜访了他，被这个人的魅力深深迷住了。我们这伙人是这样的热心，于是成立了一个‘保皇会’分会。……我们收集捐款送往澳门和香港的本部。我大概总共送去了三万元。梁启超本人忙着到处去演说。他对北京的腐败和政治阴谋内容的揭露，他对可怜的光绪皇帝被囚禁在紫禁城内中南海中的一个小亭里的描述，以及他要使中国变成一个现代国家的改革方案，所有这些以及其他的谈话，都使我们热情鼎沸，激动不已。”[1]

随后，矛盾也就越来越深了。兴中会的人指责说，梁打着“名为保皇，实为革命”的旗号欺骗群众败坏了革命派。其实，梁启超并未玩弄什么阴谋，“名为保皇，实为革命”确实是他当时的思想写照，当时康、梁正在用保皇会的经费支持唐才常在国内的自立军起义，梁自己对于革命也十分热衷，只不过还要迁就老师康有为的保皇大旗。这种思想矛盾，直到两年以后还未解决，这可以从 1903 年 3 月梁启超从温哥华写给徐君勉的信中看到：

长者此函责我各事，我皆敬受矣。惟言革事，则至今未改也。去年十月初，长者来一长函痛骂，云：因我辈之故，大病危在旦夕，弟见后惶恐之极，故速发两电往，其一云“悔改”；其二云“众痛改，望保摄”。实则问诸本心，能大改乎？弟实未弃其主义也。不过迫于救长者之病耳。今每见新闻，辄勃勃欲动，弟深信中国之万不能不革命。今怀此志，转益深也。……舍是我辈日日在外劝捐，有何名目耶？思想亦谓然，但不可以告长者，再触其怒，致伤生耳。[2]

应当说，梁启超在檀香山乘着书生意气，大肆扩充保皇会，确有“挖人墙脚”之嫌。孙中山当时正忙于策划惠州起义的大事，虽然听说后也给梁写信责其失信背约，但也无暇多管。到 1900 年 4 月，梁启超曾写一函给孙中山，想再

[1] [美] 史扶邻：《孙中山与中国革命》，第一百三十四至一百三十五页，山西人民出版社，2010 年版。

[2] 丁文江、赵丰田编：《梁启超年谱长编》，第二百一十页，上海人民出版社，2009 年版。

提联合之议：

……弟之意常常觉得通国办事之人，只有咁多，必当合而不分。既欲合，则必多舍其私见，同折衷于公义，商度于时势，然后可以望合。夫倒满洲以兴民政，公义也；而借勤王以兴民政，则今日之时势，最相宜者也。古人曰："虽有智慧，不如乘势"，弟以为宜稍变通矣。草创既定，举皇上为总统，两者兼全，成事正易，岂不甚善？何必故画鸿沟，使彼此永远不相合哉。弟甚敬兄之志，爱兄之才，故不惜更进一言，幸垂采之。……望兄采纳鄙言，更迟半年之期，我辈握手共入中原。是所厚望，未知尊意以为如何？[1]

这样的"联合建议"当然不会被孙中山接受，兴中会正在以"驱除鞑虏，恢复中华"为号召，而且正全力组织惠州起义，怎么会去拥戴一位"鞑虏"光绪皇帝当总统呢？从这里也可以看到双方的思想观念相差之远，已经没有多少联合的基础。

这次梁启超的檀香山之行给孙中山的兴中会所造成的破坏，直到 1903 年 9 月孙从日本重新返回檀香山才深刻地体会到。自从他 1894 年在檀香山创立兴中会以来，到这次回来已有差不多十年了，但会员只剩下十余人，而且慑于保皇会的声势，三缄其口莫敢抗争。这次回来目的之一是筹集资金，但他发现，保皇会仅檀香山一处就筹得近十万银圆，而这次孙中山回檀香山为兴中会筹款，只筹得两千余元，这怎能让他不感痛心呢？他说："向来专心致志于兴师一事，未暇谋及海外之运动，遂使保皇纵横如此，亦咎有不能辞也。"[2] 此后，孙中山认识到，必须从组织上、思想上与保皇党划清界限。于是他着手把一家老式的中文报纸《隆记报》改造成革命派的喉舌，并要求在香港《中

[1] 丁文江、赵丰田编：《梁启超年谱长编》，第二百五十八页，上海人民出版社，2009 年版。

[2] 陈锡祺：《孙中山年谱长编》上册，第二百九十四页，中华书局，1991 年版。

国日报》工作的冯自由和陈少白派一位编辑来主笔，但是，由于所找之人无法取得美国驻香港领事馆的签证而作罢。此时，一向很少写作的孙中山不得不亲自提笔，连续写出《驳保皇报》《敬告同乡论革命与保皇之分野书》等文章，刊登在《隆记报》上。他告诫檀香山的同乡，必须区分“保皇”和“革命”，扫清梁启超留下的余毒。他写道：“谓‘保皇’者不过借名以行革命，其实大误也。天下事，名不正则言不顺，言不顺则事不成。……况以康梁之智，岂有故为名实不副？”“梁失其初心，背其宗旨，其在《新民丛报》之忽有革命，忽言破坏，忽言爱同种之过于其恩光绪，忽言爱真理之过于其师康有为者。……犹乎病人之偶发呓语耳，非真反清归汉。何以知其然哉？康既刻心写服，以表白其保皇之非伪，而梁未与之决绝，未与之分离，则所言革命，焉得有真乎？……今梁以一人而持二说，首鼠两端，其所言革命属真，则保皇之说必伪；而其所言保皇属真，则革命之说亦伪矣。”[1]

后来孙中山由檀香山去美国本土时，处处受到美国华侨中保皇党的阻击，差一点儿被美国移民局不准登岸遣送回国。所以，孙中山在起草致公党新章程时，甚至提出“先清内奸而后除异种”的主张，将对康、梁保皇党的斗争摆在排满斗争之上，混淆了两类不同的矛盾。

日本时期的杨度、梁启超和孙中山

1903 年是历史上承前启后的重要一年。这一年，杨度第二次东渡，来到日本，开启了君主立宪道路的新征途。梁启超则因赴北美，花费了九个月遍游了加拿大、美国各地，深入考察了美国的民主政治制度及华人社会，结果他发现：一方面，西方文明制度与中国有很大反差；另一方面，他也发现美国民主制度的缺陷，深感中国不适宜直接采用民主共和制度，从而结束了自

[1] 孙中山：《敬告同乡书》，《孙中山全集》第一卷，第四十五页，人民出版社，2016 年版。

己在革命派和君主立宪派之间动摇的态度，绝口再不提革命。而这一年也是孙中山开始新的转折的一年，他从过去一直把依靠草根会党密谋起义作为优先地位的工作，向争取知识分子组建现代化政党转变。而日本，正是提供了这些重要变化发生的舞台。

我们知道，早期孙中山的革命活动主要在于联络反清会党组织来密谋起义，这与他少年时期就受到太平天国起义故事的影响，从小就崇拜洪秀全有关。从 1895 年的广州起义到 1900 年的惠州起义，孙中山除了在海外活动外，回到国内主要是秘密地游走于各种反清会党之中，组织起义工作。这是因为，自从广州起义失败，他已成为清政府通缉的要犯，他回到国内只能处于“地下”状态，根本没有公开亮相的身份，所以也无法在知识分子中公开活动，更不要说在舆论界宣传自己的主张。另一方面，他所从事的起义密谋活动是真刀真枪的武装流血活动，他也不信任知识分子能有多大帮助，至少不是依靠的主要力量。而和梁启超打交道的经历，无疑更增加了他对知识分子的不信任。

孙中山也从惠州起义中感受到，虽然草根群众是革命的依靠力量，也存在深厚的反满基础，但仅靠从香港和海外进行渗透是无法推翻清政府的，也是支持不了长久斗争的。要从革命的长远考虑，就需要有正规的政党组织，有明确的奋斗纲领，在国内进行长期的宣传组织工作，而这就需要依靠知识分子的力量。因此，后来孙中山在海外不仅进行为革命筹款的工作，还开始注重联络各国华侨中的知识分子仁人志士，为组建现代化的政党做准备。

而这时中国出国留学的重点正是日本，留学日本早在甲午战争之后就开始了，到了义和团和八国联军的庚子之乱后，清政府也吸取教训，实行新政，甚至一定程度上鼓励出国留学，所以有志之士纷纷出国留学，在 1903 年左右形成一个高潮。1900 年留日学生还只有一百名左右，到 1902 年达到一千多人，到 1905 年达到八千余人。这一时期，留日学生中思想极为活跃，有主张革命救国者，有主张教育救国者，有主张实业救国者，有主张立宪改良救国者，各在自己办的报纸杂志上宣传自己的主张，莫衷一是。当时也没有明确分为

派别，大家都是为了救国，彼此并不排斥，也并没有绝对的领袖。但在舆论上，主张立宪改革方面以梁启超的《新民丛报》和《清议报》影响最大，此外还有《湖北学生界》《浙江潮》等。主张革命方面则有秦力山等人发刊的《国民报》《苏报》，杨守仁创办的《新湖南》《大陆》《警钟日报》《广东日报》等。如果今天整理一下近代留日学生的名单，会发现如下名字：杨度、黄兴、徐锡麟、陈其美、蒋介石、阎锡山、蔡锷、孙传芳、唐继尧、吴稚晖、吴禄贞、李烈钧、卢永祥、何应钦、章士钊、章太炎、宋教仁、朱执信、冯自由、廖仲恺、何香凝、邹容、陈天华、曹汝霖、陆宗舆、胡汉民、戴季陶、沈钧儒、汪精卫……从中可以看到留日学生对中国近代史有多么大的影响。

孙中山在《革命原起》里回忆道：当时“清廷之威信已扫地无余，而人民之生计日蹙。国势危急，岌岌不可终日”，因而“有志之士，多起救国之思，而革命风潮自此萌芽矣”。“赴东求学之士，类多头脑新洁，志气不凡，对于革命理想感受极速，转瞬成为风气。故其时留学界之思想言论，皆集中于革命问题。”

1903 年发生的“拒俄运动”触发了革命高潮。1903 年 4 月是沙俄盘踞中国东北的十几万军队第二期撤军的最后期限，它不仅不撤一卒，反而增兵南满，并节外生枝，向清政府提出“七项要求”，表示其“保持在满洲独立势力的决心”。于是，27 日，寓沪十八省各界爱国人士一千余人集会张园，开拒俄大会。大会致电清政府外务部，表示全国人民对沙俄的无理要求“万难承认”。4 月 29 日上午，日本东京的中国留学生会馆干事及评议员四十余人集会，决定召开留学生全体大会。下午，留日中国学生五百余人齐集锦辉馆，推汤尔和为主席。会上，汤尔和、钮永建、王璟芳、叶澜、蒯寿枢、周宏业、李书城等人相继演说拒俄，大家情绪激动，竟至声泪俱下、痛哭流涕。会议决定：一、成立义勇队，愿赴前敌者加入准备抗俄，别设本部组织不赴战场的在后方活动；二、派人分赴各地联络；三、致电袁世凯，并派人与之联系，并组织义勇队，请将义勇队隶其麾下抗俄。

运动初起，留学生派遣代表向清政府请愿，目的在于拒俄，性质纯属爱国。

然而，清政府诬指学生“名为拒俄，实则革命”，予以严厉镇压。当运动濒于危境时，章太炎等人发表革命排满檄文于《苏报》，把运动引向新的阶段。留学生特派员请愿失败后，对清政府的幻想最后破灭，一批激进的留学生纷纷转向革命派。拒俄运动由爱国急变为革命是梁启超始料不及的，因而他一变从前的鼓励支持，改为劝阻。梁启超自美洲返日，看到留学界及内地学校因革命思想传播之故，频闹风潮，认为“无限制之自由平等说，流弊无穷”，因而“不欲破坏之学说深入青年之脑中”。陈天华反驳把“留学生之举动，归之于康、梁之党”的攻击道：“夫康、梁何人也，则留学生所最轻最贱而日骂之人也。今以为是康、梁之党，则此冤枉真真不能受也。”《江苏》杂志更公开号召：“宁为革命鬼，毋为立宪狐。”留学生中对梁启超的批判，是拒俄运动前所未曾出现过的新气象。从此，立宪派和革命派开始逐步分野，成为对立的阵营。

虽然革命派留学生从人数上和热情上此时均推向高潮，但却处于群龙无首的状态，关于孙中山和兴中会的情况，留日学生中真正知悉者甚少。例如吴稚晖第一次听人说起孙中山，只把孙当成一个“江湖大盗”，并怀疑他是否认识中国字。而章太炎开始也认为孙中山是个“不学无术的土匪”。拒俄运动后，出现了一批宣传孙中山的小册子，如章士钊译《孙逸仙》，《江苏》《大陆》《警钟日报》《广东日报》《国民日报》《二十世纪大舞台》等报刊也陆续登载孙中山的文章及有关的报导评述，称孙中山为“支那革命大豪杰”，这才使孙中山在知识分子中的声望大大提高。1903 年 7 月底，孙中山回到横滨，两个月中，先后与各省留学生程家柽、刘成禺、董鸿祎、翁浩、郑宪成、李书城、程明超、吴炳枢、马君武、杨守仁、姚芳荣、廖仲恺、张裕云等几十人接触，除向他们讲述革命道理外，还嘱他们注意物色东京同学之有志者，准备参加结社，以待时机，并在日本朋友帮助下，在青山创办了一所军校，组织自费留学生有志于军事者入校学习，每期八个月，并于 8 月第一期开学。而 1903 年 11 月，孙中山亲自在《江苏》杂志上发表文章，则被视为他转向知识分子的重要标志。

而杨度此时在日本却处于一种比较特殊的地位，他虽然有明确的“君主

立宪”思想，和梁启超等人也走得很近，可是他拒绝加入康、梁的保皇会。他觉得保皇会名义过于狭窄，国内为清政府所深忌，康、梁至今还是“通缉犯”；而且国外又受到革命派攻击，内外活动空间都不大。另一方面，他又与革命派的代表人物来往密切，例如1902年11月，他和杨守仁、黄兴等在日本创刊了一本《游学译编》，成为第一本湖南同乡会刊物，在留学生中是有名的进步刊物。那时黄兴、蔡锷、宋教仁、陈天华、刘揆一等是他在阪田町寓所的座上客，当时在留学生中有“湖南会馆”的戏称。后来他甚至干脆把辫子剪掉了，这在当时的革命派中也不多见（因考虑还要回国出头露面，在国内社会上活动需要）。正是杨度这种“超然”的态度，加上他国学底子深厚和见识超群的才气，使他赢得了普遍的声誉。1904年春，杨度、蔡锷、范源濂、杨毓麟等人被湖南留学生推荐为中国留日学生会馆评议员。10月，杨度又被推举为留日留美学界总代表，回国参加争取粤汉铁路废约自办的活动。11月，他回到上海还参加了黄兴等革命党人举办的集会，商讨反清革命方略。总之，此时的杨度“卓而不党”，成了立宪派和革命派都敬重并积极争取的人物。

随着留日学生的革命倾向日益明显，一些革命思想较为坚定者感到必须把分散的个人活动，变为有组织的活动，相继发起建立一些小规模的秘密革命团体，如秋瑾、刘道一等人的十人会，仇鳌、余焕东等人的新华会，梁堆汉等人的义勇铁血团，邓象彦、康宝忠等人的“革命团体”等。冯自由、梁慕光等在横滨发起洪门三合会，两次加盟的留学生达数十人之多。但是，这些团体规模太小，没有明确的革命纲领和系统的组织，没有统一的行动计划和纪律，只能算是革命组织的雏形。最成问题的是：革命派缺乏系统的革命理论和纲领，没有能统一大家思想的明确奋斗目标。在留学生中影响最大的是章太炎、邹容等人的著作，如邹容写在日本后带回上海出版的《革命军》一书，经过章太炎在日本广为推介，已经成为革命派的“宣言”，影响很大。但是邹、章只言破坏，不言建设，只为单纯地排满，而政治思想殊形薄弱，犹未能征服留学界之思想。胡汉民、朱执信等人因此努力钻研西方资产阶级

■ 黄兴

的政治法律学说，但也还没有得革命实行之要领。可见，当时留学生已认识到革命理论的重要性，只是尚未有人能提出这样的理论。

而孙中山的革命理论到 1903 至 1904 年已渐具梗概，早期兴中会的誓词“驱除鞑虏，恢复中华，创立合众政府”，此时已增加第四点“平均地权”。虽然开始这一点的含义还不十分清楚，但说明他已经意识到农民问题的重要性。他的考察欧美各国以民族、民生和民权主义为基础的“三民主义”思想理论也初具轮廓。孙中山革命理论的创立，不但能够指导对封建专制的破坏，而且能够指导新社会的建设，这顺应了留学生的迫切要求，也为建立革命政党提供了理论基础。

这样，当 1905 年 7 月孙中山从欧洲返回日本时，就已明确在留学生特别集中的东京成立革命政党的时机已经成熟，此行的重头戏就是要争取尽可能多的革命志士加入这一新型组织。他于 7 月 19 日抵达日本横滨，几天之后就

被东京期待已久的留学生代表百余人迎往东京，当他问及应该从何处下手时，杨度就顺理成章地成为他访谈的首要对象。可以设想：如果说服了有代表性的杨度加入其中，就等于在争取尚游离于革命派和梁启超保皇会之间的广大志士们上取得决定性胜利，于是就发生了前文已述的历史上著名的“三天大辩论”。

据章士钊在《与黄克强相交始末》中回忆：

“……中山孙先生由横滨携小行囊独来东京，旨在合留学生，议起大事。而留学生时以杨度为有名，彼寓富士见町，门庭广大，足以容客。于是中山与杨聚议三日夜不歇，满汉中外，靡不备论，革保利弊，畅言无隐。……卒乃杨曰：‘度服先生高论，然投身宪政久，难骤改，櫜鞬随公，窃愧未能。……度有同里友曰黄兴，当今奇男子也，辅公无疑，请得介见。”

“吾主张君主立宪，吾事成，愿先生助吾；先生号召国民革命，先生功成，度当尽弃其主张以助先生。努力国事，期在后日勿相妨也。”

这里“櫜”是口袋之意，而“鞬”是指马背上盛弓器，意思是在军旅左右追随。杨度虽然最终并没有被孙中山说服，这使孙极为失望，但是杨向孙推荐了自己最好的朋友黄兴，这个收获之大又让孙喜出望外。在日本朋友宫崎寅藏的引见下，孙、黄会面，二人一见如故，立即商讨联合兴中会和黄兴所在的华兴会组成同盟会的事宜。杨度促成了这两位巨人的合作，无疑也是历史上的一大贡献。

1905 年 7 月 30 日，由黄兴、宋教仁、程家柽、冯自由等人分头通知留日学生七十多人，在东京赤坂区黑龙会本部召开中国同盟会筹备会议。会议推举孙中山为主席，明确了宗旨纲领为：“驱逐鞑虏，恢复中华，创立民国，平均地权”四件大事，并推举黄兴、汪精卫、陈天华、程家柽、马君武等八人为章程起草委员会，负责起草同盟会章程。孙中山曾设想过各个团体的大联合，但在实行过程中，这一愿望未能实现。就组织而言，以组织名义转入同盟会的，

只有兴中会一家。章太炎为代表的光复会会员虽参与其中，但光复会本部并未参与其事。黄兴、宋教仁、张继、陈天华、刘道一虽都是华兴会的重要成员，华兴会领导讨论结果，却决定听凭个人自由，不加组织约束。这时华兴会内部已发生分裂，一部分人倒向保皇派，有些人虽然坚持革命立场，但由于其他原因而不愿加入同盟会，如章士钊、刘揆一。这次讨论，实际上等于宣布华兴会最后解散。

8 月 20 日下午，中国同盟会正式成立大会在东京召开。会上通过了同盟会章程，并选举出领导机构：总理一人为孙中山，黄兴为庶务，协助总理主持本部工作，总理不在时代行总理职权；马君武、陈天华为书记；朱炳麟为内务；程家柽为外务；汪精卫为评议部议长；廖仲恺、刘维焘为会计。国内外分设九个分部：国内有西部、东部、中部、南部、北部；国外有南洋、欧洲、美洲和檀香山。从此，中国革命事业进入了一个新阶段。孙中山自己感触最深，他写道："自革命同盟会成立之后，予之希望则为之一开新纪元。盖此前虽身当百难之冲，为举世所非笑唾骂，一败再败，而犹冒险猛进者，仍未敢望革命排满事业能及吾身而成者也；其所以百折不回者，不过欲有以振起既死之人心，昭苏将尽之国魂，期有继我而起者成之耳。及乙巳之秋，集合全国之英俊而成立革命同盟会于东京之日，吾始信革命大业可及身而成矣。"[1]

同盟会成立以后，11 月发起的《民报》刊物为同盟会的机关报，在发刊序文中，孙中山第一次正式提出"民权""民族"和"民生"组成的"三大主义"（"三民主义"是后来才流行的称谓）。随后立即发起了和梁启超为代表的《新民丛报》关于君主立宪还是排满革命的历时两年的大辩论。这场争论应当说是革命派主动发起的，这是同盟会战略上的需要：首先，同盟会成立之初，急需通过舆论统一思想，凝聚自己的组织，这就需要和主张改良的立宪派划清界限；过去舆论界一直被梁启超领导的《新民丛报》控制，不旗帜鲜明地

[1] 陈锡祺主编：《孙中山年谱长编》，第三百六十一页，中华书局，1991 年版。

打出革命派的主张，就无法立足。其次，虽然同盟会建立之初，很快就发展到一千多会员，但那时留日中国学生曾达到一万五千人之众，所以同盟会仅占极少数，大部分留学生仍然是处于革命派和立宪派之间的中间分子，甚至偏向立宪派。革命派为了壮大自己的队伍，就必须从保皇会那边挖取同情者。孙中山对于笔头论战既不擅长也不感兴趣，而且报纸透露清政府已密谋请日本政府驱逐孙中山出境，为了不惹麻烦，他早就于10月初离开日本赴越南了。

杨度开始处于超然态度，到1907年1月创刊《中国新报》，他提倡“金铁主义”，既不赞成革命，也不赞成保皇，其实并不中立。他是主张君主立宪的。与梁启超的不同点在于，保皇党主张由清政府立宪，而杨则主张召开国会，由国会来决定国是，并不一定拥戴清皇帝。

辛亥革命后的杨度、梁启超和孙中山

辛亥年（1911年）在中国历史上是具有象征意义的一年，这一年发生于武汉的辛亥革命，最后结束了清王朝的专制统治，成为共和制的“民国元年”，也就是象征从此中国告别了封建专制制度，走向了“民主共和”制度。

但是，辛亥革命是在这三位重要历史人物都没有思想准备的情况下发生的。

清廷面对国内汹涌的立宪舆情，于1908年8月发布了九年立宪的《钦定宪法大纲》和《立宪预备事宜年表》。此后，立宪派力争缩短预备立宪期限的策略很快取得一致，国内要求加快立宪的请愿活动就一浪高过一浪。杨度一面在宪政编查馆推动，一面通过自己组织的宪政公会发起“先开国会后定宪法”的运动，逐步得到立宪派的认同，一时间大家都把速开国会当成了立宪运动的现实诉求。梁启超也从日本方面对国内的国会请愿运动加以呼应，他警告清朝廷：“国民所以哀号迫切，再三吁诉者，徒以现今之政治组织，循而不改，不及三年，国必大乱，以至于亡。”他号召全国人民：“今日人生第一大事，

舍请愿国会，岂有他哉！”但是，1908年11月，光绪皇帝驾崩，慈禧太后在立溥仪为嗣皇帝，载沣为摄政王后，也随之去世。清廷面临着一个新的转折。

在这个转折的当口，如果清政府改弦更张，顺应民意，积极推进立宪，实行新政，那么也许还能缓和矛盾，继续维持一段时间。然而摄政王载沣并无雄才大略，只想抓权内斗，巩固自己的统治，刚愎自用，不顾民意倒行逆施，加速了清王朝的覆亡。1909年，他上台第一件事就是把对自己有威胁的袁世凯，以“现患足疾，步履维艰，难胜职任，著即开缺，回籍养疴”的名义，打发到河南老家去了。1911年，清廷宣布进行体制改革，5月，撤销军机处，实行内阁制。这项措施本来是为了显示政府改革立宪的决心，但是从名单上一看，大家都明白了。这是清皇权至上的把戏：内阁总理大臣奕劻，那桐、徐世昌为协理大臣，十三名阁员中满族占有九名，掌控着军政、财政、民政大权，汉族只有四席，均是边角冷门，而且奕劻本人就是一个贪腐成名的皇族。杨度因推动宪政有功，被分配充当统计局局长。这出笨拙的“改革戏”不仅革命派不买账，立宪派也大为不满。但立宪派还想通过合法渠道来抗争一下，他们上书要求清政府变更这个“不合乎君主立宪各国之公例”的皇族内阁。但清政府并没有商量余地，直接在答复请愿书的“上谕”中批示：“组阁为皇帝特权，非议员所能干预！”至此，立宪改革的道路已经走到尽头，清政府在各派势力中已经孤立了。

清政府1911年所犯的另一个致命错误是宣布“铁路收归国有”，这明显损害了广东、湖南、湖北和四川几省民众的利益，引起矛头指向政府的汹涌澎湃的保路运动。铁路之争始于1897年湘、鄂、粤三省绅商上书朝廷，要求开办粤汉铁路，得到朝廷批准。1898年成立铁路总公司，委任盛宣怀负责统筹办法。盛宣怀就和美国合兴公司签订合同，由美方提供借款，并规定1900年内开工兴建。但是，这个合兴公司其实是个骗子公司，直到1904年还根本没有开工，反而暗中将股权的三分之二转卖给了比利时人（以法、俄资本为后盾）。于是引起湘、鄂、粤三省民众的愤怒，纷纷要求将粤汉铁路路权收回

来自办。1904 年 11 月，杨度受留日、留美留学生委派，作为留学生总代表回到上海，致电外务大臣瞿鸿机、湖广总督张之洞、湖南巡抚陆元鼎，提出废约自办的理由和好处，并多方推动国内各界掀起保路运动。回到日本后，他又著文《粤汉铁路议》，连载于梁启超主编的《新民丛报》上。

主持此事的张之洞照顾英国的利益，主张由英国借款，高价赎回路权，然后湘、鄂、粤三省各自筹款，各修各路。1907 年，杨度由日本回国后，目睹了粤汉铁路实际修建情况，改为提出“官商合办”的建议。他认为，各修各路只有广东或许有财力负担得起，湘鄂两省实际没有力量全额承担，势必无法真正修通铁路。只有政府负担一部分，地方负担一部分才能实际最快将路修成，而政府负担部分则应允许靠借款解决。这一主张被湘、鄂两省反借款的人士误解，他在从湖南去北京途经武汉时，遭到湖北帮会人士围攻，险些丢掉性命。

在邮传大臣盛宣怀的策动下，1911 年 5 月（宣统三年四月），清政府宣布“铁路干线国有政策”，强收川汉、粤汉铁路为“国有”，凡过去经政府批准由各省人民自筹修建铁路的定案，一律废除，违者以抗旨罪论处。旋与美、英、法、德四国银行团订立借款合同，总额为六百万英镑，公开出卖川汉、粤汉铁路修筑权。这样一来就进一步激化了群众与政府的矛盾，四省的人民都成立了“保路同志会”，明确提出“路存与存，路亡与亡”的口号，以及“诛盛宣怀以谢天下”的要求。其中，四川保路风潮声势最为浩大，8 月 24 日，成都各界人士发展到罢课、罢市和抗捐等抗议政府的行动，这里面不乏立宪派人士。四川总督赵尔丰紧急请示北京政府，得到的是“训斥”，并要求他镇压“乱民”，准其“格杀勿论”，并派满族大臣端方抽调湖北新军前往四川镇压。9 月 7 日，成都各界推举代表前往总督府请愿，被赵尔丰诱捕，聚集在总督衙门的群众越来越多，要求释放代表。这就进一步激怒赵尔丰，他竟下令开枪，酿成成都血案，从而结束了立宪派领导的和平请愿模式。四川人民愤怒了，人民开始脱离和平轨道，转向了武装革命的道路。

同盟会在东京成立后，孙中山认为推动革命两件事情最为要紧：一是要进一步完善革命的思想理论系统，使革命者有统一思想认识的基础；二是要筹集经费，因为没有财力支撑是干不了事的。他在这一时期编著了《革命方略》，提出分三个时期实行立宪政体的计划：三年军政时期、六年训政时期和最后宪政时期。也就是说，从清王朝覆灭到共和国的建立，有长达九年的过渡期。

同盟会自成立到1911年，总共在广东、广西和云南发动过八次起义，均以失败告终，其中规模最大、调动人数最多、牺牲革命骨干最多、最震撼人心的是1911年4月27日的广州黄花岗之役。这次同盟会准备了半年之久，革命主帅黄兴亲自上阵，终以孤军无援而失败，革命党人大批牺牲，他们中的代表就是有名的“黄花岗七十二烈士”。此后，同盟会内对起义地点问题进行了总结研究，宋教仁、谭人凤等力主应该在长江中游各省发动，而且湘鄂地区革命党人已经有相当基础，便于发动。根据这种意见，宋教仁、谭人凤等在东京召开过十一省区同盟会分会会长会议，提出了“组织中部同盟会以谋长江革命”的建议。1911年7月，他们回到上海联合居正、陈其美等成立

黎元洪

了同盟会中部总会，并派人分头前往湖北、湖南、江西、四川活动。

湖北革命党人有两大地下组织：居正领导的共进会和胡瑛领导的文学社。这个“文学社”其实和文学毫不沾边，主要在新军中发展组织，已有几千基层军人入社。但由于党人不断遭到迫害，这两个组织均保密很严，互相没有来往。中部同盟会认为有必要使这两个组织联合起来，统一行动。谭人凤来到武汉后，分别和共进会、文学社多次协商，终于在 9 月宣布联合成功，公推文学社社长蒋翊武为湖北革命军总指挥，共进会负责人孙武为革命军参谋长，定于 10 月 11 日举行起义。由于孙武 10 月 9 日在运输炸弹中发生爆炸，引起了巡警注意，于是蒋翊武决定起义提前到 9 日午夜十二时（即 10 月 10 日零点）开始。起义军迅速攻占军火库、总督衙门，湖广总督瑞澂和第八镇统制张彪出城逃跑。10 月 11 日，革命军占领武昌全城。这次起义成功主要靠各个革命党人及同情革命的军人自发支持。

但是，这个起义事先既无周密计划，起义前推选的领导人蒋翊武和孙武在自发式的战斗中不知去向，起义军中没有高级别的人物可以统领全局，而同盟会的主要领导人孙中山在美国，黄兴则在香港。当时有人提出，陆军暂编第二十一混成协协统领黎元洪堪当此任，第二十一混成协相当于第二十一军，协统领即军长。有人认为他并非革命党人，不可担当首领，然而，一来革命党领袖不在国内；二来大家觉得起用非革命党人为首领，可以显示革命党人不是为少数党人争权利，能够更好地团结非党人共同参加革命，特别是上层人物。于是，10 月 11 日武汉各界在湖北咨议局开会讨论组织湖北军政府时，大家就把黎元洪推举为鄂军都督。

孙中山是在美国科罗拉多州丹佛市一家咖啡厅用早餐时，从报纸上得知武昌起义的消息的。他并没有急于返回国内，而是按计划前往华盛顿、伦敦和巴黎，他认为，一来可以与列强沟通，为将来的新政权开辟外交资源，而列强的态度对中国革命的命运和他个人的未来均是十分重要的；二来筹款对于革命成功后甚至更为重要，百废待兴，没有钱不行。孙中山在华盛顿想约

梁启超

见国务卿诺克斯，结果受到冷遇，但在伦敦获得英国外交大臣葛雷爵士的接待。在巴黎，他一面主要会见一些银行家，进行了一系列毫无结果的会谈，一面给上海的中部同盟会发电报，表示无论是袁世凯还是黎元洪出任大总统，他都赞成。最后，他由马赛乘船经香港回到上海。

当时，杨度正在袁世凯河南老家洹上村为袁五十二岁生日祝寿（农历八月二十日，即10月11日），听到武昌起义的消息传来，在场者多为袁的铁杆支持者和旧部，如赵秉钧、段芝贵、倪嗣冲等人。大家都意识到：袁世凯东山再起的机会到来了，不少人劝袁趁此天下大乱的机会，在清王朝已失去民心时，取而代之，登基称王。但是杨度认为时机尚不成熟，这样做风险太大，不如待机行事。袁世凯采纳了杨度的意见。

梁启超一直以“戴罪之身”流亡日本，1911年初，他正在同国内的立宪派频繁联系，组织“宪友会”，企图团结尽可能多的立宪派人士于一个组织中。1910年底，孙洪伊致电梁启超“促定党名”，梁当时主张称“帝国统一

党”，说明他强调“统一”的重要性，但传到社会上引起大家议论，认为此举是想统一各政党以便独裁之意，后来正式登记时改为“宪友会”。当时，梁正在全力争取宪友会在将来召开的国会中占多数席位。10 月 10 日的武昌起义完全打乱了原来的立宪进程，梁启超面对新的形势，曾与康有为有过全面的分析。他当然不希望看到革命党节节胜利，但最担心的是天下大乱引来列强瓜分中国的后果。梁分析革命派并无“统一中国”的能力，认为孙中山与黄兴就有矛盾，孙中山与黎元洪也各不相让，而各省革命都靠煽动军队起义来完成，各地军队又各有所拥戴，所以革命派无法形成统一步调，破裂是早晚的事。在给徐君勉的信中，他表达了自己的看法：

要之，秩序一破之后，无论何人莫能统一之，全国鼎沸，非数年不能戡定，今各国环伺，安容我数年之骚扰，其究也卒归外国享渔人之利已耳。……故革命军杀尽满人之时，即中国瓜分之时也。夫痛恨满人之心，吾辈又岂让革党，而无如此附骨之疽，骤去之而身且不保，故不能不战为过渡，但使立宪实行，政权全归国会，则皇帝不过坐支干修之废物耳。国势既定，存之废之，无关大计，岂虑其长能为虐哉。吾党所坚持立宪主义者，凡以此也。今兹武汉之乱，为祸为福，盖未可知，吾党实欲乘此而建奇功焉。[1]

后来，梁启超形成了“和袁，慰革，逼满，服汉”的总策略。

虽然辛亥革命发生之时，孙、杨、梁三位均没有直接参与，孙和梁两位甚至还在国外，他们对辛亥革命的贡献却不输于人，胡适有一段评论很中肯。他在辛亥革命后一年回顾革命发生原因时，于 1912 年 11 月 10 日日记中写道：

梁任公为吾国革命第一大功臣，其功在革新我国之思想界。十五年来，吾国人士所以稍知民族思想主义及世界大势者，皆梁氏之所赐，此百喙不能诬也。去年武汉革命，所以能一举而全国响应者，

[1] 丁文江、赵广田编：《梁启超年谱长编》，上海人民出版社，2009 年版。

民族思想政治思想入人已深，故势如破竹耳。使无梁氏之笔，虽有百十孙中山、黄克强（兴），岂能成功如此之速耶！近人诗“文字收功日，全球革命时”。此二语惟梁氏可当之无愧。[1]

其实这个道理不仅对梁适用，对孙、杨二人亦莫不如此，只是对国人而言，思想影响大小存在差异。

继 10 月 16 日湖北宣布脱离清政府独立，22 日湖南也跟着宣布独立，23 日江西宣布独立，24 日陕西宣布响应革命军，29 日山西宣布独立，31 日云南宣布独立。开始，清政府尚未把武汉军政府当成多大威胁，14 日下谕旨派荫昌督率两个军赴湖北，并派海军兵舰前往协助。载沣发现，所派军队大部分是袁世凯北洋军旧部，不得不起用袁世凯，他下令袁世凯为“湖广总督兼办剿抚事宜”。这只是“控制使用”，并没有打算交给袁军权，当然不会打动他再出山。此时，北京政府派徐世昌、杨度等到河南彰德与袁世凯磋商，摸清袁的条件底牌。最后，袁世凯提出了六条：一、明年召开国会；二、重组责任内阁；三、开放党禁；四、宽容武汉起义人员；五、授以指挥前方军事全权；六、保证饷糈的充分供给。[2] 这样的一个整体解决方案，简直就是要重新组阁，将军政大权从满族大臣手中夺过来。袁世凯敢于提出，一来他已认定军权实际已由北洋军控制，自己已无后顾之忧；二来不提出整体解决办法，仅控制军权并不能扭转大局，必会使自己陷于穷于应付、疲于奔命的状态；三来容忍革命军，是还要用他们来作为砝码，向清王朝施加压力，以达到自己的最终目的。

直到北方的陕西也宣布独立，载沣压力巨大，而荫昌督率的队伍进攻武汉并不得力，反而让革命军在汉口发动的攻势节节胜利，10 月 25 日，载沣不得不对袁世凯做第二次让步，发布上谕，调陆军部大臣荫昌回京，而任命袁

[1] 欧阳哲生主编：《胡适文集·书信日记卷》，第八至十九页，北京大学出版社，1998 年版。

[2] 陶菊隐：《北洋军阀统治时期史话》，第九十三页，生活·读书·新知三联书店，1983 年版。

世凯为钦差大臣，统一率领陆军和海军。袁上任的第一天就让冯国璋率领的第一军向汉口革命军发动攻势，革命军原已占领的刘家庙、大智门等要冲失守，退守汉口市区。但袁也不想一鼓作气直攻汉口，而是转过来派人与湖北军政府谈判。

10月28日，黄兴在香港接到同盟会中部总会的电报后，与宋教仁、陈果夫等人赶到汉口，这时正值袁世凯的北洋军大军压境，人心惶惶之际，黄兴的亲临前线指挥大大地鼓舞了士气，特别是增加了刚就任都督的黎元洪的信心。即使如此，如果袁真要大肆进攻，湖北军政府的实力远不是对手。但袁世凯此次出山，首要目标是夺取清政府大权，他深知历代重臣"养寇自重"的道理，保持革命军对朝廷的压力对自己有好处，所以他并不急于"剿灭匪徒"。

在这当口，摄政王载沣为了稳定清政权，匆匆公布了三道谕旨：一是开放党禁，这意味着原来定罪的政治犯罪名取消，这使得两位最重要人物获得参政自由：一个是梁启超，另一个是1910年3月试图暗杀醇亲王被捕的汪精卫；二是实行宪政；三是审议宪法。11月1日，以奕劻为内阁总理大臣的皇族内阁辞职，袁世凯奉命组阁。11月3日，清政府公布宪法草案，规定皇族不得出任内阁总理大臣、内阁大臣和各省行政长官。11月8日，资政院开会正式选举袁世凯为内阁总理大臣，由他开始组阁。他想安排梁启超担任法部副大臣（梁因开放党禁，已于11月9日从日本回到大连），杨度担任学部副大臣。但梁启超立即电袁辞职，因为他自认为自己的优势在于"以言论转移国民心理"，这就注定需要和政府保持距离，并把这种考虑通过中间人告知袁。而杨度则欣然从命，须知他从本来的四品宪政馆提调，升任副大臣，相当于连升四级，当然令他对袁深感知遇之恩。但袁世凯没有让他去学部上班，而是把他当成自己的亲信代表，请他全力操办南北议和之事。

革命军于11月3日攻占上海，4日和5日光复了浙江和苏州，南京还处于两江总督张人骏和江南提督张勋的恐怖统治下。11月8日，第九镇统制徐绍祯率部起义，没能攻克南京，只得退守镇江、龙潭一带。上海同盟会决定

立即组织江浙联军，推徐绍祯为总司令，统一指挥浙江、上海各路兵力，于11月22日对南京发动总攻，12月2日，终于打进南京，张勋率残部渡江北窜，张人骏也靠日本兵船逃走，至此，东南大局均被革命军控制。这样，长江以南基本上成了革命军的天下，而北方基本上仍然控制在清政府手中。由英国公使朱尔典出面调停，签署了南北停战协议。

当时袁世凯是真正大局的“操盘手”，他的策略是花费最小的代价取得名正言顺的政权。为此，一方面他需要用革命党的压力来逼迫清皇帝退位，以免自己背上“篡夺王位”的骂名；另一方面，他也需要尽可能地利用清政府的资源打击革命党。如果真刀真枪地与革命军火拼，以北洋军的实力即使能占上风，但代价太大，而且还可能引起北方省份的进一步起义，所以议和实为上策。而革命党方面由于混入了不少投机分子和改革派，成分十分复杂，即使像孙中山这样的“老革命”领袖，也没有认识到“枪杆子里面出政权”的道理，所以多数人主张南北议和。在这样的背景下，杨度和汪精卫两位就顺应潮流走上了“议和”的舞台。杨度是当时政府的副大臣，又是袁世凯总理的“红人”，其身份是明白无误的。但汪精卫的角色就值得探讨了。

汪兆铭，字精卫，广东番禺籍人，1904年以官费生考入日本东京政法大学速成科，与杨度为同班同学。早在1905年孙中山在日本东京成立同盟会时，他就是同盟会章程的起草员，后当选为同盟会的评议部评议长。1907年孙中山被清政府联络日本政府驱逐时，他与胡汉民随同孙南下河内。1909年同盟会在香港成立南方支部，胡汉民选为支部长，汪精卫选为书记。1910年曾任同盟会机关刊物《民报》主笔，但汪不满足只做文字工作，就在该年，他不听孙中山、黄兴等的劝告，和黄复生等去北京，密谋暗杀摄政王载沣。4月，在醇亲王府附近安置炸弹时未成，被捕入狱。汪精卫在狱中赋诗明志：

慷慨歌燕市，从容作楚囚。

引刀成一快，不负少年头。

此诗流传出来，汪名震全国，被誉为“视死如归”的革命英雄。1911年，

政府开放党禁，法部大臣绍昌在奏折中就说他："似此旧学新知，实属不可多得，其才可用，其志可悲。"原来汪被批准释放后，应交两广总督试用，但被袁世凯的大总管赵秉钧得知，报与袁留京试用。袁召见时，见他仪表堂堂，年龄和自己儿子差不多，能说会道，很是喜欢，立即决定让他和长子袁克定结拜为兄弟。从这里可以看出，这位"革命英雄"其实并没有自己的原则。他原本是要刺杀清政府的摄政王而被捕，现在刚放出来，就立即投入清政府总理大臣的怀抱。如此高速度的一百八十度转变，只能用"投机分子"来解释了。最后，在中华民族生死存亡的抗日战争中，他成为投降日本侵略者的第一号大汉奸也就不难理解了。

杨度当时认为，在"立宪"这一点上全国已经取得共识，南北之争无非是革命党主张共和立宪，而北方则主张君主立宪。与梁启超不同，他主张的君主立宪，并非君主就是清朝的满人皇帝，而康、梁一直以保光绪皇帝为号召。但是在国体这样的大问题上，应该由国会来决定。所以，在袁世凯的支持下，杨度和汪精卫就共同策划成立一个政治团体，包括君宪派和民宪派，由君宪党向清政府请愿，由民宪党向武汉革命政府请愿，先行停战，然后召开国民议会，由国民议会来公决国体，这样就可以用和平方式了结南北争端。于是，杨度以君主立宪党代表自居，汪精卫则以民主立宪党代表自居，11 月 15 日发表了《国事共济会宣言书》。

杨度很认真地按《宣言书》的意思写就"陈情书"，将其递交给资政院开会讨论。11 月 20 日资政院开会讨论时，与皇室关系密切的议员们不接受和平解决方案，主张剿灭革命党，因此根本无法达成决议。而汪精卫的呼吁也没有得到南方革命派的响应，他们认为，革命党人以流血牺牲唤起民众的革命热情，正以摧枯拉朽之势推翻清专制政府，建立民主共和制，没有必要交由国民议会去讨论国体问题。总之，这种书生的"一厢情愿"，在实际操作中根本行不通。

反之，在上海的黄兴回电汪精卫，让他告诉杨度，如果袁世凯能尽快地

逼迫清皇室退位，并赞成共和，就可以推举他当大总统。与此同时，黎元洪也宣称他也征求各省都督意见，有七个省都督表示，如果全国统一成立共和国，可以推举袁为大总统。

12月初，袁世凯派唐绍仪为总理大臣全权代表南下与革命政府议和，南方派伍廷芳为代表。汪精卫又扮演了一个“两面派”人物，他公开身份是南方代表伍廷芳的参赞，住在伍的住宅，但他又是唐绍仪带来的袁世凯的人，每天都有密电向袁报告南方各种动向。同盟会的同志都以老资格的“革命志士”欢迎他，谁也没想到他竟是袁世凯的间谍。鉴于汪这种“尴尬身份”活动受限，袁世凯考虑到杨度和黄兴等革命党人的老关系，很快又加派杨度到上海参与议和谈判活动。

当时南北议和的关键问题在于，南方想要得到的是推翻清政府，结束皇帝专治统治，实现民主共和制国体；而袁世凯则要得到名正言顺的政权，无论以什么名义（皇帝也好，总统也行）。所以12月18日谈判一开始，伍廷芳就提出北方必须首先承认民主共和制，否则下面没有继续会谈的必要。唐觉得不宜拒绝，可以采用杨度的方案：“国体问题宜交由临时国民议会来解决。”但事关重大，他立即电告袁世凯请示如何处置。因此事关系到清皇帝前途，而袁也想利用南方革命党给皇室施加压力，所以为这件事直接召集了“御前会议”来讨论。清政府也没有更好办法，不得不同意唐绍仪的意见。于是和谈得以进行下去，研究如何组织召开“国民议会”问题。双方同意按省推选代表，每省选派三人组成议会，这样一算，南方已辖十四省计有代表四十二人，而北方辖八省计有代表二十四人。唐绍仪签字后报给袁世凯，袁世凯一看，这样的国民议会，没有开会自己就成为少数，大为愤怒。加之已经听说南京—上海正在筹备国民政府，准备选孙中山当临时大总统，更加感到南方原来私下告知的“只要赞同民主共和，就可以选他当总统”的承诺是个骗局。一气之下，他一方面宣布唐绍仪的签字越权，不予承认；另一方面，又授意由北洋将领冯国璋、段祺瑞等四十八人联名通电，“誓死拥护君主立宪，反对共和

1912 年，孙中山在临时大总统办公室前同军政人员合影

政体”。这是向南方示威，逼迫南方让步。唐绍仪也只能宣布辞职。这样一来，南北和谈就几乎中断了。

正在南北和谈进行到似乎要破裂之时，12 月 25 日，孙中山终于回到上海。29 日，革命军方面十七个省代表在南京举行会议，正式选举孙中山为临时大总统。孙中山当然不希望和谈破裂，所以就在 29 日选举为临时大总统当天致电袁世凯，亲自表明以前南方对他私下承诺算数：

北京袁总理鉴：

文前日抵沪，诸同志皆以组织临时政府之责相属，问其理由，盖以东南各省久缺统一之机关，行动非常困难，故以组织临时政府为生存之必要条件。文既审艰虞，义不容辞，只得暂时担任。公方以旋转乾坤自任，即知兆亿属望，而目前之地位尚不能不引嫌自避，

故文虽占时承乏，而虚位以待之心，终可大白于将来。望早定大计，以慰四万万人之渴望。

孙文。蒸。[1]

袁世凯吃了一颗“定心丸”，心中的疑虑打消不少，于是促使和谈继续进行。31日，孙中山由上海到南京，许多代表都听说孙这么晚才回到国内是因在海外为革命筹款的缘故，所以有人问他带回了多少资金或军火，孙中山只是莞尔一笑称：“所带唯革命之精神耳。”1912年1月1日，孙中山就任临时大总统，并宣布中华民国成立。他的国务委员如下：陆军总长兼参谋总长黄兴、海军总长黄钟瑛、外交总长王宠惠、司法总长伍廷芳、财政总长陈锦涛、教育总长蔡元培、内务总长程德全、实业总长张謇、交通总长汤寿潜。

其实南北和谈名义上是在上海租界的市政厅举行，但私下里的磋商是在立宪派人物赵凤昌家的“惜阴堂”中进行（赵是上海商界和立宪派领袖张謇的密友），许多协议都是先在“惜阴堂”中少数人议论框架，然后再正式上市政厅的台面。所以表面上唐绍仪不干了，但杨度作为袁的私人代表却一直积极地进行着活动。他的优势在于，他和革命派的关键人物黄兴、宋教仁等均是老熟人，甚至与孙中山也可以直接对话。他同时联络张謇等立宪派向孙中山施压，得到孙明确承诺——只要清皇帝头天退位，第二天孙就可以辞职，拥护袁世凯接替自己做总统。1月14日，梁士诒从北京致电伍廷芳称：清政府正筹商退处之方，此后如何推举总统？苟不得人，则祸变益巨。这当然表明袁世凯还不放心，于是孙中山当日立即让伍廷芳复电：

如清帝实行退位，宣布共和，则临时政府绝不食言，文即可正式宣布辞职，以功以能，首推袁氏。[2]

[1] 陈锡祺主编：《孙中山年谱长编》（上册），第六百零五页，中华书局，1991年版；《孙中山全集》第一卷，第五百七十五至五百七十六页。

[2] 陈锡祺主编：《孙中山年谱长编》（上册），第六百二十九页，中华书局，1991年版。

在取得了南方革命党人的保证后，1912 年 1 月 16 日，袁世凯即加紧对清皇室的逼宫行动，他带领全体国务大臣觐见隆裕太后汇报了南北和谈过程后，明确指出："大局岌岌，人心涣散，如决江河，莫之能御。只有顺应共和趋势，改变政体，才能保住宗庙，换取优待条件。"随后，在隆裕太后召集王公宗室大臣的御前会议上，皇室内部分成两派：少数少壮派坚决反对和谈，主张以武力对抗到底；袁世凯则表示："假如你们不满意，我只有向皇太后辞职。"铁良、良弼等少数派甚至主张搞一次政变，推翻"私通革命军的奸细内阁"，重组皇室内阁。

袁世凯从皇城出来后，走到祥宜坊酒店门口，被同盟会中不满南方政府对袁妥协的激进派党人丢掷炸弹，袁的卫队管带和排长当场被炸死，袁的马车夫驾车疾驰而去，保住了袁的性命。这次事件非但没有损害袁世凯，反而证明他是革命党的死敌，隆裕太后当天就派特使前往慰问，后来 26 日并封袁为"一等侯"以示优恤。反之，这也证明他向皇室汇报之词并非虚妄，引起

1912 年 1 月 28 日，中华民国临时参议院成立，孙中山与全体议员合影

清政府内部极大恐慌。从此，袁世凯就称病不入朝，将逼宫之事交给他的心腹、内务大臣赵秉钧来办理。

1 月 26 日，袁世凯又祭出他的法宝，北洋军段祺瑞等四十七名将领联名通电，吁请清帝即日退位，确认共和政体，以安皇室即定大局。这场戏实在演变得太快了，仅在二十五天前同一伙人还在“誓死拥护君主立宪，反对共和政体”，现在却一百八十度大转弯，拥护共和了。同一天，清皇室中最具军事才能的禁军统领良弼，被同盟会的烈士彭家珍刺杀，彭自己也被炸身亡。这样一来，清的王公大臣个个吓得胆战心惊，纷纷要求袁派兵保护，再也没有人敢公开向袁世凯叫板。

这时的杨度也看到共和制已是大势所趋，自己长期鼓吹的“君主立宪”已成泡影，也决定转而支持民主共和，他在北京集结过去的立宪派人士薛大可、刘鼐和等人，于 1 月 25 日宣布成立“共和促进会”。他向新闻记者表示：自己以前主张的责任内阁负责制的君主立宪，是以救国救民为前提，而非为了保存哪一家君主。之所以不提倡民主共和，主要担心因国家内部纷争而引起列强干涉瓜分。当前既然革命已发生，再坚持君主立宪，就等于鼓励流血战争。现在南北议和已现和平解决希望之际，北京忽然冒出许多打着“君主立宪”旗号的团体，煽动军警、学生闹事，其实是受了清皇族的指使，希图破坏和平解决。所以，“共和促进会”就是要结合旧日同志，促进北方的共和以达和平救国之路。

但是，杨度以日本留学生领袖，因主张君主立宪而当上清政府的四品提调，就引起了部分激进革命党人的嫉恨。湖南光复后，湖南部分激进革命党人组成了“国民协进会”，和反对粤汉铁路官商合营（杨度的倡议）的士绅联合一起，要对“比附满酋的大汉奸”给以惩戒。按“国民协进会”的会章，宣判杨度死刑，并没收他在湖南湘潭老家的财产，拘捕其妻子儿女。此事传开后，在全国舆论界引起轩然大波，胡汉民、汪精卫等革命党人在南京联名发出通电，为曾在南北议和中出过大力的老友杨度辩护，孙中山并致电湖南都督谭延闿，

请他派兵保护在湖南的杨度家属。后来，“国民协进会”很快宣布解散，并没有真正实行“制裁”。

2月9日，袁世凯与南京临时政府达成《关于大清皇帝辞位之后优待条件》和《关于清皇室待遇条件》协议后，清皇室接受了这些条件。2月12日，隆裕太后举行退位仪式，将退位诏书交出，这一天，统治中国长达二百六十多年的清王朝正式落幕。同一天，袁世凯即将退位诏书电传给孙中山、黎元洪、伍廷芳及各部总长。

2月13日孙中山按约定，向参议院提出辞职，并推荐袁世凯继任。但孙在辞职咨文后附有三个条件：一、临时政府设于南京，为各省代表所议定，不能更改；二、辞职后，俟参议院举定新总统亲到南京受任之时，大总统及国务各员乃行辞职；三、临时政府约法为参议院所制定，新总统必须遵守颁布之一切法制章程。至此，虽然革命党人让出政权同时想对袁世凯有所约束，但毕竟历史告一段落。对于孙中山让位给袁世凯这一重大事件，当时及后来人都一直存在许多争议，有的认为是革命派过于幼稚，不成熟的表现；有的责怪他屈从于立宪派的压力的结果；有人认为孙中山太软弱，如果革命党人坚决对袁不妥协，坚持武装斗争，一鼓作气就可以“毕其功于一役”，打倒了袁世凯，就不必再搞后来的北伐。其实，孙中山早就对全局有自己的估计和长远策略，这表现在他从欧洲回国路经香港，1911年12月21日与胡汉民、陈炯明、朱执信等同盟会骨干的谈话。当时他们都不相信袁世凯，劝他留在广东老根据地发展自己实力，将来北定中原。他说：“谓袁世凯不可信，诚然；但我因而利用之，使推翻二百六十余年贵族专制之满洲，则贤于用兵十万。纵其欲继满洲以为恶，而其基础已远不如，覆之自易。故今日可先成一圆满之段落。我若不至沪宁，则此一切对内对外大计主持，决非他人所能任，子宜从我即行。”[1]

[1] 陈锡祺主编：《孙中山年谱长编》（上册），第五百九十三页，中华书局，1991年版。

历史的吊诡之处在于，没有想到三年之后孙中山“纵其欲继满洲以为恶，而其基础已远不如，覆之自易”的预言就证实了，而完成“覆之自易”的人竟然是自己的政治对头梁启超和蔡锷。

清点一下孙中山这一阶段的收获就会发现，他是真正的赢家。他以最小的代价实现了同盟会梦寐以求的“驱逐鞑虏，实现共和”目的，而他个人由于主动让出大总统职位的政治家风度，成为一位历史上少有的、为了实现国内和平不贪恋个人权力的伟大爱国者，获得国际国内各界人士交口称赞，成为赢得了普遍的尊敬的伟人。尽管过去作为一个革命领袖，他的言行令人看法不一，但他不屈服于时运，坚韧不拔的革命精神，确实引起普遍的钦佩，“使他一下子登上全国乃至世界突出的地位”，“一家有影响的美国杂志则称其为‘中国革命之父’，兼富兰克林和华盛顿的优良品质于一身的中国人”[1]。

中国历史上第一次试行民主共和政党政治时期的杨度、梁启超和孙中山

既然孙中山得到了他想利用袁世凯推翻清王朝的好处，当然袁世凯也不会无条件地就范革命党所设定的“三大条件”。首先，要他到南京去就任临时大总统，这明显是要他脱离他在北方经营多年的权力中心，有“调虎离山”之嫌，是万不能从命的；但这不宜公开拒绝，只能略施小计来解决。于是，就演出了“北京兵变吓退南京特使团”的好戏。

1912 年 2 月 25 日，南京临时政府派出“迎接袁总统南下就职特使团”，以教育总长蔡元培为首，包括宋教仁、汪精卫等五大员到达北京，受到袁世凯的隆重接待，打开正阳门，列队欢迎来自南方的特使，住进迎宾馆。29 日晚间，五位专使正要就寝时，就听得附近枪声四起，火光冲天，打听到原因

[1] [美] 史扶邻著，邱权政、符致兴译，《孙中山与中国革命》下卷，第三百八十四页，山西人民出版社，2010 年版。

是北京驻军因反对“袁宫保”离开北京的军队哗变，对五位特使不利。特使们没有想到会碰到这种场面，就慌慌张张逃到六国饭店避难。以后几天内，北京周边的天津、保定和通州均有焚烧民房、抢劫财物的类似事件发生。后来证明，北京“兵变”的兵系曹锟部属的北洋第三镇，这是袁最嫡系的部队，显然是上面布置的行为。然而，其他地方的事件似乎是纪律松懈的北洋军不了解北京事件的政治意义，看到同行捡到便宜自动起而效仿的。这就引起北方没有“起义”的各省都督纷纷发电，劝阻袁世凯不要离开北京。当然，段祺瑞、冯国璋等北洋军阀也立即发电：临时政府必须设在北京。三天之后，在杨度、梁士诒等人的劝说之下，特使团致电南京临时政府，称：“北京兵变，外人极为激昂，日本已派多兵入京。设使再有此等事变发生，外人自由行动恐不可免。培等睹此情形，集议以为速建统一政府，为今最要问题。余尽可迁就，以定大局。”

这样一来，3 月 6 日，南京临时政府参议院就通过了同意袁在北京就任临

陈其美、陈少白与胡汉民

时大总统的决议。3 月 10 日，袁在北京接任中华民国临时大总统，并开始组阁，这与南京的临时政府内阁不同，是南北均要接受的全国政府的内阁。内阁总理，袁世凯认为唐绍仪是唯一南北双方均能接受的人选，他跟随自己二十多年是可以信任的。唐早年留学美国，又是孙中山、伍廷芳、汪精卫的广东老乡，在和谈中证明与孙、黄等也有共同语言，后来在袁的默许下甚至还参加了同盟会。所以，唐绍仪就受命南下与南京方面商量组阁问题。

袁世凯当然没有忘记在和谈中立下汗马功劳的杨度，所以他最初交给唐的名单是这样的：陆军总长段祺瑞、外交总长陆征祥、内务总长赵秉钧、财务总长熊希龄、海军总长刘冠雄、教育总长杨度、交通总长梁士诒。以上这些重大部门袁打算抓到自己手中，而打算将司法、农林和工商三个部留给南方来定。但是，和南方交换意见后，最后的名单有了变化：除了司法总长王宠惠、农林总长宋教仁、工商总长陈其美由南方提名外，教育总长换成蔡元培，交通总长改为施肇基。至此，杨度成为最大的输家，他原以为他辅佐袁世凯从他被贬回河南老家，直到他取得大总统的政权，许多重要的决策都是经过他和袁商定的，南北和议自己也立下有目共睹的功劳，很可能会任命自己担任总理来组阁，没有想到最后连个总长的文职都没有得到，失望之余，他默默离开北京到青岛休养去了。

孙中山让位给袁世凯提出的“三大条件”，虽然前两个都被袁世凯的计谋所否决，但是《临时约法》却是绕不开的。南方议会所通过的《临时约法》是按照议会拥有最大权力以防总统恢复独裁制的思路设计的，规定临时总统必须经过议会三分之二以上得票率选举产生；议会还有各项立法权；总统的外交权和重大官员任命权不经过议会批准无效；认定总统有谋反行为时，议会有“弹劾总统”权。新内阁成立后，就应开启多党制的议会政治，在这场议会政治的斗争中，孙中山和自己的老对手梁启超又成了议会中的对立面。

本来按孙中山的意思是，中国需要一个强有力的统一的中央政府，才能开始实施富国强兵之道，而当前只有袁世凯有此能力来做。所以当袁世凯邀

请他到北京会谈时，他提出两人分工完成富国强兵的“十年计划”：即由袁负责训练精兵一百万，自己负责修建铁路二十万公里。这样的分工正中袁的下怀，袁世凯当即甚至于高兴得站起来高呼：“孙中山先生万岁！”按此思路，新政府成立后同盟会就退居在野党，监督政府就可以了，自己就专心做一直感兴趣的建设国家的工作，例如铁路建设。而黄兴当时也有功成身退、解甲归田之意。但是，这并不符合许多同僚们的意见，例如宋教仁就提出“毁党造党”的设想，即放弃同盟会的名称，联合其他小政党组成一个大政党，从而取得议会中的多数，进而可以担负起组织内阁的责任。这就是“堤内损失堤外补”的策略：即总统问题已败给袁世凯，要在国会内将权力找回来。宋教仁的方案立即得到大多数同盟会实力派的拥护，使他们又重新看到了希望。

当时的政坛上，除了同盟会代表的革命派外，还有以江浙名流章炳麟（太炎）、张謇等人为首的“统一党”和立宪派人士的“国民协进会”联合组成的“共和党”（以黎元洪为名义领袖），还有以“第三方”面目出现的“统一共和党”。此外，还有三个由同盟会和立宪派分离出来的混合组织：“国民公党”“国民共进会”和“共和实进会”。宋教仁具有超强的组织能力，花费不多的时间就说服“统一共和党”和这三个小党同意与同盟会联合起来组织一个新党——国民党。8 月 25 日，在北京召开了国民党成立大会，推选孙中山为理事长，黄兴、宋教仁等九人为理事，宋教仁成了国民党实际操作的最活跃的领袖人物。

这时，原来的君主立宪派人士也纷纷行动起来，除了“共和党”外，原宪友会的人士和由同盟会中分化出来的一部分人联合起来，推举刚回国不久的梁启超为领袖，成立一个新党——“民主党”。

杨度在政党政治中一直处于超然的态度，这一方面是由于他自己一直主张“君主立宪”，现在中华民国已成了现实，不得不改换门庭为赞助共和，自觉不好意思再像过去那么活跃；另一方面，他还是没有脱离老师王闿运的“帝王师”学说的影响，并没有完全放弃“君主立宪”的理想，这一点从后来他的活动中得到证明。在政坛组党高潮时，1912 年 9 月 15 日国民党主办的《中

国日报》记者采访他，问他对当前政界的看法和为什么不加入党派，他坦然对报界谈了自己的思想：

一、对于国民党

我数年前本主张君主立宪，去冬为国家大计，牺牲党见，改换宗旨，赞助共和，即并将我一身信望丧失，不宜再入政界，拟以后投身社会事业，以报国家。

二、对于共和党

我实不能再入政界，诸公不如邀请梁任公入党。梁之学问、才具、资格、信望皆远过于我，虽未主张共和，然实为我国维新之最初原动力。国民诉其天良，亦无可以忘其劳力之理。至若梁入政界之后，关于袁、梁、孙、黄四人之间，我以个人资格必能与以感情上、事实上之助力。

三、对于大总统

与以机关职务决不敢任，惟大总统与克强若以个人之交情与之谋议国事，则当知无不言，言无不尽。[1]

1912年9月，孙中山与黄兴应袁世凯之邀北上成立国民党时，黄兴就动员杨度参加，但杨度并不积极。后来北京的事办完黄兴应湖南都督熊希龄邀请南下前，他又一次劝杨度入党。杨度回答："你们哪一天放弃政党政治，我就哪一天申请入党。"搞得黄兴很不高兴地说："哪里有入党还要附带条件的？"黄兴临走并没有死心，将此事委托给胡瑛代他说服杨度入党。因此，胡瑛时刻有信息传给黄兴汇报事态进展情况，黄又直接给杨度发电劝其放弃条件，于是有杨度11月14日回电：

度以为贵党以前之经过及以后之行动，皆不免于困难者，实为"政党内阁"四字所缚。虽云根据学理，然贵党从前对于项城（即袁世凯）

[1] 刘晴波主编《杨度集》（二），第五百四十七页，湖南人民出版社，2008年版。

尚未充分信任，含有防范政策，亦事实之昭然。度意此后贵党对于民国、对于总统，宜求根本解决之方，若不信袁，则莫如去袁，而改选总统，度必劝隐，袁必乐从。若能信袁，则莫如助袁，而取消政党内阁之议，宣布全国，以求实际沟通，度方有可效力之处。若仍相挟相持，方生疑虑，实于国家大计有损，非上策也。[1]

这是实在表明了他的主张，认为靠“政党内阁”来约束总统，不是解决问题的办法，如果自己入了国民党也很难发挥作用。他认为中国的政治不在于政党，而在于一个有作为的领袖，清王朝早已失去众望，但现在的临时大总统有人望、有气魄、有军事实力，只要赋予他足够大的权力，就能实现中国的统一富强。他所表达的“入党条件”，当然为国民党多数所不能接受，受到报纸上的攻击。记者认为这一定会引起杨度的愤慨，因而又来采访他。杨的回答刊登在《中国日报》一篇题为“国民党反对声中之杨度”的报道中，在这里他讲道：

反对诸君，其爱党之心极为诚挚，此正国民党员极可敬爱之处，余方佩慕之不暇，何有于愤慨？唯余既因为国为友预备入党，则对于党事即不能不为忠实之谋，特方法略有异同耳。至于以后入党问题，毫无所谓灰心不灰心，唯仍视能效力不能效力以为定。[2]

此文后记者称：“谈论间，其诚恳之意溢于言表，使国民党终能得之，洵可为得人，庆矣。”所以，杨度入国民党一事乃是在社会上公开讨论过的事件，所有参与之人皆认为他的态度“诚挚恳切”，尽管他和黄兴真的是肝胆相照的老乡加朋友，但还是没法走到一起。

按《临时约法》规定，应该在全国范围内进行国会选举，选出的国会代

[1] 刘晴波主编，《杨度集》（二），第五百四十九页，湖南人民出版社，2008年版。

[2] 刘晴波主编，《杨度集》（二），第五百四十七页，湖南人民出版社，2008年版。

■ 宋教仁

表成立国会后，应正式选举大总统取代“临时大总统”，并制定宪法以取代《临时约法》。于是，1913 年初在全国范围内进行了国会议席的选举，选举揭晓，国民党议员在两院共占三百九十二席，而其余立宪派民主党、共和党和统一党（章炳麟、张謇等人后来又从共和党独立出来了）三党占二百二十三席，国民党在国会中占到压倒多数。这个结果是必然的，虽然袁世凯在军事实力方面有优势，但孙中山占领了道义制高点，在舆论民心方面占有巨大的优势，以他为首的国民党当然会在国会选举中获大胜。

这一结果引起袁世凯的警觉。本来袁只对实力和人治感兴趣，根本不把这种民主法治的把戏看在眼里，但他发觉国民党一旦控制了国会，立即就会成了他头上的“紧箍咒”。所以，他一方面起而支持梁启超赶快联合国民党外的力量，组建新党以与国民党抗衡；另一方面，想方设法去削弱国民党。而在国民党方面，最为活跃的实力派人物宋教仁在同盟会“毁党造党”成功地组成国民党后，已经成为孙、黄之后的第三号人物，孙中山去日本期间还代行理事长职权。宋教仁自然就成为袁世凯一派的眼中钉。

宋教仁，湖南桃源县人，1904年和黄兴等在长沙组织华兴会，因长沙起义密谋泄露，流亡日本东京，从而参与兴中会、华兴会与光复会合并组成同盟会之举。在同盟会中，他又是有名的“笔杆子”，经常在《民报》上以“桃源渔父”笔名发表文章，后来回到上海，又筹组同盟会中部总会，对推动武汉辛亥革命起了重要作用，从而在党内成为年轻有为的新星。在1911年12月，南方革命军各省代表讨论《临时政府组织大纲》时，他大声疾呼主张内阁责任制，以内阁总理为政府首长，而总统为名义国家元首，对外代表国家但不负实际责任。起初因他锋芒毕露，许多代表怀疑他自己想当总理，大家不愿意随声附和，多数人同意采用美国式的总统制，即由总统总揽国家政权，由总统提名内阁成员。但是后来1912年南北和议将完成之际，大家看到孙退袁代已成定局，在讨论《临时约法》时，同盟会为了限制袁世凯的权力，又都同意他的意见，将总统制改为内阁制。宋乃此案“始作俑者”，深受袁的嫉恨。

1913年3月20日，宋教仁由上海动身去北京参加国会时，在火车站突然遭人刺杀身亡，这是中华民国以来最轰动的暗杀案。当时黄兴、廖仲恺等就

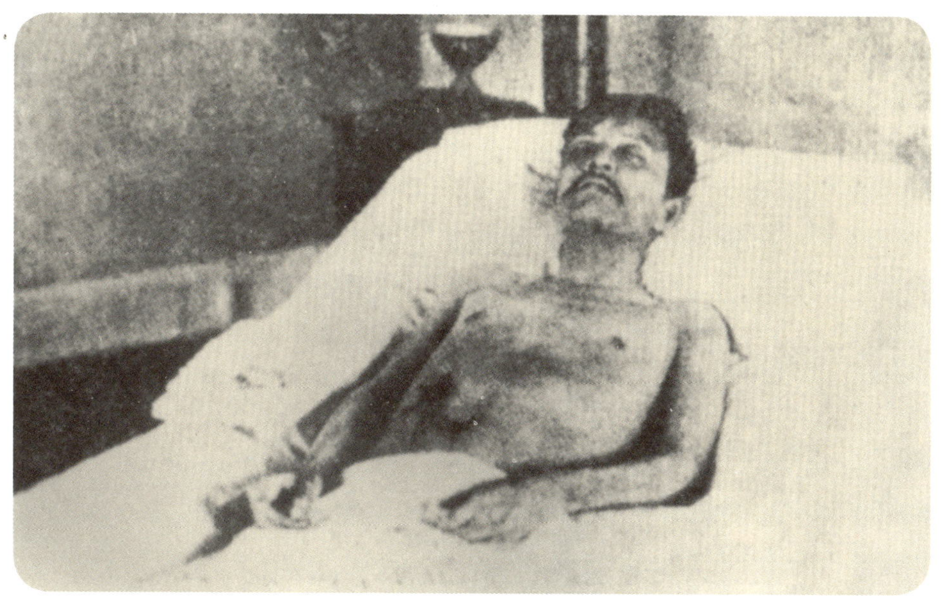

宋教仁被刺后遗体

在车站送行，宋教仁就倒在黄兴怀里被送到医院，第三天临死前，他还要求记录自己给袁世凯发的电报："望总统开诚心，布公道，竭力保障民权，俾国会确立不拔之宪法，则仁虽死犹生。"这代表了当时主流政治家对国会的期待和对袁世凯的认识，这位国民党的青年领袖终年才三十一岁。这是民国初年试行民主共和政体最悲痛、最具震撼力、最发人深省的悲剧，给全国老百姓上了生动的一课。梁启超也深为震动，专门著了长文《暗杀之罪恶》痛斥这种卑劣勾当，在文前按语中他说：

> 吾与宋君所持政见时有异同，然固深信宋君为我国现代第一流政治家，歼此良人，实贻国家以不可规复之损失。匪直为宋君哀，实为国家前途哀也。[1]

为此，孙中山25日就从日本赶回研究对策，袁世凯当然立即下令严缉凶手。仅仅几天，真相就暴露出来，雇凶者是上海大流氓应桂馨，更查到他与袁的"大内总管"赵秉钧的秘书的密电本及来往函电。这时的赵秉钧正接替被袁世凯赶下台的内阁总理唐绍仪担任临时内阁总理，他不得不被法院传讯。为了洗清自己，他又与同伙编造了许多离奇的故事来转移视线。不管法律上最后如何处理，这件事的政治含义应该已经非常清楚。国民党高层27日就在黄兴住宅召开紧急会议，研究对策。有人主张法律解决，有人主张靠国会政治解决，孙中山则提出需趁袁向五国银行借款尚未成功（袁世凯筹划向美、英等国的五国银行借贷两千五百万英镑以为军备扩军之用）之际，发动由国民党控制的南方五省为主的讨袁之师。可是大多数参会人员不赞成，第一、南方五省情况非常复杂，并没有把握齐心合力听统一号令；第二，中国如果再发生内战，就会引起帝国主义列强干涉，他们支持谁也难说，有瓜分亡国的危险；第三，国会开会在即，国民党政治上有优势不用，而偏用其所短，实非良策。结果会议决定，宋案建议成立特别法庭专审处理；密令南方五省当局加紧备战，

[1] 梁启超：《饮冰室文集》之三十，第十一页。台湾中华书局，1978年版。

组织攻守同盟，以防北洋军南下袭击。后来，最终赵秉钧引咎辞职，从内阁总理下台，此事方告一段落。

梁启超当然希望回国后能整合立宪派的旧部和新人，但苦于缺乏必要的财力支持，而袁世凯则想倚重梁启超的威望形成对付国民党的力量，所以这样一来，两方一拍即合。但是，在政坛纵横并非梁的擅长，对于他这个标榜自己是“趣味主义者”的人实在是件痛苦的事。在促成民主、共和和统一三党合并的过程中，为了推举党的领袖，众说纷纭莫衷一是，甚至有人提出由袁世凯来做总理，黎元洪、梁启超做协理，这引起民主党大多数和共和党中民社派的反对。他的意见也得不到一致赞成，搞得他苦恼至极。他的情绪表现在他给大女儿梁令娴的信中：

> 现状实无可为，新党亦决办不好，吾既不能置身事外，又不值得与之俱毙，故处此职可以立于半积极半消极之地位耳。
>
> 吾心力俱瘁（敌人以暴力及金钱胜我耳），无如此社会何，吾甚悔吾归也。……吾今拟与政治绝缘，欲专从事于社会教育，除用心办报外，更在津设立私立大学，汝毕业归，两事皆可助我也。[1]

他甚至和同事说：“新党成立后，吾不复与闻党事。”这立即引起三党党员大哗，总统府也派人劝阻他千万不要让新闻报刊刊登他的意见。

最终，1913 年 5 月，在梁启超的建议和主持下，民主、共和和统一三党合并成“进步党”，推选黎元洪为理事长，梁启超、张謇、伍廷芳等九人为理事。这样一来，国会中就成为两党对峙的局面。

袁世凯不经过国会批准，直接向外国借款，这是违反《临时约法》的，国民党当然不能答应。大家心中也清楚：这笔大贷款是供袁的扩军备战的。国民党一方面在国会向袁施压，一方面由孙中山出面吁请各列强不要资助袁世凯破坏议会体制。帝国主义是在支持共和民主价值观，还是自己切身利益？

[1] 丁文江、赵丰田编：《梁启超年谱长编》，第六百六十五页，上海人民出版社，2009 年版。

斗争了一通后，美国选择了退出银行团，继而日、俄又加入，加上原来的英、法、德，成了五国银行团。结果，五国银行团5月不顾孙中山的反对，签署了大笔贷款协议，使袁立即腰杆硬了起来，立即开始实施武力统一中国的计划，至此，历时一年多的“政党政治”蜜月就结束了。

袁世凯1913年5月15日就下令撤销黄兴陆军上将的职务，6月9日罢免了国民党系的江西都督李烈钧，同时让自己的爱将段祺瑞担任内阁总理，人称“战时内阁”，并派北洋军分两路南下：一路沿京汉路南下取湖北、江西；一路沿津浦路南下攻南京。接着，广东都督胡汉民和安徽都督柏文蔚也被袁政府撤职。到这时，国民党想不开战也不行了，因袁已经部署完毕，非打不可，逼得属于国民党系的江西、江苏、广东、湖南和福建五省先后宣布独立，这就是近代史上所说的国民党的“二次革命”。

一方面，国民党的军事实力本来就不敌北洋军；另一方面，国民党内部也认识不统一，缺乏严格统一的领导，有些人当初就是投机分子，受到袁的收买而变节。所以，从江西讨袁军总司令李烈钧7月兴起，到黄兴主持军事会议，通过推举岑春煊为各省讨袁军总司令，打到9月就支撑不住了，“二次革命”到1913年10月彻底失败。袁世凯武力统一中国的计划得到初步实现，国民党在国会中的合法地位也尽丧失，冯自由等国民党议员还遭到逮捕。11月4日，袁世凯以大总统名义宣布国民党为非法，孙中山、黄兴等又重新流亡日本。镇压“二次革命”，虽然看起来是袁世凯的一次重要军事胜利，但却是他走向失败的起点，从此，他的本质就越来越暴露在全国人民面前，越来越丧失民心了。

孙中山和梁启超都提醒过，根据中国的国情不宜过早地实施民主共和的政体，一年多的现实打碎了许多优秀政治家的“民主共和梦”，并付出了血的代价。

杨度对孙中山履行政治家的诺言

袁世凯在镇压了国民党之后，加快了“帝制自为”的步伐。1915 年，在杨度的筹安会帮助下，于 12 月上演了一出洪宪皇帝登基的大戏，准备把 1916 年改为洪宪元年。此时，梁启超和蔡锷一文一武发动了倒袁的护国战争，终于将袁送入了坟墓。全国又恢复了“共和体制”，黎元洪当上大总统，恢复了国会，但当时的政治大权全部集中在各省的督军和国务总理段祺瑞手中。1916 年 7 月，黎元洪发布惩办帝制祸首命令，杨度等成了受通缉的“帝制余孽”，避入天津租界区。这一段历史后文细述，此处不再展开。袁世凯死后，北洋军阀失去了控制，中国进入了军阀混战的时代。

孙中山这一时期总结失败的经验教训，认为最主要的原因是国民党成分

1917 年 9 月 10 日，孙中山在广州就任中华民国海陆军大元帅

太复杂，自由松散，缺乏忠诚度和战斗力。他要求建立一个完全保证效忠于他个人的革命党——中华革命党，以便准备“三次革命”。为此，在国民党高层引起很大争论，特别是黄兴的不快，几乎闹到两人分裂。后来黄兴病逝上海，1919 年孙中山取消了中华革命党。同时，孙中山在深入研究救国的理论问题，撰写了《孙文学说》和《实业计划》两本著作，他认为思想理论是团结革命党人的基础，也是团结奋斗的目标，有了思想统一，才有可能做到组织统一。

1917 年，世界正处于第一次世界大战中，大多数督军希望在战中对德国宣战，国会意见不一，但比较倾向于保持中立。段祺瑞和其他主战派督军组织督军团要挟和逼迫国会主战。总统黎元洪借此机会免去段职。为了稳定北京的局势，黎决定请张勋的“辫子军”入京。而张勋入京“醉翁之意不在酒”，趁机演出了一出“清王朝复辟”的戏，但只持续了十八天。复辟失败和段祺瑞重返北京后，国会已经陷入工作停滞状态。孙中山此时在广州打起护法旗号，他认为北京政府此时已经明显违背了《中华民国约法》，成为一个不法政府，呼吁原国会议员南下广州组成新政府。孙中山的呼吁受到许多国会议员的响应，众人纷纷来到广州。当时无法进行全国性的国会选举，因此他认为第一届国会依然在任。其成员二百多人于 1917 年 8 月在广州召开国会，被称为“非常国会”，同时成立护法军政府，孙被推选为“大元帅”。

因为广州的护法军政府与在北京的北洋政府相比有一个明显的缺陷，就是它得不到国际的承认。为了表示北洋政府不是代表全中国的政府，孙中山决定让非常国会在广州选举一个大总统，以与在北京的徐世昌抗衡。1921 年 4 月 4 日，他邀请在穗的非常国会议员，并对他们表示：假如他们不尽快选举一个大总统的话，自己就将他去。4 月 7 日，非常国会议员共二百二十二人选举总统（确实不够法定人数），孙得二百一十八票，陈炯明得三票，一票无效。5 月 5 日，孙中山当选“中华民国非常大总统”，孙称自己为“非常大总统”，以表示其总统职的来源不是正规。孙当选后向国内外分别发表声明：大总统就职起，军政府取消，成立中华民国政府。他同时给徐世昌写公开信劝他自

动离职。这样一来，中国就有一南一北两个政府。

广州政府的基础是粤军，粤军是孙中山向桂系千方百计争来的，是以广东省长公署警卫军二十营为基础，也可以说是孙一手打造的。孙自然认为这就是革命的基本武力。但是这支队伍一直交由粤军总司令、陆军部长陈炯明领导，陈虽然也是老同盟会会员，但主张“联省自治”，和平统一中国，认为孙中山靠北伐革命武力统一中国不切实际。孙中山认为，粤军应该是革命的军队，广东应该是革命的基地，革命事业不能偏安一隅，应该集中一切人力、财力和物力，从事北伐。陈炯明并不赞成北伐，认为走“联省自治”（模仿美国各州自治的基础上成立联邦政府）的道路才是代价最小的统一道路。陈与一般军阀不同，是一个有政治理想和民主思想的人，作风廉洁，反对军治、党治，提倡民治，希望把广东这个南方省份作为模式推广到全国。应当说，陈炯明治理广东是有成绩的：经济上，兴办实业，兴建公路，扶持民企，使广东在民国期间得到最好的发展。教育上，私立学校兴盛，为全国之最；发展公办教育，实行免费教育，提倡新文化运动，邀请陈独秀担任广东教育委员会秘书长，支持共产党领导的工会组织和报纸，当时广东的“五卅运动”和“省港大罢工”搞得有声有色。政治上，推行地方自治，民选县长、县议员。社会生活上，革除陋俗，主要禁绝烟赌，使之绝迹，民风大好。陈和孙的分歧不是一般军阀权力之争，可以说是理念上的分歧。

孙中山和陈炯明之间看法和做法相差之大，影响到粤军内部也有孙派和陈派。本来粤军共有两个军，陈炯明以广东总司令兼任第一军军长，许崇智为第二军军长。军政府改组后，孙不想要让陈独自坐大，改任许崇智为国防第一军军长，另派黄大伟为国防第二军军长，这两军由军政府直辖，不受广东总司令的节制。至于陈炯明所指挥的广东军有三个师，则是陈一派的武力。

孙中山一直急于开始北伐，但他手下的军事领导都认为时机不成熟。陈炯明不想用广东的资源和人力去为孙中山打天下，而蒋介石则认为欲北图中原必先统一广西，巩固革命根据地，解决后顾之忧。果然，1921 年 6 月桂系

军阀陆荣廷企图获取广东地盘，分兵三路进取广东。这时孙中山也正好利用敌人来犯的理由，统一内部思想，命陈炯明率粤军精锐出肇庆向梧州，李烈钧率赣、滇军由湖南、贵州出击，谷正伦率黔军向桂林开进，而由陈炯明任粤、赣、湘、黔、滇军五省征桂联军总司令，分头对陆荣廷军实施打击。

经过两个多月的战斗，8月初粤军已拿下南宁，陆荣廷逃跑了，广州政府取得完胜。这时，孙中山被胜利冲昏了头脑，以为可以一鼓作气拿下两湖，进军中原，这样就使本来就与陈炯明存在的矛盾突然变得尖锐起来。10月初，孙中山在国会宣布北伐计划，并准备亲自担任统帅，乘军舰由广西经湖南北上，他电令陈炯明接济北伐军饷四百万元，遭陈拒绝。（陈认为广东经过平定广西之战，虽然胜利了，但自身消耗很大，需要休养生息。）因陈炯明此时仍然是广东省长兼粤军总司令，没有他的同意孙是拿不到钱的，所以孙十分生气，于是准备罢免陈的职务，但被胡汉民等劝阻，以免造成分裂。孙又令陈炯明出兵北上支持北伐，陈也不出兵，孙再下令要求陈速回广州以便面商北伐事宜，陈更借故赖在南宁不回。10月24日，孙不得已决定乘军舰抵达梧州后折向南宁，主动去见陈炯明。此时的陈炯明已经私自派人北上去和吴佩孚政府联系，并被孙发觉，遭到孙的训斥，陈愤愤欲辞职。他在孙的面前已经是阳奉阴违，耍两面派，准备部署自己一套，背叛孙中山了。

这段时间，孙中山一面在梧州北伐军大本营亲自督军；一面受到俄国十月革命的影响和鼓舞，积极与列宁联系，同共产国际所派的代表马林在桂林多次会谈，改变了对于社会主义制度的认识。1922年，孙中山与陈炯明的矛盾逐步公开化，3月，孙中山撤销其粤军总司令、广东省长、内务总长职，只留陆军总长职，这引起了陈的反扑。6月12日，孙中山举行记者招待会，不点名地指责陈炯明“反对北伐”；而陈炯明6月14日则拘捕财政次长廖仲恺。6月16日深夜两点，孙中山得到粤军密报，说部队将攻击粤秀楼，情势危急。宋庆龄顾全大局，临危不惧，认为若同孙中山一同行动易被发现，坚持留下来掩护孙中山秘密撤离。孙中山不得已只身逃出。他两次避过叛军耳目，终

于到达海军司令部，在温树德司令的陪同下来到黄埔永丰舰（即后来的中山舰）上。孙在黄埔部署海军炮击广州，但因没有得到陆军的配合效果不大，所以只能先避退到香港。这时，因母亲病故回奉化奔丧的蒋介石得到消息，第一个来到在香港蒙难的孙中山身边，并陪同他于 6 月 28 日到上海。

孙中山一到上海，即调兵遣将对付叛军，电令李烈钧、许崇智率北伐军回师广东平叛；同时派人前往北京活动，牵制北洋军阀。他亲自督师北伐之际，没有想到会有内部叛变。孙最担心的还不是陈炯明，而是北方吴佩孚的军队南下，使北伐军处于腹背受敌的态势。他想起在香港的老同盟会同志刘成禺，写了一封亲笔信，委派刘速北上全权处理阻止吴佩孚入粤援陈之事。

刘成禺接到信后，一看事态紧急，星夜北上前往北京活动，他想：此事首要活动对象应当是曹锟，曹是直系军阀的总头目，吴佩孚的顶头上司，是可以干预吴佩孚的第一人，但可惜自己和他关系不深。为了接近曹锟最合适的人选非杨度莫属了，一来曹锟是袁世凯的最亲信的旧部，对杨度十分敬重，在杨度因袁案受通缉期间，主动接济他，后来又要聘杨度为自己的高级顾问，虽然杨并未就任，但二人关系非同一般；二来夏寿田本是袁的“大内总管”，因为人低调严谨，很受袁的信任，袁死后被曹锟聘用为自己的机要秘书长，此人又是杨度的老乡加亲戚，关系更是密切。所以刘成禺一到北京首先就找杨度。

刘成禺在《世载堂杂忆 · 萧耀南之输诚》中回忆了这段往事：

> 予奉书后，佯言赴国会，星夜往北京。见杨度于东厂胡同。皙子曰：“当年由兄介绍，永乐园之辩论，与先生结有誓约，予失败而先生成功，度当尽全力以赴之。”时薛大可亦在座，谓予曰：“革命党呼我等为帝制余孽，自当愧领；彼求为帝制余孽不可得者，亦呼我辈为帝制余孽，非求孙先生为我辈一洗面目不可。”

杨度得知孙中山有难，就觉得是该自己履行在东京对孙中山所许诺言的时候了。照理，孙中山担任临时大总统或组建国民党时，就表明孙已经初步成功了，为什么杨度并没有执行“先生功成，度当尽弃其主张以助先生”呢？这是因为，

那时他并不服气，认为袁世凯比孙中山更像一个能救中国的人，自己的“君主立宪”理想还有可能实现。而到了如今，他彻底服输了，应该“弃其主张以助先生”了。于是他立即行动起来，约上老朋友薛大可一同去保定曹锟的直隶总督府找夏寿田。经过夏寿田向曹锟通报杨度来访，曹锟特别高兴，心想：原来请都请不来的人，怎么今天自己找上门来了，当然热情接待。

杨度为曹锟分析了为什么不应支持陈炯明的理由：从道义上陈是孙中山的部下，以下犯上本来就不仁不义，何况孙中山是举着革命大旗，所以从道义上就输了，如果支持这样的人，师出无名，还会陷自己于不义；而且吴佩孚当时已是直鲁豫巡按副使，拥兵常驻洛阳，作风骄傲跋扈，常常不经请示自己从洛阳发通电，干涉政局，如果再支持他南下与陈联合坐大，就会形成尾大不掉之势，直接威胁到曹锟的地位。

这些说法直击曹的心病，终为其所接受。当然还有一层原因，那就是曹锟正在运作当选大总统，准备南北议和，也不愿意得罪孙中山。当时陈炯明专门派人联络吴佩孚，要求吴南下与他呼应，围剿孙中山的北伐军，而吴佩孚也已做好了南下援陈的计划，结果在后来保定召开的军事会议上被曹锟否决。

1922 年 8 月，黎元洪总统派黎澍，曹锟派陈调方和一直在北京活动的刘成禺赴上海欢迎孙中山，调和南北时局。刘成禺完成任务向孙汇报时，孙中山对刘成禺说：“杨度可人，能履行政治家之诺言。”

这一阶段，孙中山对“革命主义未行，革命目的未达，仅有民国之名，而无民国之实”的状况痛心疾首。要想打倒军阀，建立民主政治，究竟应该走什么样的道路、依靠什么样的人，孙中山在继续艰难地探索着。起初他想依靠日本，北伐开始又改为联合段祺瑞和英国，也没有什么好结果。这时中国南、北两个政府，列强都觉得似乎北方政府更像个合法政府，主要各国都与北方政府打交道，只有苏联列宁认为孙中山是中国民族资产阶级的真正代表，应该支持南方政府，而且也只有苏联公开宣布废除过去俄国沙皇对中国签订的所有不平等条约。俄国十月革命的影响、“五四运动”的爆发、马克思

1918 年，孙中山在上海

主义在中国的传播和中国共产党的诞生，使孙中山受到了新思想的深刻影响和启迪，看到了新的力量和希望。他决心联合共产党，对国民党进行改组，改变脱离群众、依靠军阀进行革命的倾向，走新的革命道路。此时，共产国际和刚刚诞生的中国共产党向苦斗中的孙中山伸出援助之手，孙中山正运筹改组国民党。1923 年 1 月，孙中山同苏联政府特使越飞在上海面商了中俄合作大计，发表联合声明，廖仲恺又受命到日本与越飞讨论各项具体合作事宜，这标志着孙中山联俄、联共、扶助农工的三大政策的日趋成熟。

此时，杨度来到上海找到了孙中山，提出加入国民党。孙中山是一个豁达大度的革命领袖，当然表示热情欢迎。但是国民党内却有不同看法，认为杨是不久前还遭到通缉的“帝制余孽”，这样的人入党有害无益。为了消除党内的疑义，孙中山特对党内发了一个通知：

杨度此番倾心来归，志坚金石，幸勿以往事见疑。

孙考虑杨度毕竟不是个一般人物，入党后也需要有个领导职务安排，所以提出请杨度发表一个声明或检查书，算是有个交代。但性情一贯高傲的杨没有

■ 1923 年 8 月 14 日，孙中山、宋庆龄与永丰舰官兵合影

同意，只是淡淡地说：“我不加入国民党，照样也可以为国民党工作的。”孙说：“那就作为我私人的全权代表吧！”其实，杨度不入国民党的活动空间确实要比入党大得多，所以，后来一段时间，杨度就开始按孙中山的委托，奔走于京沪之间进行南北上层人物间的活动。

1923 年 1 月，李烈钧统率的赣军与许崇智统率的粤桂军会师广州，赶走了陈炯明，欢迎孙中山回广东复职。2 月 21 日，在谭延闿的陪同下，孙中山回到广州。

3 月，曹锟、吴佩孚派人进京催促内阁总理张绍曾尽快发表沈鸿英督粤、孙传芳督闽的正式任命，这样做无疑会加剧南北矛盾，不利于孙中山。于是张绍曾就设宴接待曹、吴的代表至私宅商谈，因杨度与曹锟、孙中山均有来

往，所以也请了杨度在座。杨度在此发表了自己意见，并刊登在1923年3月13日湖南《大公报》上："此次中山回粤，确无重组政府之意，且恐中央误会，故特令孙、胡、汪、徐诸人为驻沪全权代表，与北方专议统一问题。今一旦发表沈令，是自绝于孙，不特时局反无转圜之望，切恐以此促北方政治之生命，于内阁固有所损，于保、洛亦奚有益？故为中央计，故以不发表该令为是，而为保、洛计，亦宜变其政策，而与中山携手。"[1] 文中孙、胡、汪、徐指孙洪伊、胡汉民、汪精卫和徐谦，保、洛指驻防于保定的曹锟和驻防于洛阳的吴佩孚。后来，7月4日杨度又专门给曹锟发了公开电：

> 日前在京，曾上一函，力言解决时局，除用和平统一与广州孙公接洽外，别无办法，想蒙查阅。……国家大事，本非一党一派所能把持，悉能见用，则人情自顺，国势自安，非武力金钱所能为役。鄙意拟乞我公仍采前函办法，通电全国，主张和平统一，完成护法之功。当兹国无合法总统之时，暂请孙公北上，主持国是，并速集各方领袖，协议统一善后事宜，然后再由国会议定宪法，选举总统，以奠国本。此策如蒙采择，不仅护法完成，统一就绪，且使国基永固，乱源永绝。至于目前政潮，立归消弭，更不待言。我公因此功在国家，永垂不朽，薄海人民，孰不感颂？夙荷相知，用敢再三冒渎，敬希原察是幸。[2]

这封电文得到曹锟的重视和赞赏，两天后杨度即得到回电，其中写道："我公热诚救国，凡可以促进统一，解决时局之良策，务望不遗在远，赐以教言，庶几相与有成，公义、私交两全始终。总之，大局艰危，国家之存亡即在目前，

[1] 杨度：湖南《大公报》1923年3月13日；何歌劲，《湘潭历史文化名人——杨度》，第一百八十四页，湖南人民出版社，2009年版。

[2] 杨度：《致曹锟公开电》，《民国日报》，1923年7月4日；何歌劲：《湘潭历史文化名人——杨度》，第一百八十五页，湖南人民出版社，2009年版。

1924年7月，孙中山摄于广州

至于一人之进退，非所介意。此区区所怀，仅堪为知者道也。”

1923年6月，中国共产党第三次全国代表大会召开，会议确立了以国共合作为基础，建立革命统一战线的基本方针，加快了两党合作的步伐。1924年1月20日至30日，孙中山在广州主持召开了国民党第一次全国代表大会，来自全国各地和海外的一百六十五名代表出席大会，其中有共产党员二十多名，李大钊被指定为大会主席团成员之一。这次大会，在政治上重新解释了三民主义，接受了中国共产党反帝反封建的民主革命纲领，制定了联俄、联共、扶助农工的三大政策，成为国共两党和各革命阶级联合的基础；在组织上，承认共产党员和青年团员以个人身份加入国民党，使国民党成为一个工人、农民、小资产阶级和民族资产阶级结成的统一战线的组织形式。

号称“一人之进退，非所介意”的曹锟利用贿选，于1923年10月6日当选为中华民国大总统，曹锟就任大总统后，直系的实权转由吴佩孚操控，而吴为人飞扬跋扈，对张作霖的奉系军阀不放在眼中，而张在日本支持下积极扩张，准备进取山海关和热河。1924年10月，第二次直奉战争爆发。直系

中的精锐冯玉祥部本来就对吴不满，而十分钦佩孙中山，结果乘吴亲自督师山海关之机发动北京政变，将曹锟软禁于中南海。冯玉祥与张作霖联合，推举段祺瑞为政府临时执政，通电邀请孙中山先生北上，商讨和平统一大计。杨度向曹锟提出的策划曹锟没有践行，却由冯玉祥来践行了。

孙中山之死

孙中山离粤北上之前发表宣言，指出中国当今祸乱之根源在于帝国主义勾结军阀武力，为个人私利而战，而国民革命就是要消灭武力与帝国主义结合、被帝国主义利用的现象，主张召开国会，以谋统一和建设。对外废除一切不平等条约，对内维护国民利益，实现民治。各国列强均抵制他的这套主张，给他北上制造了各种麻烦。公使团拟阻止他在上海登岸，上海的英美报纸宣称应禁止他入住租界。1924 年 11 月，孙中山抵达上海，由上海绕道日本，日

1924 年 11 月 17 日，孙中山与宋庆龄在上海莫利哀路寓所接见各界欢迎代表

本当局也没有往日热情，他抵达天津时，法国领事不准许在法租界开欢迎会。此时的孙中山已经罹患疾病，但他仍然坚持按预定计划12月抵达北京。到北京不久，他就住进医院，诊断为肝癌。1925年3月11日，伺候在病房的廖仲恺夫人何香凝发现他的瞳孔已开始散光，赶忙出来对汪精卫说，是该让先生在重要遗嘱上签字了，否则就来不及了。于是，国民党人汪精卫、宋子文、孙科、邹鲁、邵元冲、孔祥熙、吴稚晖、戴季陶、何香凝、戴恩赛与孙夫人宋庆龄一同来到病榻前请先生在《国事遗嘱》《家事遗嘱》及《致苏联政府遗嘱》三份文件上签名。

这份《国事遗嘱》就是后来的“总理遗嘱”。记得这份简短的遗嘱，笔者上小学时每周周一在操场上列队，由校长领读背诵，校长念一句，大家跟着念一句。全文如下：

> 余致力国民革命凡四十年，其目的在求中国之自由平等。积四十年之经验，深知欲达此目的，必须唤起民众及联合世界上以平等待我之民族共同奋斗。
>
> 现在革命尚未成功。凡我同志，务须依照余所著《建国方略》《建国大纲》《三民主义》及《第一次全国代表大会宣言》，继续努力，以求贯彻。是所至嘱。[1]

《家事遗嘱》就更简单：

> 余因尽瘁国事，不治家产，其所遗之书籍、衣物、住宅等，一切均付吾妻宋庆龄，以为纪念。余之儿女已长成，能自立，望各自爱以继余志。此嘱。[2]

孙中山临终，念念不忘给苏联写下热情洋溢的遗嘱，是因他最终觉悟到要革命成功，就必须“联合世界上以平等待我之民族共同奋斗”，而当时唯一“以平等待我之民族”只有苏联一家，这怎能不让他深深感动呢。

[1][2] 陈锡祺主编：《孙中山年谱长编》，第二千一百三十一页，中华书局，1991年版。

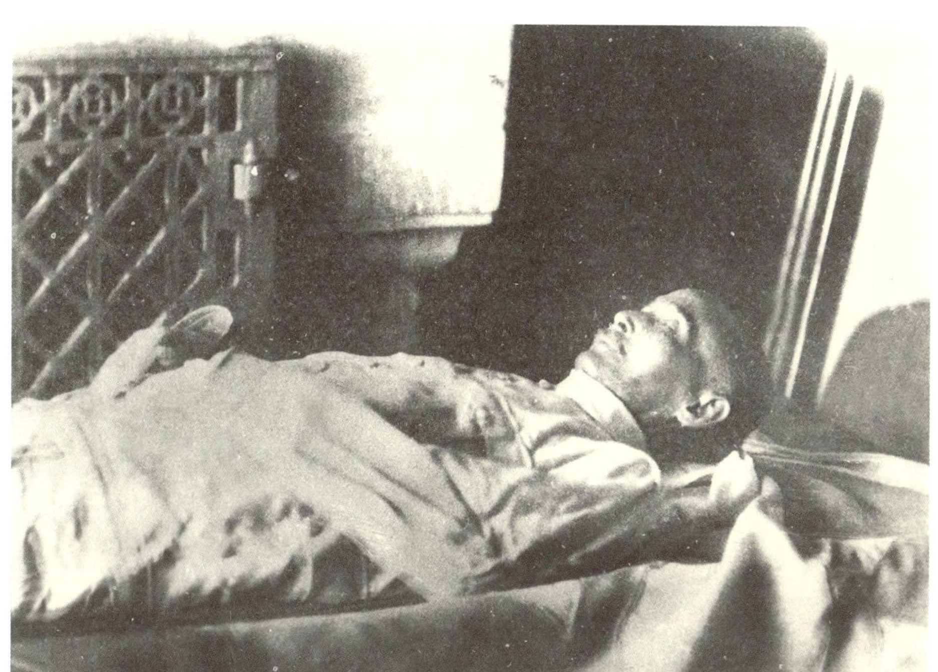

1925 年 3 月 12 日，孙中山病逝北京

签署文件的次日（1925 年 3 月 12 日），孙中山与世长辞。19 日，灵柩由协和医院移往中央公园社稷大殿，供社团、民众悼祭致哀，十日之内，前往悼念的党人、各种社会团体和个人数十万。4 月 2 日，公祭礼成，灵柩移往北京西山碧云寺。南京中茅山中山陵修建竣工后，最后于 1929 年 5 月南运，6 月 1 日，安葬于南京中山陵。

梁启超自从檀香山事件后，经赴美考察，即绝口不提革命，与孙中山一直处于“道不同，不相为谋”的状态。在袁世凯时期，二人一度对立（梁的进步党和孙的国民党），后来梁和蔡锷一起发动护国战争时期，与孙虽然目标一致，但也并未走到一起。孙中山逝世后的第二天，梁启超就在《晨报》上发表了一篇颇受争议、不合时宜的短文——《孙文的价值》，此文既没有被收进《饮冰室合集》，也未收进《饮冰室全集》，直到 2005 年才被北京大学的夏

晓虹收入《〈饮冰室合集〉集外文》中。梁启超一开始就自称："《晨报》记者对于孙逸仙君逝世表哀悼，征求我的感想，我和孙君在政治上不同党派，这是人人共知的，所以说话稍微感觉困难，怕的是易招误会。但该报记者既问到我，我只得把我心腑里头的话简单一讲。"他就将他认为孙中山的优缺点简单地列了如下：

> 孙君是一位历史上大人物，这是无论何人不能不公认的事实。我对于他最佩服的：第一，是意志力坚强，经历多少风波，始终未尝挫折。第二、是临事机警，长于应变，尤其对于群众心理，最善观察，最善应用。第三、是操守廉洁，最少他自己本身不肯胡乱弄钱，便弄钱也绝不为个人目的。孙君人物的价值就在这三件。

现在看来，这里讲的是孙的人品价值，但远非历史人物的价值。这位"历史上大人物"的价值首先应当是"推翻清王朝的专制统治，首创共和制度"。这应当也是"不能不公认的事实"，可是似乎梁启超对于这一点似乎并不认可，甚至于在后面"缺点"中讲了他的看法。

> 我对于孙君所最不满意的一件事，是"为目的而不择手段"。孟子说："行一不义，杀一不辜，而得天下，不为也。"这句话也许有人觉得迂阔不切事情，但我始终认为政治家道德所必要的，因为不择手段的理论一倡，人人都借口于"一时过渡的手段"，结果可以把目的扔向一边，所谓"本来目的"倒反变成装饰品了。孙君手段真运用得敏捷：我记得民国六年有一位朋友闲谈说："孙文和段祺瑞乃至当时所谓督军团如张作霖……等等有一天因利害共同上，会联合起来。"我当时觉得这话太滑稽了。谁知竟成事实！这是最近人人共见的一个显例。此外类似这样的事，我不能多举了。在现在这种社会里头，不会用手段的人，便悖于"适者生存"的原则，孙君不得已而出此，我们也有相当的原谅。但我以为孙君所以成功者在此，其所以失败者亦未必不在此。我们很可惜的是，孙君本来目的没有

■ 梁启超与岑春煊（右）

实现的机会他便死去了，我们所看见的只是孙君的手段，无从判断他的真价值。但以这么一位强毅机警，在民国成立上有深厚历史的人，一旦失去，实为国家一大不幸，我们不能不失声哀悼。[1]

应当说，这篇文章发表的时间和内容均欠缜密考虑，孙逝世后第二天，是一个十分敏感的时期，作为一位著名人物，又是孙的政治上的对手，此时来发表意见显然需要反复斟酌。但梁的可爱之处在于，虽说“怕的是易招误会”，但还是忍不住要“实话实说”，当然引起了国民党方面许多人的不满。结果，梁启超去往中央公园吊唁遗体时，受到国民党人士的阻拦和质问，以致主持吊唁的汪精卫不得不出来打圆场，说梁君是为吊唁而来，如果需要辩论也得到以后另找地方，或者在报纸上讨论，才算给梁解了围。

[1] 1925年3月13日《晨报》。

在孙中山逝世时，杨度真心悲痛，十分惋惜，也正面肯定了孙的成就，这表现在他赠送的挽联上：

英雄做事无他，只坚韧一心，能全世界能全我；

自古成功有几，正疮痍满目，半哭苍生半哭公。[1]

上联“能全世界能全我”是对孙中山的高度肯定，说的是他凭借自己的“坚韧一心”，既对世界做出了突出的贡献，也使自己受到充分的磨炼，铸成伟人应有的风范。下联“半哭苍生半哭公”，是说革命尚未成功，中国正在遭受苦难，在这样的时候，你就放下你热爱的人民走了，我一半为你难过，一半为你热爱的黎民百姓难过。

参考文献：

《孙中山全集》，尚明轩主编，人民出版社，2015年版

《爱国论》，梁启超著，《饮冰室文集》卷三，台湾中华书局，1978年版

《孙中山与中国革命》，[美]H.Z.Schiffrin（史扶邻）著，邱权政、符致兴译，山西人民出版社，2010年版

《梁启超年谱长编》，丁文江、赵丰田编，上海人民出版社，2009年版

《孙中山年谱长编》上册，陈锡祺编，中华书局，1991年版

《胡适文集·书信日记卷》，胡适著，北京大学出版社，1998年版

《孙文的价值》，梁启超著，夏晓虹辑《〈饮冰室合集〉集外文》（中册），北京大学出版社，2005年版

《杨度集》，刘晴波主编，湖南人民出版社，2008年版

[1] 杨度：《挽孙中山联》，刘晴波主编《杨度集》，第六百五十二页，湖南人民出版社，2008年版。

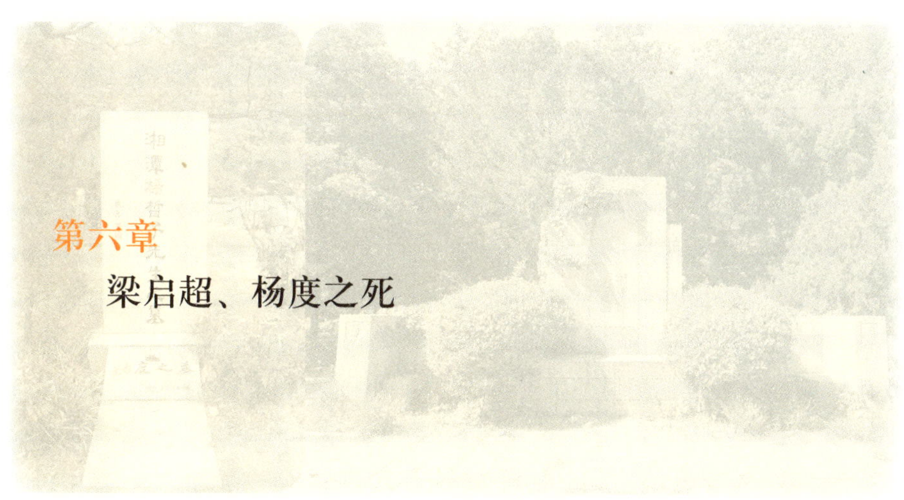

第六章 梁启超、杨度之死

梁启超和杨度的死生观

我们的两位祖辈在死生观上有惊人的共识。早在 1905 年，三十二岁的梁启超就发表了《余之死生观》一文，系统地阐述了他对于“死学”的看法，其中大量引用了杨度的意见。他们在人生最年富力强的时候就对于生死问题看得那样透彻豁达，我们感佩又惭愧。

在这篇文章中，他一开始就讲明：先我而生的人有几千万几亿人都已经死了，和我同时生的人每年世界上也有几百万人死亡，我和你均早晚不免一死。但是另一方面我又发现，不论我国和世界都有一些圣哲、豪杰有不死的一面。扩大而言之，“无论智愚贤不肖，皆有其不死者存。故知我与君皆有其不死者存。今愿与君研究‘死学’”。

灵魂之果有果无，若有之，则其状态当何若，是数千年来学界一大问题。辩争至剧烈，而至今未尝已者也。虽然，无论为宗教家、为哲理家、为实行教育家，其持论无论若何差异，而其究竟必有一相同之点：曰人死而有不死者存是已，而不死之物，或名之为灵魂，或不名之为灵魂，或语其一局部，或语其全体，实则所指同而所名

1924 年，梁启超接待来华访问的印度著名诗人泰戈尔

不同。或所证同而所修不同，此辩争之所由起也。吾今欲假名此物，不举其局义而举其偏义，故不曰灵魂而名精神。精神之界说明，然后死学可得而讲也。[1]

他考察了基督教、佛教、进化论、孔子儒家等关于“死与不死”的学说，比较它们的同异，然后得到一个结论：

吾辈皆死，吾辈皆不死。死者吾辈之个体也。不死者，吾辈之群体也。

[1] 梁启超：《余之死生观》，《饮冰室文集》之十七，第一至十二页，台湾中华书局，1978 年版。

然后他解释道：从物质生理上说，人的身体新陈代谢时刻进行，故而：

> 岁岁死，月月死，日日死，刻刻死，息息死。若夫至今岿然不死者，我也，万千百年乃至千百劫而终不死者，我也。何以故？我有群体故。我之家不死，故我不死。我之国不死，故我不死。我之群不死，我之世界不死，故我不死。……
>
> 我不死而彼必死者何也？彼之死，非彼生理之公例应然，即道德之责任亦应然也。我有大我，有小我，彼有大彼，有小彼。何谓大我？我之群体是也。何谓小我？我之个体是也。何谓大彼？我个体所含物质的全部是也（即躯壳）。何谓小彼？我个体所含物质之各分子是也。（则五脏血输乃至一身体中所含诸质）小彼不死，无以全小我。大彼不死，无以全大我。我体中所含各原质，使其凝滞而不变迁，常住而不蝉蜕，则不瞬息而吾无以为生矣。夫彼血输等之在我身，为组成我身之分子也，我躯壳在我群，又为组成我群之分子也。血输等对于我身，而有以死利我之责任。故我躯壳之对于我群，亦有以死利群之责任，其理同也。颉德曰：死也者，人类进化之一元素也。可谓名言。

他又进一步论证“死之责任”，说明别的责任或可逃免，而唯独这一责任“断无可逃”。常人莫不贪生怕死，但其实每个人也都明白：没有怕死就真可以不死的，贪生就真可以长生不老的。这无非是意志力薄弱的表现。为什么会这样呢？是由于“死后而有不死者存”的道理不明白的缘故。他说：

> 懵于死而不死之理。故以为吾之事业之幸福，限于此渺小之七尺，与区区之数十寒暑而已。此外更无有也。坐是之故，而社会的观念和将来的观念，两不发达。夫社会的观念和将来的观念，正人之所以异于禽兽者也。苟其无之，则与禽兽无择也。同为人类，而此两观念之或深或浅或广或狭，则野蛮文明之级视此焉。……故虽有愚不肖之夫，要能节制其现在快乐之一部分以求衰老时之快乐，牺牲

其本身利益之一部分以求家族若后代之利益，此种习性我国人之视他国，尤深厚焉。此即我国将来可以竞争于世界之原质也。孟子曰，善推其所为而已矣。将来之界，不限于本身社会之界，不限于家族，推之推之，则国之浡焉，可立而待也。

在这里梁启超把人的“死生观”列入社会观念和将来观念的重要组成部分，提高到野蛮与文明的分水岭的高度。他进一步论证，认为中国的儒家文化形成的可持续发展观念，是中国“可以竞争于世界之原质”。

接着他大段引用杨度为他的著作《中国之武士道》所写的序言来证明自己的论点：

杨度曰：“古之仁者，其身虽死，而其精神已宏被于当世与后来之社会。故孔子死矣，而世界儒教徒之精神，皆其精神也。释迦死矣，而世界佛教徒之精神，皆其精神也。于中国言孔子则孔子死，于日本言孔子则孔子生。于印度言释迦则释迦死，于日本言释迦则释迦生。死者其体魄而生者其精神故耳。由此推之，今世界言共和者，无一而非华盛顿；言武功者，无一而非拿破仑；言天赋人权者，无一而非卢梭；言人群进化者，无一而非达尔文。自有孔子、释迦、华盛顿、拿破仑、卢梭、达尔文诸杰以来，由古及今，其精神所递传所传播者，已不知有几万亿兆之孔子、释迦、华盛顿、拿破仑、卢梭、达尔文矣，而遂以成今日灿烂瑰奇之世界。其余圣贤豪杰之士，皆无不如此者。其道何由，则唯有借来人之体魄，以载去我之精神而已。去我之体魄有尽，而来人之体魄无尽，斯去我之精神与来人之精神，相贯相袭相发明相推衍，而亦长此无尽，非至地球末日人类绝种，则精神无死去之一，日盛矣哉。人之精神果可以不死也。”（杨氏序拙著《中国之武士道》）斯言谅矣。[1]

[1] 梁启超：《余之死生观》，《饮冰室文集》之十七，第一至十二页，台湾中华书局，1978 年版。

这里，杨度也认为："仁者"均有死与不死两个方面，体魄存在的时间有限，总是要死的，但精神则可以代代相传承，是可以不死的。

但梁启超对"不死者"的看法和杨度还有一些差异。杨度这里讲的是"古之仁者""圣贤豪杰之士"，而梁则认为不仅仅是圣贤不死，愚极不肖之人也有不死的一面。因为不死的一面寓于群体之中，只要人是社会动物、每个人均属于一定群体，个体必死，而"不死者，吾辈之群体也"。他说：

> 顾以吾所综合诸尊诸哲之说，则微特圣贤不死，豪杰不死，即至愚极不肖之人亦不死。语其可死者，则俱死也。语其不可死者，则俱不死也。但同为不死，而一则以善业之不死者遗传诸方来，而使大我食其幸福；一则以其恶业之不死者遗传诸方来，而使大我受其苦痛。然明知之而故蹈之者，必其于比数计量之法，有所未莹。以为是可以谋现在小我之快乐，毋宁舍其远而取其近也。

他在这里指出：由于人都有不死的一面，只不过有的人为群体做好事，使群体受益于子孙后代；有的人作恶，使群体乃至子孙后代受罪。但是为什么明知这个道理还要明知故犯呢？主要是只看眼前，只谋"小我之快乐"，而不考虑大我的长远利益。由此出发，接着他论述了中国这样的贫穷国家，不从整个国家大我考虑，只追求"小我之快乐"是没有希望的，怎么也无法和富裕的欧美国家相比。

> 吾今且与之言小我言现在，彼所谓快乐者，岂不曰鲜衣耳、美食耳、宫室妻妾之奉耳、游乐欢娱之聚耳。今此数者，以中国人之所享程度与欧美人所享程度比较，不得智者而群知其不如也。推其所以不如之由，则亦彼国强而我弱，彼国富而我贫尔。而况乎民穷财尽之今日，将来茹荼嚼蘖之苦，且迫眉睫也。故处贫弱国而欲谋个人之快乐，其终无望矣。是谓小我之乐必与大我之乐相缘，此一说也。

梁启超最后论证了死与不死的取舍关系：

> 夫使在精神与躯壳可以两全之时也，则无取夫戕之，固也。而

梁启超五十五岁照

所以养之者，其轻重大小，既当严辨焉。若夫不能两全之时，则宁死其可死者，而毋死其不可死者。死其不可死者，名曰心死。君子曰，哀莫大于心死。[1]

这里，梁启超明白地主张：即使在精神和躯壳能两全的时候，既要养身体，又要养精神，此时应该在两个方面“轻重大小”仔细辨认。不少人只顾及养身体，并不在乎养精神，变得脑满肠肥，精神猥琐。而在“不能两全之时”宁可身死，也绝不可心死。什么才是精神与躯壳不能两全之时呢？例如，在敌人的屠刀之下，只能有一种选择时，是投降叛变，选择躯壳不死而心死；还是杀身成仁，舍生取义选择“死其可死者”，而保全“不可死者”？这里的道理讲得很明白了。

[1] 梁启超：《余之死生观》，《饮冰室文集》之十七，第一至十二页，台湾中华书局，1978 年版。

梁启超之死

梁启超的最后十年回到了自己喜爱的学术研究领域，以超高的劳动强度笔耕不辍，写到兴来处经常夜以继日。例如，他的《清代学术概论》一书的写作成书就被传为美谈。1920年冬，蒋百里写就一本书《欧洲文艺复兴时代史》，想请亦友亦师的梁启超作序，书送到梁启超手中，他很高兴地答应了，但觉得“泛泛为一序，无以益其善美”。于是，他考虑将与“欧洲文艺复兴”相似的“清代学术思潮”加以印证，结果一下笔就不可收拾，半个月不到已写了六万字，几乎与蒋书的部头差不多，只好独立成书，结果变成了著名的《清代学术概论》。这样的高产劳作毕竟是高消耗的，到1924年，他就感到身体有些不适，尿中有时带血。起初，情况不严重，且无痛苦，他不以为意。那时他不仅在清华讲学，而且在京城各大高校都有定期演讲，甚为忙碌，顾不上看病。加之夫人李蕙仙不久前因癌症复发去世，他悲痛不已，也无心去看病。

梁启超五十六岁留影，这是他人生最后一张照片

到 1926 年 1 月，他怀疑自己得的是癌症，才同意到德国医院检查。经名医克礼诊查后，发现是尿血症，但始终找不出病源所在。于是在丁文江等人的坚持下，于 3 月 8 日住进了协和医院。协和医院的大夫检查了好几天，最后判定是右肾生瘤，于是在 3 月 16 日动手术将右肾全部割去。但割去右肾后，尿血仍未能完全停止，协和医生只能做消极性防治，不能做积极治疗。

1927 年 4 月初，割肾之后一周年，梁再到协和住院检查，结果是：肾功能已完全恢复，其他各部分都很好，“赤化”虽未殄灭，于身体完全无伤，不理它便是。他们说唯一的药，只有节劳。1928 年 1 月 2 月间，梁启超再到协和检查身体，在医院住了三个星期，医生治疗专注重补血。6 月间，梁启超摆脱了清华研究院的事，住在天津租界，天天读书玩耍，不管外边天崩地坍。尿血得到了很好的控制，只是“偶然隔十天稍稍有点红”。

9 月 10 日，梁启超开始撰写《辛稼轩年谱》。9 月 24 日，编至辛稼轩五十二岁，入夜痔疮复发，次日午后才起来，仍侧坐执笔。26 日不能再坐，27 日便入协和医治，本拟用手术，但怕流血过多，不宜割治，于是每日服泻油。在医院的几天里，无意中搜得辛稼轩逸事二种，于是不等出院日期，于 10 月 5 日提前返回天津。归途得了感冒还不自知，仍继续写作，至 12 日终因无法执笔而辍写了，从此卧床不起。11 月 28 日，又来到了协和，发现肺部感染，但化验出的病菌比较特殊，当时没有特效药来控制。在病因未确定之前，他预感可能一病不起，嘱咐家人：“以其尸身剖验，务求病因之所在，以供医学界之参考。”这正说明，他是一个愿将自己一切奉献给社会的人，最后甚至不放弃将自己的躯壳也献给医学事业。

我们亲爱的外祖父梁任公实在是太累了，他无怨无悔地奋斗了五十六个春秋，把自己毫无保留地献给了“大我”，最终于 1929 年 1 月 19 日下午永远地睡着了。他死了吗？他的“渺小之七尺”死了，但他的几十个春秋为他热爱的中华民族做了太多的“不死之事”，他又没有死，他的精神和事业不死，他永远活在他的这个“大我”之中。

梁启超的辞世引起国内外的震惊，各种唁电、唁函、挽联、挽诗从海内外雪片般飞来。2 月 17 日，北京各界人士五百多人在广惠寺举行公祭，熊希龄、丁文江、胡适、钱玄同、朱希祖等出席。同日上午，上海各界在静安寺也同时举行追悼大会，公祭由陈散原、张元济主持，蔡元培、孙慕韩、姚子让、唐蟒等几百人参加。

1929 年 4 月，美国《历史评论》刊文介绍了他的生平业绩与学术成就，文章指出：梁启超“以非凡的精神活力和自成一格的文风，赢得全中国知识界的领袖头衔，并保留它一直到去世”。

在诸多挽联中，这几副颇具代表性：

熊希龄联曰：

十余年患难深交，有同骨肉，舍时去何先，著书未完难瞑目；

数小时行程迟误，莫接声容，悲余来已晚，抚棺一痛更伤心。

蔡元培联曰：

保障共和，应与松坡同不朽；

宣传欧化，宁辞五就比阿衡。

杨杏佛联曰：

文开白话先河，自有辛劳垂学史；

政似青苗一派，终怜凭借误英雄。

唐蟒联曰：

开中国风气之先，文化革新，论功不在孙黄后；

愧蕤躬事业未就，门墙忝列，伤世长为屈贾哀。

冯玉祥联曰：

矢志移山亦艰苦；

才大如海更纵横。

钱玄同联曰：

文字收功神州革命；

■ 宪政党悼念梁启超留影

生平自许中国新民。

在这许多挽联中，绝大多数都是回顾梁启超的丰功伟绩，只有杨度对自己这位“不以公害私”的老朋友所写的挽联别具一格：

事业本寻常，成固欣然，败亦可喜；

文章久零落，人皆欲杀，我独怜才。

这里将“事业”与“文章”对仗，事业显然指的是政治国事。这方面，梁曾是变法维新的急先锋，后来杨度和他共同推进“宪政”，在维护共和方面与蔡锷一文一武，发动讨袁的护国战争，后又在张勋复辟时出来组织讨逆。在杨度看来，这都是为了推进国家民族进步的寻常事业，只要大方向正确，有成有败在所难免，所以“成固欣然，败亦可喜”。但另一方面，他也并没有对梁启超在政治事业方面给以很高的评价，他认为：搞政治非梁所长，也非梁所好，

但又偏偏绕不开，躲不掉。在那样一个大动荡、大变革的时代，只要对国家民族命运有所关心的知识分子，就难以真的“躲进小楼成一统”，所以“事业本寻常”。在“文章”方面，在当代“文章久零落”的时候，杨度将梁启超比为“当代的李白”。“人皆欲杀，我独怜才”典出杜甫怀念李白的诗作《不见》。

杜甫原诗为：

不见李生久，佯狂真可哀。
世人皆欲杀，吾意独怜才。
敏捷诗千首，飘零酒一杯。
匡山读书处，头白好归来。

所以，后半联杨度对梁在文字方面的评价极高，认为他在这方面的才干就像李白那样，可以流芳百世。

梁启超去世后，蔡元培、蒋梦麟等建议国民政府应予以褒奖和抚恤。1 月

梁启超墓

23 日，蒋介石主持的国民党中央执行委员会开会，曾讨论此事，但胡汉民、孔祥熙等人表示强烈反对，最终作罢。

梁启超墓由二舅梁思成设计，实际上是梁启超与李蕙仙的合葬墓。婆李蕙仙于 1924 年先于梁启超逝世，经过精心挑选，找到香山卧佛寺东面一块风景优美、背靠香山面向京城的宝地。它坐落在现今北京植物园内的裸子植物区。1925 年修墓时，思顺、思成、思永、思庄都在国外，所以整个工程都由二公梁启勋负责操办，等立碑时再由二舅思成设计。1925 年 10 月 4 日婆李蕙仙去世一周年时梁启超给思顺、思成、思永、思庄信中提到立墓碑事：

> 此次未立墓志铭，固由时间匆促，实则可以暂不立，将来行第二次葬礼时，可立一小碑于墓门前之小院子，题新会某某暨夫人某氏之墓，碑阴记我籍贯及汝母生卒年月日，各享寿若干岁，子女及婿、妇名氏，孙及外孙名，其余赞善浮辞悉不用，碑顶能刻一佛像尤妙。[1]

梁启超去世后，他的墓碑正是按梁本人的意思做的。整个墓坐北朝南，这是中国的老规矩。碑的正面竖写着：

> 先考任公府君暨
> 先妣李太夫人墓

背面是儿子、儿媳、女儿、女婿及孙辈的名字。

在墓的西南方，有两方坐南朝北的墓碑并肩而立。东边的墓主是 1932 年去世、享年二十五岁的四舅梁思忠。西边的墓主是 1986 年去世、享年七十八岁我们的妈妈梁思庄。他们的墓碑面朝着大墓碑，这也是中国的习俗：象征子女睡在父母的怀抱中。整个墓地面积三十多亩，内种二百余株树，墓的西南方向盖一小亭，也是梁思成设计。本计划在亭内立一梁启超的半身铜像，后因种种原因未能实现，直到现在亭子里面仍是空的。

1978 年，由我们的妈妈梁思庄代表梁家全体兄弟姐妹，将此墓地无偿献

[1] 丁文江、赵丰田编：《梁启超年谱长编》，第一千零六十三页，上海人民出版社，2009 年版。

给国家。现在已被列为重点文物保护单位。

现在社会上流传着一种说法：1926 年梁启超因小便出血住进协和医院，被诊断为肾肿瘤，医生建议切除“坏肾”。当时国人对手术还有恐惧心理，梁启超为倡导西医决定手术。手术护士用碘酒标明手术位置时，把本该标明的左肾标成了右肾，而主刀医生也没仔细核对就将梁启超健康的右肾切除了。这一医疗事故直接导致后来梁的死亡；而梁启超鉴于国人当时本就对西医不大信任，为了不给西医雪上加霜，他采取息事宁人的态度，不愿去扩大事态，追究协和医院。

这是梁死后四十五年才传出的消息，其源自于梁思成。1971 年，梁思成住进了协和医院，他从为自己看病的大夫（是当时参加手术的两位实习医生）那里得知了父亲梁启超早逝的秘密。后来，他将此说法告诉了亲友，使之流传很广。

2014 年秋，杨友麒、吴荔明在梁启超墓前

笔者调查了各种资料，认为当时梁启超之弟梁启勋在《晨报》发表的《病院笔记》一文最为可信。文中详细记述了梁启超在协和医病之经过，难掩对医生的失望和不信任。由于梁启超是社会名流，所以此文引起轩然大波，众多文化名人都非常关注，但从未有人指出梁启超的右肾健康且被切错的问题。这样的大事不大可能被隐瞒四十多年才揭发出来，协和医院也不承认有任何记录，所以本书未予采信。

杨度之死

杨度的晚年是在上海度过的。他后半生本来一直活跃在北京政坛，房产也在北京，为什么到五十多岁却离开他多年熟悉的环境和朋友，迁居到上海去了呢？这显然与中国共产党有关系。杨度离开北京迁居上海是在1929年，而根据李一氓、夏衍等革命前辈的回忆论证，杨度秘密入党的时间也在1929年[1]，这显然不是一个巧合。

1927年，杨度与胡鄂公营救李大钊失败。李大钊的壮烈牺牲极大地震动了杨度，促使他重新考虑自己的人生道路。当时，和李大钊、杨度关系最为密切的胡鄂公从北京前往上海中共中央工作，北方革命形势十分严峻，处于低落时期，而上海方面则相对活跃得多，这无疑也是吸引杨度南下的因素。一年多后的1929年2月，杨度决定迁居上海，是否由于党的召唤无从查证，但同年他秘密加入了中国共产党，绝不是巧合。

杨度在上海的身份十分特殊。他名义上是青帮掌门人杜月笙的名誉顾问，上海当时的小报也说他是杜月笙的秘书等，他自己说："我一没有递过帖子，二没有点过香烛，我称他杜先生，他叫我皙子兄，老实说，我不是青帮，而是清客。我为他们做的就是无所事事。"但他所住的法租界内薛华立路

[1] 夏衍：《杨度同志二三事》；李一氓：《关于杨度入党问题》；《难忘的记忆》，人民日报出版社，1979年版。

一百五十五弄十三号小洋楼确系杜所提供，而且杜每月还奉送几百大洋车马费以示敬意。他表面上也以卖文鬻字过活，其实这在一定程度上也是他的一种爱好，他也有一批“粉丝”朋友。此外，他还有一个“虎头禅师”的身份，所以所题的文字多为佛偈条幅或他自己学佛的体会。作为“清客”，他也不时为杜月笙写点儿条幅和文字，以为答谢。最出名的是 1931 年初夏杜月笙家祠及附设藏书楼建成，他为此给杜家写的《杜氏家祠记》。[1]

在社会活动方面，杨度则以偏左面目出现。1930 年 2 月，鲁迅、柔石、郁达夫、田汉、胡鄂公等发起“自由大同盟”，这是一个争取言论、出版、结社和集会自由，反对国民政府独裁的群众团体，他是积极参加者之一。他还参加了中国革命互济会，此会的前身是中国济难会，成立于 1925 年 9 月，它是在中国共产党的推动、组织和领导下的一个革命团体，其主要任务为营救被反动派逮捕的革命者，并筹款救济他们的家属。1929 年 12 月，中国济难会改名为中国革命互济会，成为党的外围群众组织。1930 年 6 月，杨度还署名参加了中国共产党推动成立的左翼文化团体“中国社会科学家联盟”。

在上海，晚年他的交游真算得上兼容三教九流。据我们的大姑杨云慧记载，他身边有国民政府的官员，有日本方面的过去留日时期就结识的老朋友和议员、部长等人，有佛教界人士，有帮会人士，有各种社会名流，当然也有左派和共产党的同志。其间就有董健吾，董就是斯诺在《西行漫记》中提到的“红色牧师”，董和国民党的宋子文是上海圣约翰大学的同学，曾任上海圣彼得大教堂牧师，1927 年在西安秘密加入共产党。后来，董到上海，在中共中央特科领导下工作，以牧师名义来往于宋子文公馆和特科陈赓之间，传递关于蒋、宋等高层动向情报；同时负责创办中国革命互济会的大同幼稚园的工作，重点收养失散在上海的革命先驱后代，如彭湃之子，恽代英之女，李立三的两个女儿，杨开慧的三个儿子毛岸英、毛岸青、毛岸龙等。1931 年夏，

[1] 杨度：《杜氏家祠记》，《杨度集》，第六百九十五页，湖南人民出版社，2008 年版。

大同幼稚园共产党机关暴露，受到破坏，董健吾躲进杨度的家中。此时，董健吾要同郑兰芳结婚，求杨度写一副贺联。虽然杨度身体已感不适，还是抱病写下：

> 但哦松树当公事，
>
> 愿与梅花结后缘。

这里的“哦松树”典故来自唐朝韩愈给蓝田县丞写的文章《蓝田县丞厅壁记》。说的是唐朝蓝田县丞崔斯立官署内庭中多松竹，斯立每每在松树间吟哦诗文，后来“哦松”就成了对级别不高但志趣高雅的官员的代称。“结后缘”是因董和郑两位都是再婚，另外都与共产党“结缘”，所以也有双关的意思。董在杨度家躲了几个月，待风头过了后才逃往苏区。后来，他化名“王牧师”，陪同

■ 杨度与长子杨公庶（后右）、次子杨公兆（后左）

斯诺前往延安采访，使其写出了《西行漫记》。

杨度在上海接触的共产党方面人士首先是胡鄂公、王绍先，王也是杨的湖南老乡，和中共特科的陈赓有些亲戚关系，常从陈赓那边拿来一些违禁的进步书刊给杨度。根据我大姑记载：

一九二九年某天晚饭后，家中寂静无声，父亲一人正在家看书。王绍先忽然带了一个朋友来访。我只见父亲连忙请他们上二楼，把门关上，密谈了很久。

二十年以后，我生母才告诉我，那一次由王绍先带上门来的是陈赓同志。后来，父亲告诉她，陈赓是共产党方面的。父亲曾对陈赓同志表示，为了挽救中国，愿尽一切力量为共产党工作，愿以当时的社会地位、身份、关系，为党贡献情报。这时，正是白色恐怖严重的时候，父亲慨然担负起这种艰巨而又危险的任务，使我生母整天忐忑不安，担心父亲出事。[1]

应该说，杨度晚年有一些工作是出于爱好，如修禅、书法等，潇洒超脱，他也曾想从事学术研究，有写一本中国通史的宏大计划，留有一篇《杨氏史例》的手稿。但是，他终究敌不过终生从事的、最为熟悉的政治工作的吸引。所以可以说，他晚年认真严肃的工作只有这份共产党的“地下工作”。早在李大钊遇难时，他就卖掉了自己的北京房子“悦庐”；后来又为了周济遇难同志的家属，他变卖了在青岛的房产；参加中国革命互济会后，他也继续捐赠了可观的财物，甚至为此变卖了二奶奶徐粲楞的首饰。他参与这些活动是真诚的。1929年，他在主持特科的周恩来批准秘密加入共产党后，就通过潘汉年单线与特科联系，后来周恩来、潘汉年离开上海赴苏区后，组织上指定由夏衍负责联系。杨度住在热闹的法租界洋楼中，又有青帮头领杜月笙的保护伞，每天与社会名流乃至三教九流联系，宾客盈门，他的家成了难得的地下情报工作场所。他也

[1] 杨云慧：《从保皇派到秘密党员——回忆我的父亲杨度》，上海文化出版社，1987年版。

不负组织的期望，做了大量的情报汇集、分析和传递工作，同时也先后掩护了好几个被追捕的“共党分子”。这里还应提到的一个人是我们的二姑杨云碧。

杨度当时在上海，而他的原配夫人黄华在湖南老家伺候他的母亲，他的二太太徐粲楞——我们称为二奶奶带着几个孩子住在苏州，只有大姑杨云慧因在光华大学念书，住在上海；二姑杨云碧从小身体不好，也经常住上海陪伴父亲。二奶奶则两边跑，从苏州到上海来小住，所以杨度身边天天陪他的只有我们二姑杨云碧。我们的母亲乐曼雍曾说起（大姑杨云慧的书中也提及）：当时的二姑正是妙龄少女，而且也喜爱时尚打扮，她并没有上班的工作，往往成为杨度的“交通员”。杨度利用她摩登少女不易被怀疑的特点，常常派她假装上街购物，拎着提包为他传递文件和信件。她也因此受到进步思潮的熏陶，从而一直倾向革命和抗日，对此，后文再详述。

到 1931 年夏天，杨度的身体状况出现了问题，起初是胃病，逐渐竟发展到胃出血，多日吃不了东西。后来稍有好转，又值哈同去世，为了应酬，他又出席哈同夫人罗嘉陵主持的宴会，归家后就腹泻不止。我们的父亲杨公庶请了他的留德同学赵棣华来诊治，但也未见显著好转。9 月 16 日，北京传来喜讯，母亲生下一个男孩，也就是杨度的长孙，这使他很高兴，杨度为他取名“友龙”。次日（也即 1931 年 9 月 17 日），杨度病情突然恶化，竟与世长辞。享年才五十七岁。

杨度的去世并没有政府或社会团体出面来主持公祭，整个丧事由长子杨公庶来主持。家中设了灵堂，挂满了白色的竹布挽联，遗像两边最显眼的是我们姑奶奶杨庄书写的、杨度自己为自己所作的挽联：

帝道真如，于今都成过去事；

匡民救国，继起自有后来人。

来吊唁的人，一些是杨度的旧友（包括青帮中人如杜月笙、张啸林等），左派社会组织人士，另一些国民政府官员可以说是儿子杨公庶、杨公兆的朋友。共产党方面，由于正处于白色恐怖之中，即使有人来吊唁，也会采取十分隐

■ 杨度墓

蔽的形式，绝对不可能有公开表示。

四十七年后，夏衍在回忆《杨度同志二三事》中说：

他对我说过："我平生做过两件大错事：一是辛亥革命前，我拒绝和孙中山先生合作，说黄兴可以和你（指孙中山）共事，我可不能和你合作，对这件事，我后来曾向孙中山先生认过错；二是我一贯排满，但我不相信中国能实行共和，主张中国要有一个皇帝来统治，这件事直到张勋复辟后，我才认了错。"[1]

杨度死后，原来埋在江湾上海公墓，墓碑由夏寿田题写。抗日战争时期上海沦陷，日寇要在江湾修机场，勒令迁墓。于是家里将其迁往上海西郊华漕乡，墓碑仍用旧的。但十年"文革"期间，杨墓又在"破四旧"中被毁。直到 1986 年，在党的落实政策中，才找到夏寿田题写的旧墓碑。由于现代民

[1] 夏衍：《杨度同志二三事》，《难忘的记忆》，人民日报出版社，1979 年版。

1986 年，杨度新墓落成，政协领导、参加典礼的嘉宾与家属合影留念。前排右五周谷城，右四张瑞芳，右六杨云慧（大姑），左一吴荔明，左二杨友鸿（二姐），左三杨公敏（四叔）；后排左一杨友龙，左四杨念群，左六李群珠（四婶）

2010 年，杨度思想研究中心落成，直系第三代和第四代后人在纪念铜像前合影。左一张健飞（杨友鸿、张钦楠之子），左二杨友龙，左三杨友鸿，左四何肇琛，右一张钦楠，右二谭永铿（杨云洁之子），右三杨友麒；右四吴荔明

■ 2010年，杨友麒在上海宋庆龄陵园内右侧的杨度墓前留影

众很少了解“杨皙子”的字号，所以又请赵朴初先生题写了一块新碑，重新下葬在上海国家名誉主席宋庆龄陵园右侧。

1986 年 6 月 28 日上午，上海市领导以及各界人士一百多人来到新墓前，隆重举行了落成仪式，仪式由上海市政协副主席杨士法主持，全国人大常委会副主席周谷城、上海政协副主席张瑞芳等出席，上海市委统战部部长毛经权致辞。杨度的子女此时只有我们的大姑杨云慧、三姑杨云洁还在世，但三姑常年生活在澳大利亚，所以只有大姑率领一批第三代亲属前来参加。

第七章 梁启超、杨度的妻室儿女

梁启超的妻室

李蕙仙

1891 年，梁启超十九岁时与李蕙仙结婚，李婆比外祖父大四岁，是清朝礼部尚书李端棻的堂妹。光绪十五年(1889)，李端棻以内阁大学士衔典试广东，当时年仅十七岁的梁启超参试，他的文章立意新颖畅达，受到李的赏识并中举。李端棻当即看上了这位才貌双全的小伙子，做主把自己的堂妹许配给梁启超为妻，婚礼在北京李家举行，由李端棻亲手操办，他们完婚后始终恩爱如初，在学术界传为佳话。

李蕙仙虽出身名门，自幼熟读诗书，家庭生活也较优裕，父亲很宠爱她；但她这宦门闺秀与寒素之家的梁启超结婚后，第二年（1892 年），即随丈夫一起回到老家广东新会县茶坑村，这也是李端棻对她的要求，觉得她应当回去拜见翁姑，尽晚辈的孝道。梁家是个贫苦家庭，祖父、父亲都靠教书维持生活，过着半耕半读的日子，只有几间房屋。尽管清贫，但梁启超的父亲还是把一间古书室布置成新房，让新婚夫妇暂住在这里。这间书屋起名为“怡堂书室”，

是梁启超的曾祖父建的，这种环境对自小在北方富裕家庭中长大的姑娘来说，的确十分艰苦。南方炎热潮湿的天气，加之生活习惯的不同及语言不通，生活上有很大的困难，但李蕙仙没有任何怨言和不悦。她努力适应南方的生活环境，尽力操持家务。

1898年戊戌变法失败，梁启超只身亡命日本，李蕙仙带着女儿思顺避难澳门，梁启超的父亲梁宝瑛（莲涧）也带着其他家属一起避居澳门，当时境遇艰险，新会原籍虽然被查搜，好在没有酿成大祸。梁启超惦念着家眷的安危，给李蕙仙写了很多信。在1898年9月15日的家信中，梁启超说："南海师来，得详闻家中近状，并闻卿慷慨从容，辞色不变，绝无怨言，且有壮语。闻之喜慰敬服，斯真不愧为任公闺中良友矣。"当时李蕙仙在极艰险困难的情况下，代替梁启超服侍老人，抚养幼女，使梁启超很感动，在信中不断地表露出感激之情和敬佩之心。

李蕙仙是大家闺秀，但她毫不娇气，且意志坚强，遇事果断。虽然她在澳门时日子过得很孤寂，并在给丈夫的信中透露了自己在家中的愁闷，但当她知道梁启超要游历美洲、决定暂缓接眷属去日本时，非常能顾全大局。梁启超在《壮别》诗中写道：

丈夫有壮别，
不作儿女颜。
风尘孤剑在，
湖海一身单。
天下正多事，
年华殊未阑。
高楼一挥手，
来去我何难。

这种气概和心情的背后，是妻子的理解和支持。

李蕙仙富于同情心，是一位很仗义的女子。1899年，梁启超接她们母女

1881年，李蕙仙（左四）带着五个孩子梁思忠（左一）、梁思成（左二）、梁思庄（左三）、梁思达（左五）、梁思永（左六）在天津

赴日本时，她还带去了娘家的亲戚和小孩，并一直扶养接济他们。从日本回国后，住在天津时，她也抚养了很多梁家和李家亲戚的孩子，如七公梁启雄（梁启超的小弟弟）和三姑婆（梁启超的妹妹）都是由李蕙仙接济上学，并长年住在梁启超家。后来，七公梁启雄成为哲学家、研究《荀子》的著名学者。李蕙仙的侄女李福曼是十四舅外祖父的女儿，十一岁时就到梁启超家，读天津中西女中八年，又读燕京大学四年，全部都由梁启超、李蕙仙资助，后来她嫁给梁思永，成了我的三舅妈。据三舅妈回忆，当年在家吃饭时，除了梁家几个较小的孩子不上桌，每天都有一大桌人吃饭，大多是亲戚寄养在这里的孩子。天津家中吃饭也很自由，外祖父梁启超坐在中间，必等人都到齐后，由他先拿起筷子才能开始吃。他在饭桌上天南海北不停地讲。谁先吃完饭谁

1908年，李蕙仙（左一）与孩子们一道在山间小憩。梁思成（右一）、梁思顺（右二）、梁思永（右三）

可以先走，有时外祖父和婆吃得慢，最后只剩他们两人，也毫不介意，他仍和婆兴致勃勃地聊天。谁吃完了离开桌子，又过一会儿再回来吃些菜，都不会受到任何干涉。因此，全家把吃饭时间也看作是每天团聚交流感情的好时光，既可饱餐一顿，又可聆听外祖父有趣的谈话，每到此时大家都无拘无束地围坐在一起，其乐融融。

李蕙仙婆是个较严肃的人，性情有点乖戾，但也很有生活情趣。所以，家里的人都有点儿怕她，又很想接近她；尤其她养猫这一大爱好，吸引了全家的孩子们，大家总爱往她屋里跑。她非常讲卫生，房间里每天由丫头柳青负责打扫得窗明几净，只要地上掉一点儿渣子都要捡起来扔掉，唯独对猫却十分宽容——她养的一只母猫可以随便上床，无法无天，弄脏了被子她也一笑置之，而且允许猫在被窝里睡觉。更有趣的是，爱猫的嗜好传给了我几乎

所有的舅舅和姨，又传给了我们第三代，大家开玩笑说，我们全家可以成立一个“爱猫者协会”了。直到我们这一代，吴荔明在老同学中仍然有“猫奶奶”的称号。

李蕙仙还是当年妇女运动的发起人之一，刊物《妇女报》的主编之一。1924 年春，李蕙仙婆的乳腺癌复发，这次癌细胞扩散后和血管相连无法再动手术了。当时思成、思永两位舅舅正准备出国留学，恋恋不想成行，婆叫他们放心地去，并说自己的病不要紧，能等待他们回来，谁知这竟是她与爱子的诀别。李蕙仙终因病情加重医治无效于 1924 年 9 月 13 日病逝。她和外祖父共同生活了三十三年，享年五十五岁。

王桂荃

王桂荃婆是梁启超的第二位夫人，四川人，儿女们称呼她“娘”，孙辈称呼她“婆”，虽然她不是我的亲外婆，但她和妈妈思庄的感情如同亲生母女，

1950 年代，王桂荃摄于手帕胡同家中

待我也如同亲外孙女。她生的子女有六个长大成人：三舅梁思永、四舅梁思忠、五舅梁思达、五姨梁思懿、六姨梁思宁、八舅梁思礼。

婆的身世很悲惨，四岁时不幸父亲猝死，继母虐待她，她从四岁到十岁被人转卖了四次做丫头。最后随李蕙仙来到梁家，那时她已十几岁，梁启超才给她起了个大名，叫桂荃。1903 年，她十八岁时在李蕙仙的主张下和梁启超结了婚。外祖父说婆"是我们家极重要的人物"，二舅思成说婆是个"不寻常的女人"。她虽出身贫苦，没有机会读书识字，但自幼聪明伶俐，勤奋好学，和梁启超一起流亡到日本后，接触到日本现代文明，接受了新思潮，开阔了眼界，很快学会了一口流利的东京话。王桂荃既是李蕙仙的得力助手，又是李各项意图的忠实执行者，也是家庭的主要劳动力，并负责家务方面的对外联系。她负担着一大家人的饮食起居，用慈母之心照顾着孩子们。每天督促孩子们做作业时，她坐在一旁听孩子们读书，看孩子们写字，自己也跟着读。就这样，她学会了读书看报，还会记账，写简单的信。她同样也很理解梁启超的事业，为了使梁专心工作，她忍辱负重，委曲求全，使得家庭和睦安定。二舅思成、妈妈思庄虽非婆所亲生，但他们都是在婆的抚育下成长的，尊敬婆如亲生母亲，以致我小时候一直认为她就是我的亲外婆。

婆也格外疼爱我们的妈妈梁思庄，思庄在国外学习时，1927 年外祖父在给海外孩子们的信中写道："庄庄给时姊的信，娘娘看见了很高兴。娘娘最记挂的是你……"太平洋战争爆发时，梁思庄工作的学校燕京大学准备南迁成都，她也决心带着吴荔明南迁，临行前几个月她把女儿放在天津婆家，自己在北平处理走前的事务，婆成了吴荔明唯一的亲人。有一年在天津，妈妈染上了白喉，那时她十岁多，住在医院里，婆日夜守护在旁。婆告诉吴荔明，思庄怕疼，爱撒娇，她的嗓子化脓病情严重，一天她对着婆大叫："娘啊，嗓子疼啊，我要死啦，快叫爹爹来吧！"婆又心疼又着急，她没有将思庄的病情告诉梁启超，而是自己精心照料，最终使思庄转危为安。但不幸的是，吴荔明的四姨——王桂荃婆的亲生女儿也染上了白喉，由于婆要护理思庄和别的生病的

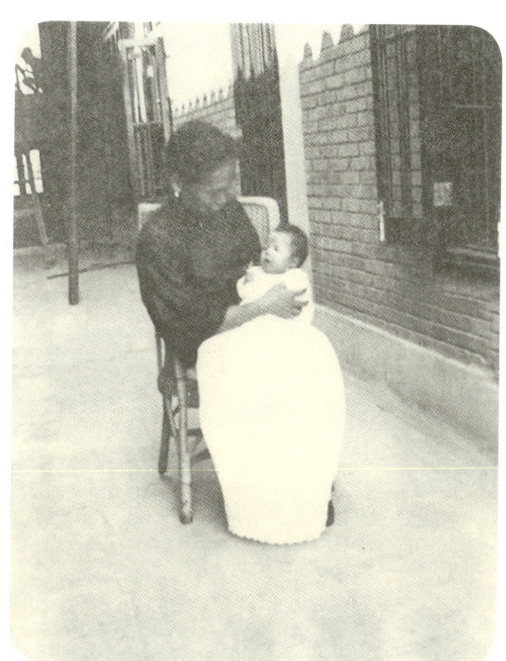

1934 年，王桂荃抱着刚出生三天的外孙女吴荔明在广州梁思庄家门前

1936 年，王桂荃与梁思礼、吴荔明摄于饮冰室院内

孩子，负担太重，对自己亲生的女儿疏于护理，结果四姨死去了，死时已快十岁。这对婆是一个很大的刺激，为了不影响外祖父的事业，她偷偷地躲在厕所里流了不知多少泪。婆强忍悲痛依旧每日承担着大量的家务劳动，不但不怨思庄，反而对她更加疼爱。思庄深知婆的苦心，她是婆用亲生女儿换来的女儿啊！妈妈思庄长大后对婆十分孝敬，遇事都要请婆出主意，婆也处处关心她。妈妈在广州生我时，医生断定是难产，婆心急如焚，为此，从天津冒着伏天的火热，只身坐火车到广州探望妈妈。婆是在医院产房边，闻着麻醉药的味道，等了十几个小时，看着大夫用产钳把吴荔明夹出来的。梁思庄告诉吴荔明，当她来到这个世界时，第一眼见到的亲人就是她的妈妈和婆。

吴荔明一岁半时，她的爸爸吴鲁强不幸病逝，又是婆的主张，要大姨思顺去广州把她们母女接回北平，使她们这对孤儿寡母得到了娘家亲人的安慰照料。太平洋战争爆发后，我们要离开天津奔赴后方了，婆每天对着佛像磕头，

1937 年，王桂荃与梁思达、梁思懿、梁思宁、梁思礼摄于天津老家

1940 年代，王桂荃摄于饮冰室院内

求佛保佑儿孙们的平安。婆把妈妈思庄的一点儿积蓄打成一个小小的金十字架，挂在我胸前，嘱咐我："无论戴上多不舒服，也不要让别人知道，这是你和妈妈的全部财产啊！一路上要靠它生活。"我们只带一个小皮箱和一个包袱出发了，婆亲自送我们到天津火车站，送走了她身边最后的一个孩子，孤单一人留在天津过那难熬的日子。吴荔明始终不能忘记火车开动时，妈妈思庄满面的泪痕、婆坚强的面孔和那穿着黑衣的瘦小的身影。

抗战胜利，在饱经战乱及漫长的流离岁月后，国内的姨和舅舅们纷纷从南方回到北平、天津，婆的身边又热闹起来。婆的性格坚强，富有独立性。1929 年外祖父去世，没留多少遗产，儿女们大多还在读书，经济上还不独立，八舅思礼才五岁；是婆苦心把家维持下来，继续把儿女都培养成才，并想方设法把八舅送往美国深造。在我的印象中，婆从来也没有发愁的时候，她总是勇敢地迎接生活的磨难和考验。

但"文革"十年浩劫却没有放过王桂荃婆，给她一生的最后岁月带来了噩运。作为"保皇党梁启超的老婆"，婆的全部财产被抄尽，手帕胡同住房被

1956年，陈叔通宴请梁启超夫人王桂荃及其在京的子女们。前排左起：梁思成、陈叔通、梁思顺、王桂荃；后排左起：梁思达、俞雪臻、梁思懿、梁思礼、梁思庄、李福曼、陈蕙（陈叔通之女）

侵占，自己被赶入阴暗的小屋里，八十五岁高龄每天还要出来扫街。这时，她已是肠癌晚期，不但得不到医护，精神肉体还饱受折磨，终于在1968年离开了人间。去世时，婆孤单一人，她多么希望能再看一眼她的儿女们啊，但儿女们不能来床前告别，因为他们不是“反革命”，就是“反动学术权威”，无一幸免。历尽磨难，婆走完了自己坎坷的一生，含恨而去，留给她的儿孙们无限的悲伤。大家怀念她，不仅因她是大家的慈母，正如二舅思成所说：“她是一个头脑清醒，有见地，有才能，既富有感情又十分理智的善良的人……”外祖父梁启超事业成功的背后有婆的功劳，他给大姨思顺的信中说：“王姑娘是我们家庭中极重要的人物。她很能伺候我，分你们许多责任，你不妨常常多写些信给她，令她欢喜。”

1993年11月，广东新会市召开隆重的“梁启超诞辰一百二十周年纪念大会”，邀请梁氏后代参加，大家高兴地在故乡团聚。大家不约而同地想到王桂荃婆，想到她为梁启超的事业和抚养教育众多子女不辞辛劳的一生，而她在“文革”期间死得是那样悲惨，没有亲人在身边，没有留下一句遗言，抱着屈辱和遗憾，默默地痛苦地离开了人世，最后连骨灰都不知在哪里。我们一致怀有一个强烈的愿望，就是要想出一个最好的方式寄托对王桂荃婆的哀思。五舅思达、八舅思礼根据大家的要求在新会市召开了家庭会议。大家终于想出一个好办法，就是在陵园内种一株树，象征着婆，也寄托着我们的哀思。经费由大家集资，由于都是工薪阶层，本着勤俭节约原则，以户为单位，需要多少集多少。两位舅舅当场指定三个人成立了“三人小组”，专门办理此事，他们是梁柏有（组长）、梁忆冰和吴荔明。梁再冰任顾问；总指挥是思达、思礼两位舅舅。由于梁墓是重点保护文物，这株“母亲树”的方案经过重重关口，数次搁浅；最后，只好由八舅出面写信给中央统战部王兆国部长。经过八个多月的艰苦历程，大家的方案终于在10月得到批准——可以在梁墓陵园内种纪念树，立说明碑。

碑文如下：

母亲树

为纪念梁启超第二夫人王桂荃女士，梁氏后人今在此植白皮松一株。

王桂荃（一八八六至一九六八），四川广元人，戊戌变法失败后梁启超氏流亡日本时期与梁氏结为夫妻。王夫人豁达开朗，心地善良，聪慧勤奋，品德高尚，在民族忧患和家庭颠沛之际，协助李夫人主持家务，与梁氏共度危难。在家庭中，她毕生不辞辛劳，体恤他人，牺牲自我，默默奉献；挚爱儿女且教之有方，无论梁氏生前身后，均为抚育子女成长付出心血，其贡献于梁氏善教好学之家良多。梁氏子女九人（思顺、思成、思永、思忠、思庄、思达、思懿、思宁、

1995年4月23日，全家在母亲树前合影

思礼）深受其惠，影响深远，及于孙辈。缅怀音容，愿夫人精神风貌长留此园，与树同在，待到枝繁叶茂之日，后人见树，如见其人。

思　达　思　宁　思　礼

李福曼　章　柯　俞雪臻　麦秀琼　林　洙

周念慈　周同轼　周有斐　梁再冰　梁从诫　梁柏有

吴荔明　梁忆冰　梁任又　张郁文　张安文　梁任堪　章俊锋

章安秋　章安健　章　惠　章安宁　梁　红　梁　旋

一九九五年四月立

梁启超教子满门俊秀

梁启超对他的子女们倾注了大量的心血和爱，他不仅是孩子们的慈父，还是孩子们的朋友。他注意引导孩子对知识的兴趣，又十分尊重他们的个性

1906 年，梁启超（左二）与梁思成（左一）、梁思顺（右一）、梁思永（右二）摄于日本

和志愿，他非常细微地把握每个孩子的特点，因材施教，对每个子女的前途都有周到的考虑和安排，但又不强求他们一定按照自己的意图去办，而是反复地征求孩子们的意见，直到他们满意为止。

1923年至1929年去世，梁启超共有五个子女在海外。他非常想念孩子们。这个时期，他们之间用大量的书信传递着两代人的情谊。他们在信中讨论国家大事、人生哲学；倾诉着彼此生活中的苦乐悲欢；他们互相惦念、彼此鼓励。梁启超给孩子们的信中没有任何说教，只有循循善诱；没有指责，只有建议；每封信中都充满了真挚的爱。这爱变成一种力量，注入了孩子们的生命，使他们不断奋进。

从外祖父在信中对子女们的称呼足见他是多么疼爱自己的孩子："大宝贝思顺""小宝贝庄庄""那两个不甚宝贝（指二舅思成、三舅思永）的好乖乖""对岸一大群孩子们""一群大大小小孩子们"……以外祖父对我们妈妈梁思庄的具体指导为例，从中大体可以看出梁启超对于儿女是如何上心培养的。

梁启超教给孩子们做学问的方法，要求他们不仅要注意专精，还要注意广博。例如，他在给我们妈妈的信中写道：

> 专门科学之外，还要选一两样关于自己娱乐的学问，如音乐、文学、美术等。据你三哥说，你近来看文学书不少，甚好甚好。你本来有些音乐天才，能够用点功，叫他发荣滋长最好。姊姊来信说你因用功太过，不时有些病。你身子还好，我倒不十分担心，但做学问原不必太求猛进，像装罐头样子，塞得太多太急，不见得便会受益。我方才教训你二哥，说那"优游涵饮，使自得之"，那两句话，你还要记着受用才好。

梁启超还指导孩子们选择学校和专业。我们的妈妈梁思庄在加拿大，考大学是一件大事，当时外祖父希望女儿在加拿大读书，他在1926年2月9日的信中写道："庄庄暑假后进皇后大学最好。全家都变成美国风，实在有点讨厌，所以庄庄能在美国以外的大学一两年，是最好不过的。"他还在1926年

■ 1908 年，双涛园群童摄于日本。梁思顺（后排最高者）、梁思永（思顺前）、梁思庄（中间椅中最年幼者）、梁思成（右一）、梁思忠（右二坐椅中）

6月5日信中鼓励道："思庄考得怎样？能进大学固甚好，即不能也不必着急，日子多着哩。我写的一幅小楷，装上镜架给他做奖品，美极了，但很难带去，大概只好留着等他回来再拿了。"梁思庄没有辜负梁启超的期望，考上了加拿大著名的麦基尔大学，而这幅装上镜框的漂亮小楷，随着妈妈经过数十年风风雨雨，完整地保存在家中，作为一件极珍贵的纪念物一直挂在我们家的墙上。妈妈思庄入大学两年后该选专业了，外祖父更是细致地考虑，以他的远见卓识看到将来生物学及信息对社会发展的极端重要性。最初，他要妈妈学当时中国还几乎是空白的现代生物学。在1927年8月29日，他在信中写道：

你今年还是普通科大学生，明年便要选定专门了，你现在打算选择没有？我想你们弟兄姊妹，到今还没有一个学自然科学，很是我们家里的憾事，不知道你性情到底近这方面不？我很想你以生物学为主科，因为它是现代最进步的自然科学，而且为哲学社会学之主要基础，极有趣而不须粗重的工作，于女孩子极为合宜，学回来后本国的生物随在可以采集试验，容易有新发明。截到今日止，中国女子还没有人学这门（男子也很少），你来做一个"先登者"不好吗？还有一样，因为这门学问与一切人文科学有密切关系，你学成回来可以做爹爹一个大帮手，我将来许多著作，还要请你做顾问哩！不好吗？你自己若觉得性情还近，那么就选他，还选一两样和他有密切联络的学科以为辅。你们学校若有这门的教授，便留校，否则在美国选一个最好的学校转去，姊姊哥哥们当然会替你调查妥善，你自己想想定主意罢。

但麦基尔大学的生物教授教得很不好，学生们还得花钱请他的助教补课，虽然助教讲课很精彩，可还是引不起妈妈对生物学的兴趣。她把自己的苦恼告诉了二舅思成。梁启超得知消息后，赶紧写信说：

庄庄：

听见你二哥说你不大喜欢学生物学，既已如此，为什么不早同

我说。凡学问最好是因自己性之所近，往往事半功倍，你离开我很久，你的思想近来发展方向我不知道，我所推荐的学科未必合你的式，你应该自己体察作主，用姊姊哥哥当顾问，不必泥定爹爹的话，但是新学期若已经选定生物学，当然也不好再变，只得勉强努力而已，我很怕因为我的话扰乱了你治学针路，所以赶紧寄这封信。

八月五日　爹爹

这封信妈妈珍藏了一生，又传给了我们。后来她听从外祖父的意见学了图书馆学，考入了美国著名的哥伦比亚大学图书馆学院，最终成为一名图书馆专家。

在 20 世纪 20 年代风云变幻的中国，外祖父梁启超始终注意把握孩子们的前途，他以自己超人的智慧、广博的知识和卓越的远见，对孩子们言传身教。他对孩子们的前途都有周密的考虑，精心培养每一个心爱的孩子，不仅努力培养他们成为有学问的人，还要他们成为有高尚品德、对社会有用的人。梁启超希望孩子们充分享受人生的快乐，但他不强求孩子们都和自己一样，而是相信孩子们最终将走自己的路。梁启超对于自己后代的关爱和培养结出了丰硕的果实，直到今天社会上还有“梁启超教子满门俊秀”的美谈。

梁思顺

我们的大姨梁思顺（令娴）1893 年生于广东新会老家，她是外祖父梁启超的第一个孩子，长女。吴荔明一岁半时，父亲去世。大姨亲自到广州把她才二十七岁的妈妈梁思庄和她接回北平。最初她们住在二舅家，后来就住到了大姨家。梁思庄对梁思顺有一种特别依恋的感情。大姨很疼爱吴荔明，说吴荔明是她的小女儿。但每当吴荔明做错事时，梁思顺就用大眼睛瞪着她。吴荔明最怕大姨瞪眼睛，觉得她有点儿厉害。也许这就是大小姐一贯的表现吧。据妈妈梁思庄说，梁思顺在家还是很有权威的，连外祖父梁启超都很重视她

梁思顺摄于加拿大

的意见。她仪态端庄，很注意礼貌训练，她告诉我，女孩子穿裙子千万不能随便掀裙子，那样既不雅观又不礼貌，坐下时要端正，把裙子整理好。餐桌上的规矩，要求尤其严格。记得有一次只是我和她两人面对面地吃饭，我喝汤时发出了很大的声响，她就用大眼睛瞪着我，吓得我赶紧纠正了错误。

大姨自幼受到良好的家教，外祖父不仅亲自教她写字读书，还教她写诗词，并且为她写了很多诗词。因此梁思顺有深厚的古文根底。外祖父给她的书房起名“艺蘅馆”，她抄写了很多诗词，编成《艺蘅馆词选》并作了自序。这篇自序和词选曾被传颂一时，1981 年还由广东人民出版社重新出版。

梁启超流亡日本时，大姨曾在日本人下田歌子举办的女子师范读过书。因此，她的日语非常好，她不但语言流利，而且能熟练地掌握高级日语（宫廷语言），据说她一开口，日本人就知道她的身份一定很高贵，后来这成为她和日本鬼子斗争的武器。从日本回国后，她曾在一位英国妇女开办于北京的一所女子学校学英语。

太平洋战争爆发前，大姨曾在燕京大学教中文。当年燕园里曾传颂过大

姨的一段佳话：那是 1941 年，太平洋战争爆发，日美宣战，日寇占领了燕京大学这“七七事变”后的一个“自由孤岛”。那时，梁思庄、吴荔明和梁思顺全家一起住在燕园，教职员撤离燕园前，日寇采取了恐怖的高压政策。为了封锁新闻，日本兵到每一家去查收音机，禁止大家收听短波新闻。当查到我们家时，大姨用高级日语严厉地对日本兵说：“不许你们动我的无线电，不然我就把它砸烂！”这些日本兵一听她讲的是日本宫廷语言，也不知她是什么来历，不敢动她的无线电，灰溜溜地走了。事后，这个消息传遍了燕园，极大地鼓舞了危难中燕京人的士气。这种大无畏的气概需要多大的勇气，需多大的担当！

大姨丈周希哲（国贤）是马来西亚华侨，家道清苦，青年时曾在海轮上做小职员。他追求进步，拥护维新变法，被维新派送往日本，后又去美国哥伦比亚大学攻读，获国际法博士学位。他是外祖父梁启超得意的学生，也是他首先看中的女婿。1923 年 11 月 5 日，大姨已结婚很多年，外祖父还在信中提到他们的婚姻：

> 我对于你们的婚姻得意得了不得，我觉得我的方法好极了，由我留心观察看定一个人给你们介绍，最后的决定在你们自己，我想这真是理想的婚姻制度，好孩子你想希哲如何？老夫眼力不错罢。徽音又是我第二回的成功。我希望往后你弟弟妹妹们个个都如此。(这是父母对于儿女最后的责任。）我希望普天下的婚姻都像我们家孩子一样，唉，但也太费心力了。

大姨的婚事是她自己同意的。由于她是梁启超的宝贝女儿，所以大姨丈（周希哲）是“入赘”女婿，也就是上门女婿，住在女方家里。大姨丈曾任中国驻菲律宾、缅甸、加拿大领事和总领事。大姨作为外交官夫人，曾和他一起会见过英国皇太子爱德华八世（即不爱江山爱美人的温莎公爵）、加拿大总理 Mackenzie King 等要人。周希哲的中文没有英文好，北京话没有广东话好。

北平沦陷后，大姨丈就不工作了。他既不愿替日本人做事，也不愿给国

■ 梁思顺与周希哲婚后照

■ 1928 年，梁思顺（前左）、周嘉平（梁思顺抱者）、周希哲（前右）、周同轼（后左）、周念慈（后右）摄于加拿大

1928 年，三十五岁的梁思顺与三子周嘉平摄于加拿大

民党工作，因为他政治上与国民党不和。当时北平有不少留日的维新派学生在伪政府中任职，日伪政府对大姨的典雅日文很重视，动员她与日伪合作，遭到他们夫妇的拒绝。为了避免与日本人有任何牵连，他们只和一些爱国的知识分子、教授们、“协和”的大夫以及一些外国的宗教界、教育界人士来往。较亲近的有卢毅安、张奚若（清华教授）和裘祖元（北平防痨协会）等。这期间他们的精神压力、政治压力、经济压力都很大。

1938 年春，一天，大姨丈骑车上街时，摔倒在地后中风，送协和医院几天后逝世。据说是他走过岗哨，不给日本兵行礼，挨了耳光，心情极不好，本来就血压很高，经受不住这种侮辱和刺激导致中风。1938 年是大姐周念慈从燕京大学毕业的一年，遗憾的是大姨丈没有赶上她的毕业典礼就去世了。

大姨自从丈夫去世后带着四个孩子和吴荔明母女一起住在燕京大学。1941 年太平洋战争爆发，梁思庄带着吴荔明到成都，大姨搬到城里东城象鼻子中坑住下。大姨始终保持着高洁的品德，决不为日本人做事，并为北平防

1936 年，梁思顺与周希哲伉俪

痨协会筹款，赞助设立在西山的青年学生肺病疗养院。抗日战争胜利后，国民党政府想拉她当“国大”代表，她拒不参加，却通过协和医院社会部的余汝琪阿姨向解放区捐赠衣物。她热心于公益事业，为北平女青年会防痨协会的成员。

解放后，她因身体不好，一直没有参加工作，但她对新中国的建立由衷地感到高兴。她积极参加各种社会活动，后来任东城区政协委员和中央文史馆馆员。她日语很好，英语也行，年过花甲后又学起俄语来。

不幸的是，我正直的大姨，也没能逃脱“文革”的浩劫。她的家一次一次地被抄，红卫兵不许她的保姆给她做饭，年过七旬又体弱的大姨生活已难自理，艰难地活着。当红卫兵鞭打她时，她说：“我要给毛主席写信，毛主席相信我没罪！”她盼着救星的到来，她怎么会想到，当时有谁会来保护她呢？

1938 年，中年丧夫的梁思顺和女儿周念慈、长子周同轼（后右）、二子周有斐（后左）、三子周嘉平（前左）在一起

1937 年，梁思顺携梁思礼（左一）、吴荔明（左二）、周嘉平（左四）在北戴河

在红卫兵的多次毒打下，1966 年她终于悲惨地死于家中。和王桂荃婆的命运一样，没有任何亲人来和她诀别，因为她的弟弟妹妹以及孩子们不是“反动权威”，就是“反革命分子”。

梁思成

很多人问吴荔明：“梁思成是梁启超的长子，为什么你叫他二舅？”其实，他确实是外祖父的第二个儿子，在他上面，李蕙仙婆还生有长子大舅，但大舅出生不到两个月就夭折了。二舅出生后，身体瘦弱多病，婆担心他的命运和大舅一样，因此特意给大舅留着位子，他便成为二舅了。这以后成了梁家的传统：夭亡的孩子，总给他们留着位子。这也就是梁思懿我称为五姨、梁思礼被称为八舅的原因。

■ 意气风发的梁思成

二舅1901年出生于日本，他的童年是在日本度过的，他在日本读完了华侨小学。1915年夏，二舅进入北京清华学校读书。这所学校是用美国退还给中国的庚子赔款创立的。虽然他当时只是一个十四岁的少年，但他在父亲梁任公的教育下有较好的国学根基；明治维新后的日本社会使他能够接触到“近代文明”；中国当时所处的丧权辱国的地位，又使他幼小心灵中埋下了反帝爱国的种子。所以，他在清华各方面都有突出的表现。大约1918年，清华成立管乐队，由荷兰人海门斯（Hymens）任指挥；1919年，梁思成任队长。他吹第一小号，亦擅长短笛。二舅除爱好音乐、美术外，还爱好体育运动，曾在全校运动会上获第一名。他的“特异技能”是爬高，能在铁架下手攀绳索自由上下。著名体育家马约翰教授直到晚年还常常提到他说：“中国学生在国外念书都是好样的……体育方面也不能落后。像施嘉炀、梁思成等，体育都是很好的。梁思成能爬高，爬绳爬得很好，后来到了美国，因为运动伤了腰，以后又得了病身体才坏下来的。”

1919年“五四运动”中，他是清华学生中的小领袖之一，是“爱国十人团”和“义勇军”中的中坚分子。进城宣传时，曾同一百三十余人一起被反动军警拘禁于北大法科大院内。拘禁期间，他们坚持斗争，并声明“政府不派人谢罪，誓不出法科一步”，终于迫使军阀政府派参议曾彝进前来当众道了歉才了事。

1919年时，林徽因初次结识了梁思成。外祖父梁启超和二舅妈林徽因的父亲林长民是挚友，两人都在日本待过一段时间。林长民性格开朗，是一个充满政治热情而又严谨的人，他在浙江海宁任职期间，培养造就了不少人才，是清末新文化运动的先驱之一。1906年，林长民就读于日本早稻田大学，主修政治、法律，回国后不久再次赴日学习，1910年学成归国。他曾和外祖父一起组织“宪法研究会”，林长民还担任过段祺瑞政府的司法总长。梁启超和林长民想要结成儿女亲家，使这两家更加亲密，这是很自然的。但梁启超并不想按传统婚俗行事，他明确地告诉当时才十八岁的思成和十五岁的徽因：

明眸皓齿的林徽因

尽管两位父亲都赞成这门亲事，但最后还是得由他们自己作决定。而这个决定又经过了四年才最后作出。因为他们两人分别了几年才再见面。

次年（1920 年），林长民被迫卸去司法总长职务，以国际联盟中国协会的名义赴欧洲游历，并为了国联的事务而常驻伦敦，女儿徽因和父亲同行。徽因随父亲周游半个世界，最后到了伦敦。她不仅是父亲最好的伴侣，而且是个有用的助手。她在英国学了一口流利的英语，使她能随意同外国朋友们交往，她协助父亲接待各国来访客人，成为他们父女俩在英国住所的女主人。这些社交活动能力对她后来的事业有很大的帮助。

1924 年，梁思成与林徽因一道去美国宾夕法尼亚大学学习。梁思成报的是建筑系，由于当时建筑系不招收女生，所以林徽因只好报了美术系，旁听建筑系的课。1927 年，林徽因于宾州大学美术学院毕业后又进耶鲁大学戏剧学院学习了半年舞台美术设计，成为我国向西方学习舞台美术的第一位留学生。同年 2 月，二舅取得建筑系的学士学位；7 月，获硕士学位。两人毕业后，

1928 年春，梁思成与林徽因在加拿大温哥华结婚

■ 1927 年，梁思成、林徽因测绘沈阳北陵

■ 1936 年，梁启超部分子女扫墓后摄于梁墓小亭前。左起：梁思懿、周念慈、吴荔明、林徽因、梁思庄、梁再冰、周嘉平、梁从诫、梁思顺、周同轼

■ 1936 年，林徽因带孩子们在北平香山骑毛驴

1936年，林徽因陪伴女儿梁再冰（后立者）、外甥女吴荔明在北总布胡同三号家中

1936年，林徽因携子女到郊外踏雪

婚姻大事自然就提上了议事日程。

但林徽因不喜欢穿西式结婚礼服，也不愿在教堂举行宗教的结婚仪式。1928 年 3 月 21 日，二舅和林徽因的婚礼在中国驻加拿大总领事馆，也就是在大姨家的客厅举行。当时大姨丈周希哲在加拿大做总领事，在这里结婚也是梁启超的意思。新娘林徽因为自己设计了一套“东方式”的结婚礼服，据说美貌的新娘和美丽的服饰轰动了加拿大新闻界，记者们纷纷赶来为新人拍照。

婚后，二舅和二舅妈按梁启超为他们设计的“蜜月兼建筑考察之旅”赴欧洲参观考察古建筑，8 月 18 日回国后，在沈阳东北大学任教，创立了中国现代教育史上第一个建筑学系。1929 年 8 月，林徽因从东北回到北平（今北京市），产下一女梁再冰。

日本侵占中国东北后，梁思成于 1931 年回到北平，进入中国营造学社工作，任法式部主任。

1932 年，二舅主持了故宫文渊阁的修复工程。同年，著成《清式营造则例》。

从 1937 年起，梁思成、林徽因等人先后踏遍中国十五省二百多个县，测绘和拍摄两千多件唐、宋、辽、金、元、明、清各代保留下来的古建筑遗物，包括天津蓟县辽代建筑独乐寺观音阁、宝坻辽代建筑广济寺、河北正定辽代建筑隆兴寺、山西辽代应县木塔、大同辽代寺庙群华严寺和善化寺、河北赵州隋朝建造的安济桥等。这些重大考察成果，被写成文章后在国外发表，引起国际上对这些文物的重视，为梁思成日后注释《营造法式》和编写《中国建筑史》打下了良好的基础。

抗日战争时，二舅思成、三舅思永两家人都随单位经长沙最后到达昆明，他们和全国老百姓一样，苦度饱经忧患的艰苦岁月。二舅在物质极其困难的条件下，还带领一支科研队伍对我国大西南进行了一次野外考察，他们走遍了云南、四川几十个县，收集了大量建筑工程和艺术的珍贵资料。

最使吴荔明难忘的是她随母亲梁思庄去李庄看望二舅和三舅两家。他们在那里过着十分艰苦、清贫的生活。李庄是四川的一个小镇，属南溪县，二

舅工作的单位营造学社在离镇约两华里的小坝村，那里交通不便，气候潮湿，冬季常阴雨绵绵，夏季又酷热。二舅家住了间低矮的小屋，阴暗潮湿，竹篾抹泥为墙，顶上席棚是蛇鼠常出没的地方，床上又常出现成群结队的臭虫，没有自来水和电灯，煤油也需节约使用，夜间只靠一两盏菜油灯照明。二舅妈林徽因睡在一个小帆布行军床上，身体消瘦得几乎不成人形，她的肺结核病复发，连续高烧四十度不退。李庄没有任何医疗条件，当时也没有肺病特效药，病人只能用体力慢慢地煎熬。二舅身上担子非常之重，要为营造学社四处筹经费，又要照顾二舅妈。为了使二舅妈能吃得好些，他学会了蒸馒头、

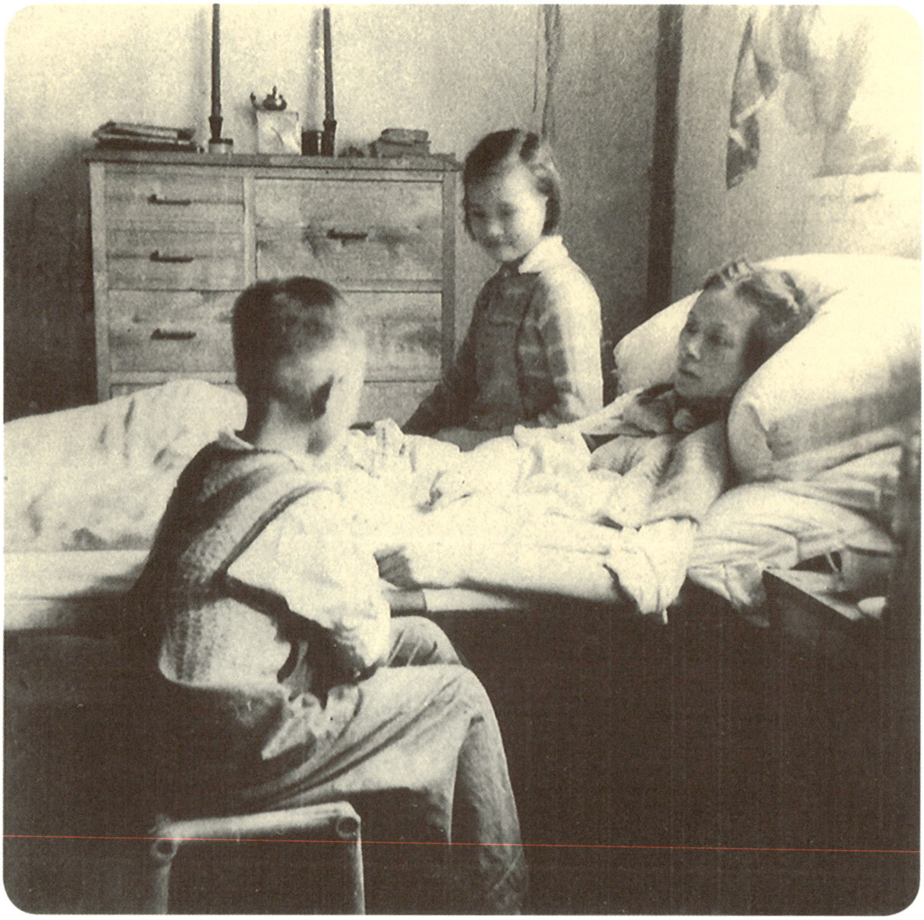

■ 抗战时期，病中的林徽因与儿女们在李庄

煮饭、做菜、腌泡菜和用橘皮做果酱；他还是二舅妈的“特别护士”，学会了非专业人员极难掌握的静脉注射技术。物质条件虽极差，但他们精神上却很充实，仍然不顾一切地从事学术研究。

炎热的天气使他们画图时要不断地擦掉手臂上的汗珠。二舅还是那样乐观和幽默，当物价飞涨，家中揭不开锅时，他就不得不把家中衣物拿去当卖。他还开玩笑地说：“把这只表‘红烧’了吧！这件衣服可以‘清炖’吗？”

1944 至 1945 年，梁思成任教育部战区文物保存委员会副主任。抗日战争胜利后，1946 年，他收到了两份来自美国大学的邀请函，一份是耶鲁大学邀请他 1946 至 1947 学年作为客座教授到纽黑文去教授中国艺术和建筑，另一份是普林斯顿大学邀请他参加 1947 年 4 月“远东文化与社会”国际研讨会的领导工作。因为梁思成一直在不畏艰难险阻地坚持研究中国建筑史并发表了很多研究成果，他的论文引起了国际学术界的注意，并得到了赞扬。他为他的西方同行所关注，由此成为国际上的知名人物。1946 年，梁思成赴美国讲学，受聘美国耶鲁大学教授，并担任联合国大厦设计顾问建筑师。因在中国古代建筑的研究上做出了杰出的贡献，他被美国普林斯顿大学授予名誉文学博士学位。同年，梁思成回到母校清华大学，创办了建筑系。

1948 年，平津战役前，梁思成绘制了《全国文物古建筑目录》，将其交给中国人民解放军，使北平古迹免受炮击，很好地保护了北京的文物和古城墙。

中华人民共和国成立后，梁思成除了仍在清华大学担任教授和建筑系主任外，还先后担任了北京市都市计划委员会副主任、中国建筑学会副理事长、中国美术家协会常务理事、中国文联全国委员会委员、中华全国自然科学专门学会联合会委员、中国科学技术协会委员、建筑科学研究院建筑理论与历史研究室主任、北京市城市建设委员会副主任、全国人民代表大会常委等职。

1950 年初，梁思成与都市计划委员会的陈占祥一起向政府提出了新北京城的规划方案——《关于中央人民政府行政中心位置的建议》。主张保护北京古建筑和城墙，提议在西郊营造新北京，保护旧北京城，不在旧城建高层建筑，

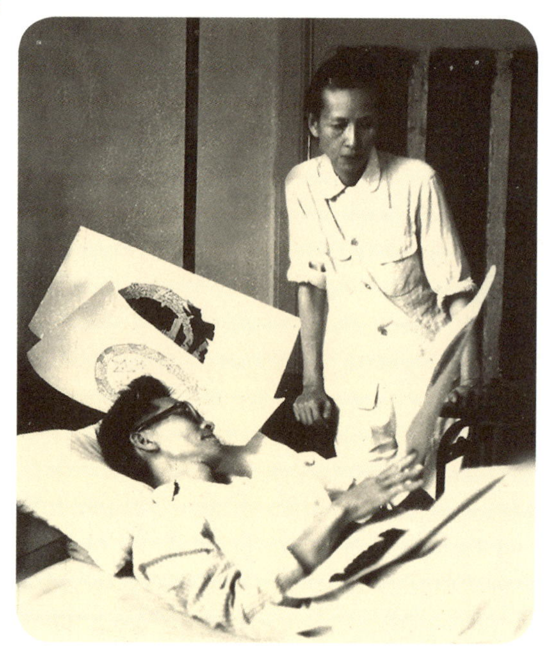

病中的梁思成、林徽因在商讨国徽设计方案

但他的建议没有被采纳。之后，他多次上书，还是挽救了北海的团城。

1953 年 5 月，北京市开始酝酿拆除牌楼，对古建筑的大规模拆除开始蔓延。梁思成因提倡以传统形式保护北京古城而多次遭到批判。他认为现代建筑结构完全有可能和中国古代建筑的传统结构有机地结合起来，形成新时代的中国民族风格。

这同 20 世纪 50 年代那种各修建单位所表现的铺张浪费、一哄而起的不良作风，那种复古主义、形式主义的作风完全是两回事。当仿古建筑，即所谓的“大屋顶”风行一时，遍布全国时，1955 年 2 月，开始了对“以梁思成为代表的资产阶级唯美主义的复古主义建筑思想”的批判。中央领导多次找他谈话，并组织人写大量文章批判他，在这样强大的压力下，他只承认自己对建筑界的“复古主义”“形式主义”的设计偏向有不可推卸的责任，但他保留自己的学术观点。他认为，中国的新建筑还在创造和摸索的过程之中，这种努力是中国精神的抬头。他深信几年之后，“我的真理将要胜利”。中国人从此就有一种误解：梁思成等于“大屋顶”，凡是大屋顶的建筑就认为是梁思

成设计的，其实他本人没有设计过一幢大屋顶的建筑。这对二舅是多么不公平啊！

“文化大革命”中，二舅所在的清华大学是革命旋涡的中心。到1969年1月，北大和清华还有北京市六个工厂被作为运动重点，成了有名的“六厂二校”，作为全国的样板。一向被认为“池浅王八多”的两校中的众“王八”里，二舅梁思成“荣幸”地被领导定为反面教员（还有钱伟长和刘仙洲）。他成了知识分子中反动权威的改造样板，再次扬名全国。这是在中央的正式文件，由毛主席圈阅的清华大学关于《坚决贯彻执行对知识分子“再教育”“给出路”的政策》，在全国传达的。

1972年1月9日，梁思成病逝于北京。12日，各大报纸都刊登了在八宝山召开梁思成追悼会的消息：

> 新华社一九七二年一月十二日讯　全国人民代表大会常务委员会委员、清华大学建筑工程系教授梁思成，因病于一九七二年一月九日逝世。终年七十一岁。
>
> 悼念梁思成同志的追悼会，今天下午在八宝山革命公墓礼堂举行。
>
> 中共中央政治局委员、国务院副总理李先念，中共中央委员、全国人大常委会副委员长郭沫若参加了追悼会。
>
> 追悼会由郭沫若同志主持，中共北京市委书记、北京市革命委员会常委丁国钰致悼词。

二舅一生所作的贡献，使他成为建筑学界的一个权威。早在1948年国民政府时期成立中央研究院，他就被选为院士。新中国成立中国科学院，他也被选为学部委员、院士。他做了几件知名的，也是了不起的事：

一、保护北京古文物。1948年底，解放军攻城部队已开到北平西郊清华、北大一带，准备解放北平，城里的所有文物古迹都有被毁的危险。正当二舅担忧时，围城部队的一名干部亲自来到二舅家，自我介绍之后，说明来意是向二舅请教，让他把城里著名建筑和文物古迹的位置准确地标示在军事地图

上，以便攻城时避开。二舅大为惊喜，他不仅标好了图，而且组织了建筑系的部分教师，仅花了一个月时间就飞快地编出了一本长达百页的《全国重要文物建筑简目》。这份简目不仅在解放广大地区时起到了保护文物的重要作用，而且在建国初期开展文物调查、保护、研究工作上也起了积极作用，它已经成了新中国文物保护史上的一个早期重要历史文献。

二、开拓了古建筑研究的道路。他为考察中国的古建筑千辛万苦，呕心沥血。二舅、二舅妈和营造学社的同人们踏访了全国十五个省份二百个县，实地精细地研究了两千座古建筑。

三、参与设计联合国大厦。1947 年，梁思成作为中国建筑师参加纽约联合国大厦的国际性设计竞赛，他被指定为中国代表，加入到联合国组约总部大厦设计咨询委员会。

四、一生为中国的大学建成了两个建筑系。1928 年，二舅刚从美国留学

梁思成与各国专家们在美国讨论设计联合国大厦方案

晚年梁思成在伏案写作

回来，就创办了东北大学建筑系。东北大学因“九一八”事变而停办。抗日战争胜利后，二舅又筹办清华大学建筑系，很快形成了以他为学术带头人的一支教学科研队伍。这两个建筑系先后为国家培养了大量的建设人才、学术带头人和建筑大师。

五、绘制国旗第一张施工图和设计国徽图案。1949 年夏，全国政协一届大会筹备会成立了“国旗、国徽图案评选委员会”。梁思成、徐悲鸿、艾青等受聘为顾问。9 月，中国人民政治协商会议第一届代表大会通过了“中华人民共和国的国旗为红地五星旗，象征中国革命人民大团结”。二舅根据政协对原国旗方案修改的意见，通宵不寐地为正式公布的国旗图案绘制了第一张施工图，并采用坐标法规定了国旗的比例和五星大小与位置方向。1950 年春，二舅和几位美术家受命设计国徽图案，以备进行多方案比较评选。二舅领导清华部分教师组成的国徽设计小组工作，他和二舅妈林徽因亲自参加构思设计、

勾画方案，和大家一起讨论研究。在最后一轮评比中，由周总理亲自主持，清华建筑系的国徽设计图案脱颖而出中选。

六、主持天安门广场人民英雄纪念碑的设计。1952 年底，接受此任务后，二舅梁思成和二舅妈林徽因拼尽全力主持此事。雄伟壮丽的纪念碑深刻表达了人民对英雄的歌颂和怀念。

七、设计扬州鉴真纪念堂。这是他生平众多设计中的唯一仿古建筑。因为鉴真和尚于唐代东渡日本弘传佛法时，在日本建了唐招提寺，所以二舅把他的纪念堂设计成仿日本奈良唐招提寺金堂的形式。这项 1963 年的设计获 1985 年全国优秀设计奖。

他的这些功绩只是他一生中所作贡献中的一部分，但足以证明他确实是一位“学术权威”，也足以证明他非但不反动，而且很爱国，应该称他为“爱国学术权威”！

二舅妈林徽因虽然名义上只是清华大学建筑系的一位教授，似乎仅是梁思成的助手，但她是一代才女，人又长得十分美丽，性格非常活泼，天资非凡。她会画画，也会作诗，还会演戏。她是一位兴趣十分广泛、能力超群的文化名人。她在 20 世纪 30 年代初受“新月派”的影响开始写诗，善于用充满意象的语言描绘自然景物，诗作很美。当代中国文学史上有三位公认的杰出的福建籍女作家，一位是冰心，一位是庐隐，还有一位就是林徽因。林徽因的诗早在 1937 年就准备出版，但由于抗日战争爆发而未实现。直到 1984 年，她的诗歌才由陈钟英、陈宇二人编辑后由人民文学出版社出版，定名为《林徽因诗集》，集中共收入了 1931 至 1948 年林徽因的五十五首作品。它们绝大部分发表在 20 世纪 30、40 年代的报刊上。所以，梁思成曾有句名言：“人家说：老婆是人家的好，文章是自己的好。可是我说，老婆是自己的好，文章是老婆的好！”

非常不幸的是，二舅妈没有一个健康的身体。她一生的大部分时间都在和病魔作斗争，她的每一项成就的取得都比常人要付出更大的代价，而她那种不顾个人安危献身事业的精神为后人们所敬佩。1955 年，二舅妈林徽因不

林徽因在北总布胡同三号家中

幸逝世。

我们的第二个二舅妈林洙是较晚进入梁家的。1955年，二舅妈林徽因去世之后，二舅过了将近八年的孤寂生活。1962年，他和清华大学建筑系资料室的林洙结婚。林洙很年轻，比二舅小二十多岁。由于不了解林洙，再因她和二舅的年龄太过悬殊，当时他们的婚姻遭到了全家人的反对。不久，“文化大革命”开始，梁家兄弟姐妹全都失去了自由。二舅也从一个受人尊敬的专家，一下子被打成“反动学术权威”，他不断地遭到批斗，人格受到各种侮辱。他被赶到两间四面通风的小破屋里去住，还要时常受到造反派和各种趁火打劫的坏人的勒索、打骂。在这种极端恶劣、残酷的处境下，林洙舅妈从没有离开二舅一步，相反，她勇敢地和二舅一起承受着一切。那时，她带着自己两个年幼的儿女，照顾着年老的林婆（林徽因的母亲），而体弱的二舅经常感

冒发烧，她便用自己的爱心伴随着二舅度过了“文革”最艰难的岁月。此时，林洙舅妈不仅是二舅的妻子，还是他的保姆、理发师和护士。她艰难勇敢地守护着二舅，与二舅相依为命地走完了他人生最后的饱受煎熬与痛苦的旅程。

但是，周总理始终关怀着二舅一家，当他得知林徽因的母亲还在世时，指示有关部门每月拨给她五十元生活费。林徽因的母亲自己愿意住在二舅家（家里一直瞒着她二舅已去世的事），林洙舅妈毅然继续照顾林婆——这位与她毫无血缘关系的老人，直到半年后林婆去世，林洙舅妈给她送终。

林洙舅妈用她的行动，用她对二舅真诚的爱，赢得了家人的理解和尊重。大家都说，如果没有林洙，二舅就活不了这么久。后来她和家人相处很好，互相理解之后，互相有了感情。二舅去世后她写了大量的回忆文章，字里行间渗透着对二舅和林徽因深厚的感情。她深知“建筑”是梁思成的“生命”，

1962 年，梁思成与林洙在清华大学十二公寓

克服了种种困难，将二舅的遗作整理发表，为梁思成研究做出了自己的贡献。

梁思永

三舅梁思永1904年11月13日生于澳门，他是王桂荃婆的长子，是梁启超的次子，比二舅小四岁。在日本生活了八年，他于1913年随家人从日本回国。1915年，三舅考入清华学校，它是留美预备学校，这里的学生都是十一二岁的少年，学生在这里学习八年后毕业时相当于大学一年级水平，那时大家都还不到二十岁，出国深造正当年。

1918年，李蕙仙婆的娘家侄女，十一岁的李福曼来到了梁家。她比三舅小三岁，是三舅的表妹，因为她的父亲十四舅外祖父当时家庭经济情况不好，李蕙仙婆就把李福曼接来，供养她读书。这一对表兄妹从小青梅竹马一起长大，后来结婚，李福曼就成了我的三舅妈。

1930年代的梁思永

1923年，梁思永自清华学校留美预备班毕业，赴美国入哈佛大学研究院攻读考古学和人类学。三舅梁思永在哈佛经受了完全现代的考古训练，与传统学者注重文字考释不同，这里注重地质学、人类学、古生物学、社会学、化学、物理方法的综合运用，注重把地下的实物分析与人类社会史的研究结合起来。他曾在美国参加印第安人古代遗址的发掘研究，获得学士学位后，转入哈佛大学研究院，主攻东亚考古。念博士学位期间，他很想了解国内的情况，希望回国实习并收集一些中国野外的资料，为此写信回国征求他的父亲梁启超的意见。外祖父梁启超非常支持他，回信中，回答了有关业务的统计资料，并安排他在清华学校国学研究院担任助教。三舅在国内工作了一年，整理了清华所藏的著名考古学家李济（济之）于1926年发掘的山西夏县西阴村史前遗址出土的部分陶片，并写成了英文的专刊。作为一个才二十多岁的年轻学生，在国内的一年工作中能作出这么多的成果，研究所的同人对他很是赞赏，认为他的前程无量，并希望他将来毕业后仍到清华工作。他后来写

1931年，梁思永与梁思成在河南安阳

1936 年，梁思永摄于南京

成了论文《山西西阴村史前遗址的新石器时代的陶器》，取得哈佛大学研究院考古专业硕士，成为第一个受到正规现代考古学训练的中国人。

1928 年 9 月，梁思永回哈佛大学研究院继续深造。1930 年夏，从美国哈佛大学毕业获博士学位后，他回国参加前中央研究院历史语言研究所考古组工作。同年秋季，他到黑龙江参加了昂昂溪遗址的发掘。1931 年春，他参加了河南安阳小屯和后冈的发掘。同年秋季，他又参加了山东历城（今章丘）龙山镇城子崖的第二次发掘。他的工作提高了中国考古发掘的科学水平，使之纳入近代考古学的范畴。他还第一次从地层学证据上明确了仰韶文化和龙山文化两个新石器时代遗址的先后顺序及它们与商代文化之间的关系，这是中国近代考古史上一次划时代的重大发现。1934 年，他主笔的《城子崖遗址发掘报告》出版，这是我国首次出版的大型田野考古报告集。

抗日战争爆发后，梁思永跟随史语所撤退到长沙，他暂代史语所所务，领着史语所同人，带着妻女颠沛流离。后经桂林入昆明，最后到达四川李庄。

1937 年，全家在逃难中寄给王桂荃婆照片一张，以慰藉老人思子之情。左起：梁柏有、李福曼、梁思永

在艰苦的条件下，他并未停止工作，而是夜以继日地整理侯家庄的考古资料，草拟发掘报告。1939 年，三舅参加了第六次太平洋学术会议，发表了《龙山文化——中国文明的史前期之一》一文，全面总结了龙山文化，该成果一直影响到目前对龙山文化类型的进一步划分。

旅途劳顿造成身体的巨大消耗，梁思永患上了严重的肺结核病，在李庄被迫卧床休养。三舅本来身体就虚弱，加上李庄物价太高，营养不足和工作辛苦，那时家住山下羊街八号，每天上山上班，只带些炸酱面作为午饭，怎能供得上体力消耗呢？他的病情逐渐发展，甚至威胁到生命。为了使他能很好地养病，历史语言研究所的所长傅斯年（孟真）临时为他在山上板栗坳研究所的院内腾出了三间房子，安上地板，钉上顶棚，装上玻璃窗，还有一个凉台等等，如此，三舅在床上可以晒到太阳。这房子叫“新房子”，在抗战时期的内地真是天堂。三舅度过危险期以后，随即就搬到山上去了。上山需要

1941 年，梁思永全家摄于四川李庄羊街。
自此，梁思永再没有恢复健康

走很多石阶，三舅一点儿不能走动，为了使担架平稳安全，二舅亲自躺在担架上请人抬上山反复试验，直到万无一失才放心地送三舅上了山。傅斯年实在看不下去这么难得的人才饱受此等折磨，他为了帮助梁家兄弟，1942 年 4 月 18 日写了一封十分恳切的信给当时的教育部部长朱家骅，请求他为梁思成、梁思永兄弟拨款救助。全信如下：

骝先吾兄左右：

兹有一事与兄商之。梁思成、思永兄弟皆困在李庄。思成之困，

是因其夫人林徽音女士生了T.B.，卧床二年矣。思永是闹了三年胃病，甚重之胃病，近忽患气管炎，一查，肺病甚重。梁任公家道清寒，兄必知之，他们二人万里跋涉，到湘、到桂、到滇、到川，已弄得吃尽当光，又逢此等病，其势不可终日，弟在此看着，实在难过，兄必有同感也。弟之看法，政府对于他们兄弟，似当给些补助，其理如下：

一、梁任公虽曾为国民党之敌人，然其人于中国新教育及青年之爱国思想上大有影响启明之作用，在清末大有可观，其人一生未尝有心做坏事，仍是读书人，护国之役，立功甚大，此亦可谓功在民国者也。其长子、次子，皆爱国向学之士，与其他之家风不同。国民党此时应该表示宽大。即如去年蒋先生赙蔡松坡夫人之丧，弟以为甚得事体之正也。

二、思成之研究中国建筑，并世无匹，营造学社，即彼一人耳（在

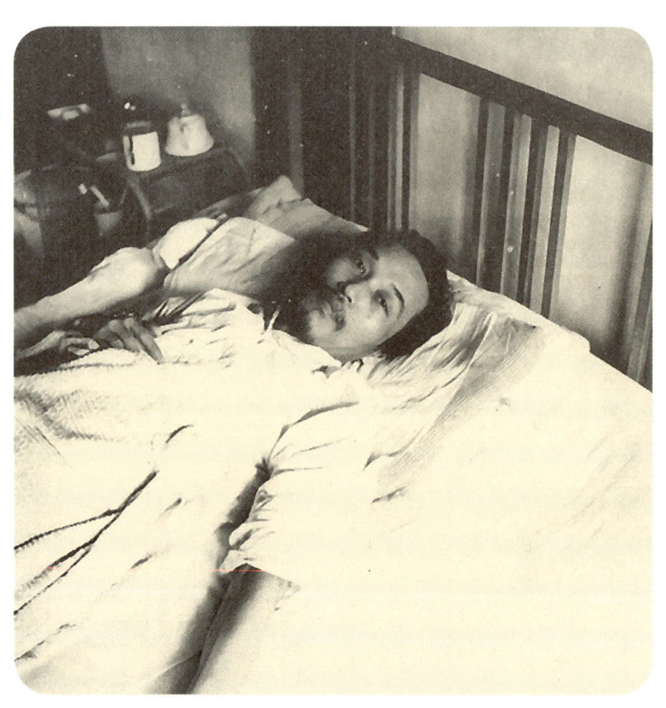

1942年，梁思永在李庄板栗坳病榻上

君语)。营造学社历年之成绩为日本人羡妒不置，此亦发扬中国文物之一大科目也。其夫人，今之女学士，才学至少在谢冰心辈之上。

三、思永为人，在敝所同事中最有公道心，安阳发掘，后来完全靠他，今日写报告亦靠他。忠于其职任，虽在此穷困中，一切先公后私。

总之，二人皆今日难得之贤士，亦皆国际知名之中国学人。今日在此困难中，论其家世，论其个人，政府似皆宜有所体恤也。未知吾兄可否与陈布雷先生一商此事，便中向介公一言，说明梁任公之后嗣，人品学问，皆中国之第一流人物，国际知名，而病困至此，似乎可赠以二三万元（此数虽大，然此等病症，所费当不止此也）。国家虽不能承认梁任公在政治上有何贡献，然其在文化上之贡献有不可没者，而名人之后，如梁氏兄弟者，亦复甚少！二人所作皆发扬中国历史上之文物，亦此时介公所提倡者也。此事弟觉得在体统上不失为正。弟平日向不赞成此等事，今日国家如此，个人如此，为人谋应稍从权。此事看来，弟全是多事，弟于任公，本不佩服，然知其在文运上之贡献有不可没者，今日徘徊思永、思成二人之处境，恐无外边帮助要出事，而此帮助似亦有其理由也。此事请兄谈及时千万勿说明是弟起意为感。如何？乞示及，至荷。

专此　敬颂

道安

弟斯年谨上　四月十八日

弟写此信，未告二梁，彼等不知。

因兄在病中，此写了同样信给霓，霓与任公有故也。弟为人谋，故标准看得松。如何？

弟年又白

傅斯年真是送佛送到西天，好事做到底了。他为思成、思永兄弟送来的

这笔款子，无疑是雪中送炭，二舅妈林徽因和三舅思永的身体有所好转，从此生活质量有了改观。二舅后来写信给费正清说："我们的家境已经大大改善，大概你们都无法相信。每天的生活十分正常，我按时上班从不间断，徽因操持家务也不感吃力……当然秘密就在于我们的经济情况改善了，而最让人高兴的是，徽因的体重在过去两个月中增加了八磅半。"

抗战胜利了，全国人民欢欣鼓舞，三舅是多么高兴啊！这将给三舅的生活带来什么呢？他渴望着自己能恢复健康，他热爱自己的考古事业，更盼有一天仍能回到野外，去发掘那些深埋在地下上百上千年的珍贵文物。

一天，他在一本外文杂志上看到一个医学成果：去掉肋骨可使有病的肺萎缩下来，使健康的肺部发挥更大作用。他自己下定决心，要去掉自己的肋骨，并和三舅妈商量，当机立断到重庆高唐奎医院住院，手术是由著名胸外科专家吴英凯教授主刀，一切都顺利，共切除了七根肋骨，使有病的左肺萎缩下来，吴大夫预计要给他去掉九根肋骨，但因三舅营养不够，又不吃猪内脏，大夫怕他身体不支，只好少去掉两根。三舅忍着身体的剧痛，镇定自信地又闯过了这一大关。这是三舅精神上的又一胜利，这一决策的胜利，使他后来能愉快地见到新中国的成立，并且为新中国的考古事业服务。

1946 年，内地的一些学校和学术单位开始向北方复员了，中央研究院特别照顾手术后不久的三舅，三舅一家坐一架军用飞机于 10 月 2 日飞回北平，三舅躺在一个帆布椅子上，身边备有氧气瓶及各种药品，到北平时天气不好，刮大风，傅斯年的妻兄俞大孚等人到机场接机，并派四个人抬着三舅下了飞机。抵京后，三舅暂时住在大姨家。

1949 年北平解放，新中国成立了。三舅怀着欣喜的心情放弃了八年多的蛰居休养生活，挺身而出为人民的考古事业服务。1950 年 8 月，他被任命为中国科学院考古研究所副所长，当时郑振铎任所长。三舅躺在病床上主持考古所的工作，制定长远规划，指导野外工作和室内研究，热心扶掖后进，培养青年一代，为发展新中国的考古事业而积极努力。他以主人翁的姿态，竭

1950 年代，梁思永与李福曼摄于中国社会科学院考古研究所宿舍院中

尽全力投入了工作，从此开始了他生命史上最后不平凡的几年。

他在病榻上主持考古所的日常工作，用纸裁成很多小条把每天所要做的事和工作上的问题写在上面，逐条解决处理。当时，郑振铎先生还兼文物局局长，所以考古所的工作担子主要压在三舅身上，他有条不紊地指挥着一切。考古所是新建单位，人员都是从四面八方调来的“精兵强将”，还有不少青年人，总共二十几个人担负着很重的任务。1950 年秋天，全所人员“倾巢出动”到野外挖掘，只有一员大将留守，那就是三舅，他不仅要守住“巢”，还要遥控外面的挖掘工作，再次充分地显示了他的业务和组织才能。

为了培养新中国的考古力量，三舅还积极支持由文化部、中国科学院和北京大学联合举办的考古工作人员训练班，对教学人员的配备、课程的设置、实习的选点都作了认真的建议和安排。从 1952 至 1955 年，他举办了四届训

练班，共培训了三百四十一人，成为全国考古工作的骨干；同时，他对北京大学历史系 1952 年成立的考古专业也同样给予积极支持，这些培养干部的措施，为新中国考古事业的蓬勃发展创造了必要的条件。

1954 年 3 月 8 日，我们的妈妈梁思庄忽然接到医院的电话，说三舅希望妹妹去看他。梁思庄和吴荔明急忙赶到医院病床前，梁思永平静地告诉梁思庄，自己将不久于人世了，要和大家永别了，妈妈握着三舅骨瘦如柴的手，强忍着眼泪安慰三舅，三舅要妈妈以后接三舅妈母女到我们家住，这是他对妹妹的最大信任和最终的希望，妈妈立即答应他，要他放心。后来三舅妈和妈妈同住了二十二年，直到 1976 年她有了房子才和柏有表姐一家同住，安度晚年。

三舅是我国第一个受过西洋近代考古学正式训练的学者，还是中国近代考古学和近代考古教育的开拓者之一。三舅的一生虽然短暂，但他是一个成功者。1948 年，他与二舅思成一起当选为中央研究院院士。他的卓越超人之处，在于他对事业无尽的投入。梁思永有一股强烈的热情从内心喷发出来，似乎永不枯竭，他根本忘记了自己的病痛，对中国的考古事业真是鞠躬尽瘁，奉献出自己的一切！在考古学上的深厚功底，加之敏捷的才思和很强的组织能力，使他在病榻上完成了常人难以胜任的工作。

三舅安睡在八宝山革命公墓，二舅设计的别致的汉白玉卧式墓碑上刻有郭沫若的题字：

中国科学院考古研究所副所长梁思永先生之墓

一九〇四年十一月十三日生，一九五四年四月二日卒

郭沫若敬题

三舅妈李福曼和三舅这对青梅竹马的恋人结成夫妻后，没有花前月下的漫步，一路上只有荆棘，他们几经风雨，始终相濡以沫，谁也离不开谁。三舅妈帮助三舅一次一次地战胜病魔，这不是一朝一夕，而是二十多年啊！二十多年如一日，三舅妈不仅甘当三舅的“柴米夫人”，而且是三舅的“家庭医生”“特别护士”“业务秘书”。在三舅的成就中有三舅妈默默的牺牲，在三

舅的事业中浸润着三舅妈的全部心血和全部青春！

梁思忠

四舅梁思忠（1907—1932），梁启超的三子，生于日本，后毕业于美国弗吉尼亚陆军学院和西点军校。西点军校全名美国军事学院（The United States Military Academy），是美国最著名的军校，以培养军事精英闻名，号称“将军的摇篮”。1915年毕业的一百六十四名学生中，后来成为将军的就有五十九名。著名将领艾森豪威尔（五星上将、总统）、麦克阿瑟（五星上将、二战盟军司令）、巴顿（二战盟军攻克柏林指挥员）等都是这里的毕业生。正因此，年轻的梁思忠回国后参加国民政府十九路军，立即被任命为炮兵上校。

1932年，梁思忠患腹膜炎，因贻误治疗而去世，年仅二十五岁。一心要学成报国的思忠，作为一个军官未能战死在疆场上，对他是多么不公平啊！他没有留下子嗣。我

■ 梁思忠赠给梁思庄的照片

■ 梁启超与梁思忠在北戴河。这是梁启超在北戴河留下的唯一一张照片，不久梁思忠即远渡重洋，赴美留学

们的妈妈梁思庄始终保留她兄长思忠亲自馈赠的照片。

思成和思永难过之余，将弟弟安葬在父亲梁启超、母亲李蕙仙合葬墓的对面，立碑上书“炮兵上校　梁思忠之墓”，这是取“安睡在父母怀抱中”的意思。后来，我们将妈妈梁思庄也安葬在梁启超墓旁，她与思忠并排睡在了父母怀中。

梁思庄

1908 年 9 月 4 日，李蕙仙婆在日本神户生下了女儿思庄，她的降生给全家带来了极大的欢乐。外祖父梁启超自称偏爱女孩，思庄自然就成了小宝贝(大宝贝是大女儿思顺)。

我们的妈妈梁思庄在九个兄弟姐妹中排行第五，生在中间的孩子通常最不得宠；但在外祖父眼里，在大孩子中她最小，而在小孩子中她又最大，也

青年梁思庄

■ 梁思庄在美国的毕业照

■ 1927 年，梁思庄摄于加拿大麦基尔大学，时年十九岁

许就是因为这个位置，反而使她成了家中一个承上启下、举足轻重的人物。哥哥姐姐们疼爱她，弟弟妹妹们敬重她，而她那特有的好脾气、柔中有刚的性格、与世无争的乐天态度、诚恳坦率水晶般的心，使她和每个兄弟姐妹都相亲相爱，她尊重哥哥姐姐，也疼爱弟弟妹妹。

1925 年之前，梁思庄和全家住在天津，她和三舅妈李福曼一起上天津中西女中。中西女中是著名的教会学校，教学质量好，注重学生的全面发展。妈妈在那里打下了良好的英文基础，还学了钢琴。她的性格活泼，爱唱爱跳，在中学里她可以尽情地发挥各种特长，这也为她今后的留学生活准备了条件。

1924 年 7 月李蕙仙婆逝世，这给全家带来巨大的悲痛。外祖父在丧妻之后首先想到的是孩子们怎么办？那时思庄才十六岁。正好大姨丈周希哲被政府派往加拿大任总领事，于是外祖父就叫大姨把妈妈带往加拿大去读书。那时大

姨思顺已有了三个孩子：女儿念慈九岁，大儿子同轼七岁，二儿子有斐两岁。孩子们都很喜欢这位年轻的三姨。到加拿大后，妈妈顺利地进入了中学读书。

妈妈按外祖父的意愿，考入了加拿大著名的麦基尔大学攻读文学。外祖父非常高兴，并写信给孩子们嘱咐道："庄庄今年考试，纵使不及格，也不要紧，千万别着急，因为他本勉强进大学，实际上是提高（特别）了一年，功课赶不上，也是应该的。你们弟兄姐妹个个都能勤学向上，我对于你们功课绝不责备，却是因为赶课太过，闹出病来，倒令我不放心了。"其实外祖父的嘱咐是多余的，1930年妈妈获得了加拿大麦基尔大学文学学士学位，次年到美国专攻图书馆学获得了美国哥伦比亚大学图书馆学硕士学位，真正实现了外祖父的意愿。

三舅思永有一个极好的朋友，用当今时髦的词说就是"铁哥们儿"，他和三舅同岁，在清华学校就是同班同学，名叫吴鲁强，后来他成为吴荔明的爸爸。吴鲁强瘦瘦的中等身材，戴一副金丝边眼镜，活似一位年轻的老学究，大家叫他吴公、吴博士，思永舅叫他义哥。吴鲁强1904年11月20日生于广东省开平县，其父吴鼎新（吴在民）曾任广西省教育厅厅长和广东省国民大学校长。

梁启超、梁思庄与林徽因在八达岭长城

他幼年聪颖，五岁上小学每考必列第一。1916 年 12 岁时，他考入清华学校，年龄在同班同学中最小，人们叫他“小子强”；但他品学兼优，深得老师器重。在校时曾被推选为《清华校刊》的正编辑，初展才华。1924 年，吴鲁强毕业，年仅十九岁就被选送到美国留学。初学文科后，因国内急需理工人才，第二年他转入麻省理工学院攻读化学。1927 年获学士学位后，他在该校攻读有机化学；1930 年完成博士论文，获博士学位。毕业后，他在美国波士顿市何德橡皮公司当化验师，后又在美国金史氏工业研究所任化学师。

吴鲁强在麻省理工学院期间，因三舅思永的关系结识了妈妈思庄。哈佛大学和麻省理工学院是近邻，如同我国的清华大学和北京大学，所以这两位好朋友经常见面。妈妈在加拿大麦基尔大学读书时，每逢节假日必到美国和哥哥们一起去游玩。而吴鲁强总是夹在他们中间，他爱上了妈妈思庄并对她发起猛烈的攻势，穷追不舍，聪明的他知道思永舅是一个关键性人物，必须首先得到他的同情和支持才有希望。他的一举一动三舅都看在眼里，知道他“醉翁之意不在酒”，戏称他是“罗曼蒂克的吴博士”。妈妈思庄从小在家受到宠爱，比较娇气，爱耍点儿小脾气。她要选择的男朋友必须是品学兼优。而吴鲁强博学多才，人品也好，又是思永的好友，当然是有很大的优势。他给妈妈写了上百封的情书，中文都是漂亮的小楷，英文都是熟练的草书，每封信都饱含激情，文笔流畅，其间还夹有很多的英文诗歌。

吴鲁强的真挚感情终于感动了妈妈思庄。她发现三哥思永表面上不关心他们的事，实际上暗地里一直在给吴鲁强帮忙，哥哥的好朋友是不会差的。梁思庄对吴鲁强的博学多才内心早已倾慕，但对他的小毛病又觉不满，如唱歌跳舞不太灵活啦，经济上有点儿“抠门”啦，平日太不修边幅啦，等等。虽然梁思庄答应嫁给他，但时不时还要闹些小脾气，弄得吴鲁强不知所措，十分狼狈。更有甚者，当他们学业结束后决定 1931 年回国，妈妈硬是不告诉吴鲁强自己坐哪条船及具体出发日期，这件事是吴荔明长大后妈妈讲给她听的：“我当时不知为什么就是不愿你爸爸和我一条船回国。”梁思庄回国后，

1931 年 8 月至 1933 年 2 月在北京图书馆西文编目部当编纂员；1933 年 2 月至 1933 年 9 月，被燕京大学聘去担任西文编目员。她十分喜爱美丽的燕园，也喜爱燕京大学的文化人。但她知道，自己快要远嫁了，不可能长期留在燕大。因为吴鲁强 1931 年回国时，初在北京大学化学系任教授，时年二十六岁，是当时中国最年轻的教授之一。第二年，他回广州探望父母，他的父母希望他能留在广州，于是他转到中山大学化学系任职。当时的平粤交通靠香港至天津的直达轮船维持，船数少又走得慢，非常不便。他和思庄分居在平粤两地，只能靠通信商讨两人的终身大事和今后的生活。

吴鲁强和梁思庄的婚礼决定在北平举行，婚后随即同去广州建立小家庭。那时外祖父梁启超已去世，由二公梁启勋做思庄的主婚人。这门亲事全家皆大欢喜，婚礼在北平有名的协和礼堂举行。当时思永全家迁往上海，未能参加婚礼。最忙的就是二舅妈林徽因了，礼堂的布置，新娘的打扮，都由她一手包办。

新婚夫妇要离开北平南下广州开始他们的共同生活了，一路行程就是他们的蜜月。他们先去上海，然后去香港，最后到广州。新婚夫妇回到广州，受到吴家人的热情欢迎。祖父吴鼎新在广东省很有名气，他是爱国华侨，一生从事教育工作，深受国外华侨的信任和爱戴，曾去美国等国六年，为广东省的教育事业筹募资金，并扩建了广东国民大学，兴办了开平县的开侨中学，现在开平县还竖立着他的半身铜像。他毕业于北平京师大学堂，对梁启超很是敬仰，对儿媳思庄十分疼爱，由于他本人在国外生活多年，思想较开放，因此对儿女的婚事不加干涉，任他们自由安排自己的生活。

梁思庄不愿意整天关在家里做一个家庭妇女，她到广州市立中山图书馆做了一名干事，用其所学工作起来得心应手，心情也很愉快。结婚次年，他们的女儿——吴荔明就出生了。出生前，为了协助伺候月子，王桂荃婆亲自从天津赶过来。因我出生在广州荔枝湾医院，家住启明三马路，爸爸为我取名“荔明”；又因我总爱把嘴噘起发出一种噗噗的声音，又给我取了个小名叫 BooBoo。我的出生给爸爸妈妈和婆带来极大的欢乐；只是祖父、祖母有点儿

1933 年，梁思庄与吴鲁强结婚照

梁思庄全家唯一一张合影

失望，这当然是可以理解的，因为在我的上面，已有大伯家的三个姐姐，吴家是多么盼望着有一个男孩啊。

但谁能想到，这幸福的小家庭生活竟如此短暂，仅仅两年多，一切美好才刚刚开始，不幸就向它袭来。那是 1935 年底，爸爸为了对《周易参同契》《抱朴子内篇》等炼丹术原著进行深入探讨，专程去香港向对道教史有研究的许地山（笔名落花生，著名文学家）请教。不料，当他带着大批资料回到广州准备开始着手撰文时，在香港染上的伤寒病开始发作。仅仅二十多天，他就怀着对娇妻爱女深切的爱和对自己未竟事业的留恋离去了。那天是 1936 年 1 月 30 日十时。

这个打击对于仅二十七岁的梁思庄是极大的，但她没有被不幸吞没，更没有被悲痛压垮，她非常勇敢和冷静地独自处理着一切后事，并细心地照看着女儿——她今后的精神寄托和唯一的快乐！她的坚强是哥哥姐姐们意想不到的，因为她一直是在爹爹、兄姊、丈夫的呵护下娇滴滴无忧无虑地成长着。

童年吴荔明

梁思庄这一反常态的表现，为爱她的兄姐们所敬佩，也使他们放下心来，人在逆境里比在顺境里更能坚强不屈，这坚强不屈使她终生活得很洒脱，事业上也很成功。

吴鲁强的追悼会开完不久，大姨专程从北平赶到广州，把梁思庄、吴荔明母女接回北平。妈妈流着泪告别了公婆，我的祖父母努力克制心中的悲痛送走了儿媳。离开了广州吴家，回到北平娘家，妈妈的心情如同孤雁返巢。从此，年轻的梁思庄怀抱着幼小的女儿吴荔明踏上了漫长坎坷的道路，开始了几十年相依为命的生活。梁思庄始终深深思念着早逝的爸爸，她把悲痛深深埋藏在心底，暗下决心——一定要独立地把女儿培养成人。

回到北平，她在燕京大学图书馆仍然做一名勤勤恳恳的图书馆员，投身于她所喜爱的西文编目工作。为了不打扰同宿舍的朋友，她把女儿吴荔明寄养在城里大姨家，每星期母女见一面。当时，幼小的吴荔明固然不懂得去慰藉、温暖年轻的寡母，母亲也从不向她吐露自己的孤寂和悲伤。直到吴荔明

1927 年，梁思庄与吴荔明摄于北平同生照相馆。母女二人相依为命

十五岁那年，一天，她因病一人在家，无意间翻开箱子，突然发现一沓吴鲁强去世后妈妈写给他的信：“鲁强：我今天又给你写信了，……BooBoo 已经会说北京话了……她很结实可爱，吃得很多，胖胖的……”信中语句断断续续，每封信都不落下款。顿时，泪水模糊了吴荔明的双眼。她在此时，才深深懂得了妈妈的心！

梁思庄毕生从事图书馆事业，而且乐此不疲，人们一致公认她是个“图书馆迷”。她精通英语，也会法、德、俄语，擅长西文图书分类编目，对各种西文工具书及其他书刊资料十分熟悉。人们说：“梁先生（梁思庄）的脑子简直成了外文工具书大全了！”她又热心为读者服务，不论是德高望重的老教授，还是比她小两辈的青年学生，她都一视同仁，只要有疑难问题，她总是尽力帮助解决，恨不得把自己的全部知识和力量都奉献出来。

妈妈之所以对图书馆事业热爱到近乎发痴的地步，是由于她对这一事业

1932 年，梁思庄与亲友摄于燕京大学南阁前。后排左起：陈意、林徽因、雷洁琼、×××、梁思庄；前立者，梁再冰

的重要性有深刻的认识。她深知：一个学校图书馆的水平，代表着整个学校的学术水平。她曾遗憾地对女儿吴荔明说："国外一直非常重视图书馆工作，而我们有些领导现在还没有认识到这一点。"她还说："四化哪一化都离不开图书馆。"她有一种强烈的责任感，要把北大图书馆办得像个样子。

梁思庄虽然担任副馆长，但从来不脱离自己的具体业务，不安于只是指挥别人干这干那，她把自己的办公桌安置在采编部的同志们中间，和大家一起干活，及时解决各种具体问题。她常半开玩笑半认真地说："图书馆的事，除了财务和人事方面我没管之外，只要是书的事，从贴书号标签，到典藏阅览，买书、订书、分类、编目、制片、入库、借阅、咨询……我什么都愿意管。"

"文革"开始不久，梁思庄就被揪出来示众。她胸前的牌子有两个花样替

1936 年，林徽因、梁思庄带领孩子们游故宫太和殿

1937 年，梁思庄与女儿吴荔明摄于饮冰室前

换着："反动保皇派梁启超之女"和"反动资产阶级权威梁思庄"。她每天被迫穿着旗袍在围着铁丝网的网球场里和一群"牛鬼蛇神"一起在烈日下拔草，供全国各地的串联者像围观动物园的动物一样围观，开现场批判会。一次她骑车到万泉庄劳动，过田埂时不小心摔在水稻田里，把衣裤都弄湿了，但她咬牙坚持劳动到底。

在那"造反有理，搞业务有罪"的日子里，妈妈终于在 1976 年 9 月被勒令退休了，这对她又是一次沉重的打击。她可以不顾自己年迈多病的身体，忍受精神上的折磨和肉体上的摧残，但不能忍受剥夺她工作的权利，不能离开她苦心经营一辈子的图书馆。她说："不管他们算我是编内还是编外人员，我还要照样工作。"就这样，她不但继续在图书馆参加咨询工作，还给青年教师讲工具书课，并为北大联合国翻译组搞一些翻译。这在当时是要冒"复辟"

1970 年代，梁思庄摄于北京大学图书馆

■ 杨友麒、吴荔明与母亲梁思庄

风险的，好心的朋友们都劝她乐得休养一下，别再“惹是生非”了。但这“退休”的老太太什么也不怕，实际上一天也没有离开过她心爱的事业。读者们也没有忘记她，有问题还经常找到家里来，而她仍然保持一贯的热情，不厌其烦地为别人提供线索。她甚至还设想了一份北大图书馆的远景规划。

几十年来，妈妈对祖国对事业对生活，总是保持着坚定的信念，正如她自己说的：“我是一个压不扁的皮球！”

打倒“四人帮”后，一次北京市政协会上，北大几位教授提出梁思庄被迫退休之事，北大新党委副书记汪小川同志找妈妈谈话，请她回馆工作。1978 年 12 月，她正式复职，又回到了自己心爱的图书馆。图书馆的新领导关心她，尊重她，为了照顾她的身体，让她主要在家工作。但是，每天人们都看见她这满头白发的老太太，骑着一辆蓝色的小轮子自行车，和上班的人流一起前进，而下班有时比别人还晚。

晚年梁思庄

在这期间，她当选为中国图书馆学会副理事长。1980 年，她和北京图书馆丁志刚馆长一起去菲律宾参加世界图书馆会议。妈妈既是观察员（当时中国尚未正式参加此组织）又当翻译，为此她做了大量准备工作。会下，她广交朋友，宣传中国图书馆事业的成就；会上，这位七十多岁白发苍苍的老太太十分繁忙活跃，受到各国朋友的欢迎，也为今后中国能参加世界图书馆会议，立下了汗马功劳。

正当妈妈心情最舒畅、工作很顺手的时候，1981 年 4 月 14 日深夜，她突然病倒，脑溢血使她深度昏迷，送入医院抢救。正在我十分着急的时候，得知北大图书馆年纪轻身体好的女同志们，自愿组织起来为妈妈的护理轮流值班。其实，自从妈妈病倒以来她们就已开始值班了，从未离开过，每两人一班，每班八小时，日夜三班倒。她们每天从自己家里按时赶到医院，实际上消耗的时间远远不止八小时。大家都不嫌脏、不怕累，始终认认真真地做着，没有人迟到早退，没有人有过一点点疏忽，每个人每天都是拖着疲倦的身体离去，

1986 年 5 月 31 日，梁思庄纪念会后，
杨友麒、吴荔明、杨念群一家在现场留影

她们没有怨言，纯粹是出于对妈妈的爱护和尊重，她们完全是自愿，不是组织的指派，也没有任何报酬！这么多人为妈妈付出，都是因为发自内心的一种真挚的感情，我想这是妈妈为人坦诚热情的一种最有价值的回报。

1986 年 5 月 20 日，妈妈安静地走了，她没有留下任何遗言，也没有任何遗产，她留下的是那深沉的母爱。

作为家属，我们提出开个追思会（而不是传统的遗体告别会），请妈妈的好朋友们来一起回忆妈妈的一生，这是对她最有意义的悼念。北京大学领导懂得了我们的心，同意不搞大型告别会，并且热情地表示由学校出面开一个纪念会。纪念会是 5 月 31 日在妈妈工作了几十年的北大图书馆开的，会场前面一块大红布上面写着“梁思庄同志纪念会”八个大白字，妈妈的大幅照片放在前面，和蔼可亲地向大家微笑着。相片下面放着三个大鲜花花篮，中间的是我们一家三人送的，左边是北大图书馆送的，右边是谢冰心姑姑送的，

■ 我们在母亲梁思庄墓前

她用黄色缎带亲笔写着："献给亲爱的思庄。冰心泣上。"大花篮周围是大家送的一些小花篮和鲜花束。纪念会预计来三百人左右，但那天到会的竟达六百多人，队伍延伸到门外面的大厅，椅子不够就从楼上阅览室搬下来。这些各行各业老、中、青与会者都是妈妈的朋友。他们都是自愿前来，有的人听到消息并没有收到请柬就来了。

在北京卧佛寺旁边梁启超陵园里，竖起了一块小小的新石碑，刻着"梁思庄之墓"五个黑色大字。白色大理石的横碑，下面是刻着八本书的花岗岩底座。八本书象征着妈妈年近八十岁和她从事的图书馆事业，简朴的造型象征着妈妈朴实无华的一生。这是妈妈疼爱的侄儿从诫表哥精心设计的。按我国的习俗，墓碑坐南朝北，面对着梁启超坐北朝南的大墓碑，妈妈就安睡在父母的怀抱里。

梁思达

五舅梁思达于1912年12月15日出生在日本神户，他是外祖父梁启超在日本所生的最后一个孩子，不久他们就举家回国了。1924年后，五舅思达、五姨思懿、六姨思宁渐渐长大了。比他们大的哥哥姐姐们都先后出国留学，只有他们年龄小的一组孩子在身边，全家住在天津。但外祖父从日本回来后一直很忙，初期忙于政治活动，后又远行欧洲考察，所以在天津的时间不多，对子女直接教诲的时间不多。为了提高充实孩子们的国学、史学基本知识，他决定让他们几个从1927年下半年起，休学一年补课，特聘请了他在清华国学研究院的学生谢国桢先生来做家庭教师，在家里办起了补课学习组。在短短一年多的补课的紧张学习中，五舅的国学、史学方面的知识有很大的充实和提高，受益匪浅。

1920年代，梁启超与梁思永、梁思达（左）在一起

补课学习结束，梁思达回南开中学复学，跟上原班升入初中三年级一起学习。

五舅从天津南开中学毕业后，考入南开大学商学院经济系学习，1935年毕业，毕业后在南开大学经济研究所读硕士研究生。毕业前，1936年7至10月，他参加了由南开、燕京、清华、协和、金陵五所大学联办的“华北农村建设协进会”济宁实验区实习。

1937年，梁思达研究生毕业，进入济宁实验区工作，此时发生了“七七事变”，他没回到天津，而是去了南京农本局，后又随农本局内迁重庆。

1941至1947年，五舅进入了银行界。初在重庆中国银行总管理处业务室，抗战胜利后迁往上海，后在长沙中国银行任襄理。

1949年后，梁思达全家由长沙迁回北京，在中央工商行政管理局从事调研统计工作，直到1971年12月7日于“文化大革命”中被迫提前退休。

五舅妈俞雪臻和五舅1939年在重庆结婚，她当年才二十岁，年轻漂亮又能干。当时五舅在重庆的农本局工作，她在新华贸易公司工作。

1939年，梁思达、俞雪臻在重庆结婚

太平洋战争爆发后，妈妈梁思庄带着吴荔明随燕京大学南迁，也到了四川；经过几个月的长途跋涉，历尽艰辛，她们母女终于抵达重庆。她们先到重庆石桥铺去看望五舅一家。五舅思达当时在中国银行工作，石桥铺是个离重庆较远的小镇，这里生活很艰苦，住的都是草房，五舅一家也住在小草房里。五舅稳重、安静，说起话来慢悠悠，有点儿书生气，五舅妈俞雪臻年轻，贤惠，活泼，喜说笑，她的热情使我们好像回到了自己家中，忘掉了旅途的疲劳。虽然生活清贫，但五舅妈把小家庭料理得温暖舒适，房间理得十分整齐干净，每件东西都有适当的地方安排。

我印象最深的是，他们的铺盖卷捆得整整齐齐挂在墙上，妈妈特别赞赏这个好办法。

抗战胜利后，1945 年 12 月，中国银行总管理处迁回上海，五舅一人先行，1946 年 4 月 6 日，五舅妈带着三个孩子也到了上海。五舅妈和五舅自从新中国成立后就回到北京，因此我们见面的机会较多。他们有二女一男，长大也都各有所成。

梁思达晚年对饮冰室的复原工作非常关心，2001 年 6 月，当他得知天津市已将饮冰室新老楼里的近百家住户全部搬迁走，并将着手恢复建筑及内部陈设原貌时，兴奋地立即要儿女们替他找出当年他画的饮冰室的室内布局和像俱外形图。当他得知在抽屉里找不到时，急得流下了眼泪。表弟梁任堪打电话告知我这件事，并说思达舅近来身体不太好，有时脑子不清楚。我们商量赶快从我这里的原稿复印一份放在他的抽屉里，告诉他找到了。谁知我复印好还没来得及送去，五舅却于 2001 年 7 月 25 日深夜两点在家中平静地去世了。

梁思懿

五姨梁思懿于 1914 年 12 月 13 日出生在北京。五姨小时候性格豪爽，有点儿像男孩子，是王桂荃婆从日本回来后生的。在年龄档次上她和五舅、六

■ 梁思懿

姨同属于梁家兄妹中的小弟小妹。家里人都叫她“司马懿”。

梁思懿毕业于天津南开女中，1933 年考入燕京大学医学预备班，准备学习三年后进入协和医学院学医。

五姨在燕大很活跃，思想积极进步。她从 1935 年下半年就开始投身学生运动，那时她的燕大同学黄华以及龚澎、龚普生两姐妹等，后来都成为共产党的重要干部。她还当过燕大“中华民族解放先锋队”大队长，积极参加“一二·九”学生运动，与王若兰等被称为“燕京三杰”，是燕大学生的游行示威领袖，因此面临着被捕的危险。家里曾经设法把她藏在二舅家，想把她送到南方去。那时，梁思庄家成为民族解放先锋队经常活动的地方，他们在一起讨论国家大事，还唱进步歌曲，如《义勇军进行曲》等。

1936 年春，医学预备班还没有念完，五姨不想学医了，她对社会活动和历史感兴趣，因此转入了历史系学习。1936 年，五姨加入了中国共产党。1937 年她参加了平津流亡学生集训班，南下南京进行抗日请愿，在 1937 年 12 月南京陷落前，她又转移到江西吉安从事农村妇女教育工作。

1934 年，梁思宁（左一）、梁思礼（左二）、梁思懿（左三）、杨炳德在饮冰室外

1939 年 2 月，梁思懿从江西被派到上海，在上海基督教女青年会劳工部工作，组织女工夜校，培养了一大批纺织女工成为工人运动的骨干。

五姨对六姨梁思宁的一生影响是很大的，可以说是决定性的。1940 年 4 月底，经过五姨的介绍，六姨跟随新四军女战士康英（原名王若兰）乘船来到上海，准备去找新四军。五姨亲自到外滩码头接船，把她们安排在一位朋友家住下。五姨和康英仔细研究了去找新四军的路线，有两条：第一条路是经蒙城、涡阳去皖北。这条路要通过敌伪犬牙交错的占领区，路途太长，情况复杂，很不安全。第二条路是从上海经宁波、鄞县、嵊县、金华再到皖南，沿途都是蒋占区，路线短，情况单一，可能比较安全些，但也可能有风险。她们决定走第二条路线。

1940 年 4 月 12 日，六姨和康英乘客货轮离上海去宁波。临行前梁思懿语重心长地嘱咐妹妹梁思宁："六六，今日一别，不知何年何月何日再重逢！我

们姐妹俩从幼稚园到初中都形影相随，多年来你总是依靠我。从今日起你就自己去闯了。”五姨还鼓励六姨：“你要去的地方是充满希望的，也是所有爱国者都向往的去处。他们不顾反动派的阻挠和迫害，千方百计地投奔新四军。你很幸运，参加革命有康英这样的好引路人，要珍惜这次良机，要坚持到底，莫后退。切记！进则生，退则死。退！你有这条路吗！上海也不是久住之地，将来我也要离开上海。你还愿意回天津吗？”三人挥泪而别。

梁思宁和康英两人，一路艰险，在金华还被国民党软禁七天，她们机智地脱险后，终于被送到两军防地的界线，又经过四个兵站转送，到了安徽泾县云岭新四军军部。在这里她们两人分手，康英返回皖北根据地，六姨就留在苏南。

1941 年 7 月，五姨和张炜逊在上海结婚，他们结婚一个月后就一起去了美国。五姨就读于南加州大学历史系，1942 年 6 月毕业。毕业后她在芝加哥

1941 年，梁思懿与张炜逊在上海的结婚照

大学图书馆进行中国书籍的整理和编目工作。1944 年至回国前，五姨全家住在纽约，她仍然积极参加各种爱国活动，如哥伦比亚大学中国留学生的左派爱国运动，以及宋庆龄的"中国福利会"为国内解放区举行募捐活动等等。

1949 年，五姨全家决定回国，她在国外生了一儿一女，已是四口之家了。她一直向往着祖国能够解放，如今真的解放了！她以极欢乐的心情给王桂荃婆写了一封信，告诉婆，他们就要回来看她老人家啦！

五姨全家回国后，因五姨丈张炜逊的工作分配在山东，五姨也一起去了。她最初在山东医院工作，后来被调到齐鲁大学做女部主任。她以极大的热情投入工作。自己一人搬到齐鲁大学，和几个单身教员住在一间房子里；而五姨丈和孩子们住在医院的宿舍里。五姨一个星期可以回去三四次，有时工作需要就留在齐鲁大学住，很不方便。梁思懿很希望能全家搬到齐大住，但一时又找不到房子。这样，他们就在同一个城市里过着两地分居的生活。这就是 20 世纪 50 年代归国留学生的情操——无私无怨地奉献！

五姨还曾任山东省妇女联合会的主席，这可能与她曾在江西吉安从事过农村妇女工作以及在上海从事过女工运动有关。

1955 年 2 月，张炜逊、梁思懿夫妇一起调到北京工作，五姨丈是小儿科专家，后来任中苏友谊医院副院长。五姨在中国红十字总会任国际联络部副部长、顾问，她曾多次出访世界各国，并参加红十字国际委员会的各种会议，在各个国际组织中一贯坚决反对"两个中国""一中一台"。1980 年，梁思懿被选为第六届全国政协委员。

1988 年，梁思懿中风偏瘫卧床不起，于 10 月 8 日逝世。

这里，对五姨丈张炜逊值得花费笔墨多作一些介绍。他是在"文化大革命"末期直接"叛逃"到美国的级别最高的中国在职官员，当时他身为卫生部派驻日内瓦联合国世界卫生组织（WHO）的副总干事。

张炜逊 1913 年 12 月出生于美国加州洛杉矶市的一个中医家庭，系美藉

梁思懿、张炜逊和女儿张郁文、儿子张安文

华人。因从小受中国文化的熏陶，1931 年，中学毕业后的他先回到天津南开中学补习中文，随后到北平燕京大学医学预科学习三年。在燕京大学读书期间，他经昔日洛杉矶时的中文老师、张家的世交、燕京大学社会学老师雷洁琼介绍，结识了同在燕京大学医学预科班的梁思懿。梁思懿的热情、睿智很快吸引了他，作为一个在美国长大的青年，他碰到这么一个聪明美丽而思想活跃的女孩子，深深喜爱；不久，他们就成了好朋友。此间，抗日战争爆发，在梁思懿的鼓动下，张炜逊积极参加爱国学生运动，成为活跃分子。

1936 年暑期，他由燕京大学医学预科毕业，被上海医学院录取，准备去上海学习，而梁思懿则和其他三个医学预科同学准备改换专业，仍然继续留在燕京大学，继续坚持共产党对学生运动的领导。张炜逊一想起要离开梁思懿就感到绝望，表示自己也愿意留下来；但思懿鼓励他继续学医，认为医生对争取抗战胜利会十分有用。告别时，梁思懿拥抱了张炜逊，在他的耳边说：

吴荔明（右一）在张炜逊（中）美国加州的家中与张安文妻子于桂灵（左一）

“不要难过，这不是告别，我相信我们会再见的。”

这“再见”已是两年半之后。那时，梁思懿按地下党的分派已前往江西吉安从事农村妇女教育工作，经过两年，她对那里的官僚主义感到失望，觉得还是回到城市工作能发挥更大作用。当然，由于和张炜逊不断通讯联络，两人的关系发展为恋情，也希望能够团聚。

1939 年 2 月，梁思懿从江西被派往上海，在上海基督教女青年会劳工部工作。这使得他们终于团聚，但是他们只享受了几个月的美好恋爱生活。1939 年 6 月，中央政府发布战略大转移命令，所有高等院校都要从东部搬迁到西部大后方。于是，上海医学院也奉命搬迁到昆明。这时，张炜逊已向自己在美国的亲人宣布了同梁思懿的关系并得到家人的首肯，鉴于自己还是个学生又值抗战时期，加之梁思懿的特殊身份和个性，他深知还不到谈婚论嫁

的时候。但这次两人分别时，张炜逊表示这是最后一次分别，下次重逢就再也不分离了，也是暗示，下次他们就应该结婚了。

这个“下次”，又过了两年半，那时张炜逊已于 1940 年从上海医学院毕业，并参加中国红十字会救护总队，作为实习医生前往广西抗日前线工作。他计划次年和梁思懿结婚，两人一同去美国深造，他的提议受到双方家庭的一致同意和支持。于是，张炜逊由重庆乘飞机到香港，再乘船到上海，于 1941 年 7 月在上海与梁思懿完婚。接着，他们一同前往美国。张炜逊经过林徽因的好友魏尔玛 · 费慰梅的介绍（她的父亲是哈佛大学医学院世界著名的生理学教授 Walter Cannon），在哈佛大学医学院附属医院从事病理学研究。1944 年，张炜逊通过了美国执业医生考试。1944 年 9 月，他转到纽约贝勒纽（Bellevue）医院专攻自己喜欢的儿科，一直到 1949 年回国，那时他们已经是两个孩子的父母。

1949 年 9 月，张炜逊、梁思懿全家四口乘“威尔逊总统号”巨轮由洛杉矶前往香港，在船上约有四十人是回国准备为新中国工作的。他们在船上收听到 10 月 1 日中华人民共和国中央人民政府成立的消息，兴奋无比，大家根据自己的想象制作了五星红旗。10 月 2 日抵达香港后，他们又搭乘一艘挪威货船前往天津。这艘货轮走了近半个月，终于抵达目的地。因他们曾在美国帮助宋庆龄旗帜下的中国福利基金会筹款，在天津，他们受到马海德大夫的热情接待。同来的华东地区卫生部部长崔义田鼓励他们去白求恩医学院工作。离开祖国这么多年之后，一回到祖国就受到卫生部门高层官员的接待，张炜逊夫妇深受感动，决心不计较个人的志趣，首先奔向最需要自己的地方——山东白求恩医学院。1950 年 6 月，张炜逊被国务院任命为山东省卫生厅副厅长，1953 年卫生部长李德全访问印度，选择他为翻译。次年，印度卫生部长卡乌尔夫人回访中国，他又被指定为卡乌尔夫人的翻译，并陪同她参观访问中国主要城市的医疗卫生机构，受到周恩来总理的接见。1954 年，张炜逊又陪同李德全部长出国访问两次，在出访途中，他向部长建议加强与国外同行的情

报信息沟通，建立中国医生与外国同行的联系机构。不久，张炜逊发现李部长接受了自己的建议，并调他来北京主持一个卫生部新成立的部门——对外联络室。

1958 年，对外联络室已经是有二十八人的不小的部门，而张炜逊还不是共产党员，显然工作起来极不方便。他终于被发展入党。后来，中央政策要求所有专业技术人员尽可能离开行政管理机关回归技术工作，他被分回中苏友谊医院担任小儿科主任。

1966 年，“文化大革命”开始，张炜逊也陷入厄运之中。红卫兵大会小会的一系列批斗，接着是集体关“牛棚”隔离审查，加上强迫劳动；直到 1969 年夏友谊医院被“军宣队”军管后，他才得以“解放”出来，回到小儿科工作。不久他又被派加入一支本院医护人员组成的小分队去北京郊区支援农村。

埃德加 · 斯诺访华是他命运的转折点。因为中央要实现外交路线的战略转变，需要放出向美国示好的信息，所以对 1937 年第一位去延安访问并出版了《西行漫记》的美国记者斯诺访华大肆宣传。1970 年国庆节，斯诺被邀请登上天安门，站在毛泽东主席身边，他们交谈的照片风靡世界。斯诺要到友谊医院参观，张炜逊作为被改造好的资产阶级知识分子代表被革委会请去同斯诺见面。而斯诺原本在燕京大学教过书，是张的老师，对他们来说正是离别几十年的老朋友见面，所以彼此都格外开心。次年，斯诺回到美国又写了一本《漫长的革命》，书中就提及了张炜逊。1972 年，经过在农村两年和农民同吃同住的改造后，张炜逊被调回北京友谊医院本部担任副院长，并兼任北京第二医学院教务主任。

1972 年，中国为了恢复在世界卫生组织（WHO）的地位，派出一个代表团访问 WHO 在日内瓦的总部，张炜逊受命为团长，其团员均是国内临床医学和基础医学的顶级专家。1973 年 2 月，该团受到 WHO 总干事、巴西人坎道博士的热烈欢迎，而且通过这次访问，坎道博士及其众副手对张炜逊流利的英语和渊博的医学知识印象深刻，他们二人之间还建立了很好的私人友谊。

访问结束时，张炜逊代表全体代表团团员给卫生部写了报告，认为应当积极参加 WHO，并说明参加 WHO 对中国的好处和中国可能对这一国际组织做出的贡献。在返回途中，总干事坎道博士就给中国卫生部正式发了一封公函，除了告知他建议代表团顺道访问在马尼拉的 WHO 西太平洋总部外，特别提出拟请张炜逊出任 WHO 副总干事一职。正当国内领导部门研究是否同意派张代表中国去出任这一职务时，第二封信随后发来：请张参加 1973 年 5 月在日内瓦召开的世界卫生组织成员国年会。这封信对批准张炜逊任职起了催促作用，于是刚回国不久的张炜逊获批于 1973 年 4 月再次出使日内瓦，以便提前去参与筹备工作。

这个新使命给家庭带来的震惊是不言而喻的。一方面使大家喜悦，因为受到信任和提拔；另一方面也带来忧虑，因为长期两地分居家庭生活刚刚恢复正常就又要结束，常驻日内瓦的职务意味着无限期分离。梁思懿开始还比较乐观，觉得最多一年以后政府总会找人替换丈夫。

谁也没有想到（包括张炜逊自己），这次出任新职竟开启了他人生最为沮丧、惊险的不归之旅。

WHO 的最高层领导机构，包括五名副总干事（分别来自法国、美国、苏联、中国和秘鲁）和秘书处，每个副总干事分工负责若干个分部，当有重要事情需要研究时，秘书处将各副总干事召集起来，就像一个小联合国。张炜逊负责卫生强化服务部和妇女儿童部。刚开始时，张炜逊干得很起劲，这种特殊身份还使他获得了当时中国人难以期望的国际旅行自由。例如，1973 年秋，总干事马勒博士请他代为出席在纽约召开的泛美卫生组织年会，于是他有机会在离开美国二十四年后重返自己的出生地。会后，他还要到多个城市访问来完成 WHO 的公事，这使他有机会在旧金山会见做实习医生时的女友邝美兰，发现她虽然已是三个孩子的妈妈，但她丈夫已于 1969 年过世。他还赶上了在洛杉矶的母亲八十五岁生日聚会，见到了阔别二十多年的许多亲友，这些都是工作带来的意外惊喜。

但在后来的两年中，张炜逊与中国卫生部之间在工作上的分歧愈发明显。自从 1973 年 7 月刘湘屏接任卫生部长之后，卫生部的工作奉行“四人帮”那套越来越左的路线。刘是当时公安部部长谢富治的妻子，两口子都是“四人帮”的红人。张炜逊从 1974 年就感到了卫生部对自己不满，因为他多次对中国派来参加 WHO 国际会议的代表团只会突出政治，不能全面反映中国在卫生医疗方面可以提供给发展中国家许多好经验存有意见，事实上，卫生部也从来没有对他从国外打回国的各种建议报告表示过支持。张炜逊从侧面听说，卫生部有可能 1974 年底就会把自己召回国内，但由于总干事马勒博士 1974 年去朝鲜路过北京时访问过卫生部，专门向一位副部长讲起张在日内瓦 WHO 总部的工作干得很好，希望他继续留在那里工作，这样张炜逊才没有在 1974 年被调回国。

在张炜逊心中不断增长的沮丧除了来自卫生部外，更来自于家庭。

张炜逊在日内瓦工作的待遇相当于总领事，按国内的规定是可以带家属的，而且他因在国际组织中的身份经常要参加各种外交应酬活动，也需要夫人出席。所以，总领事给卫生部和外交部打报告，建议给他租一套公寓，并配备司机和厨师各一人。但当他给梁思懿去信催促她准备前往日内瓦时，却发现矛盾重重。梁思懿是一个事业心很强、革命化程度较高的女性，她当时在中国红十字会已经担任司局级的领导工作，工作和两个孩子均在国内，她并不想去国外过那种以丈夫为核心的生活。开始，梁思懿推说红十字会不放她去，除非她培养出一个接班人。

1973 年 11 月，张炜逊赴伊朗德黑兰出差，正好碰上梁思懿和她的主任也在德黑兰参加国际红十字会的一次会议，他就急切地问梁思懿的主任何时能放妻子前来日内瓦。没想到对方回答说：思懿什么时候走都可以，只因为她自己表示不愿意到国外生活，还想留在北京工作。这让张炜逊觉得有受骗感受，非常恼火，结果二人在德黑兰不欢而散。张请梁再考虑一下自己的请求，而梁则坚信张不久就会被调回北京，可能她从卫生部听到一些“小道消息”。

背负这样的双重压力，拖到1975年，张炜逊觉得自己的任期可能最多拖到年底就要结束。一想到回国，张炜逊就不寒而栗。在“文化大革命”中，刘湘屏部长绝不会有好果子给他吃。经过反复考虑，他决心不回中国，并给自己留下足够充裕的时间来向美国申请恢复美国国籍，取得美国护照。为此，他通过WHO主管美国事务的官员与美国大使馆有了接触，后来他单独约见了美国总领事，并将自己的故事讲给他们听。当然，他们听了会觉得离奇而不可思议，所幸有很多著名作家参观过友谊医院，并将他的故事写进了自己的著作里，可供作证；除了前面提到的斯诺外，纽约时报副总编辑哈里森·索尔兹伯里的*To Peking and Beyond*就完整地概括了张炜逊的经历。同时，张炜逊在香港的姐姐张灵新偷偷带来了他在美国出生证的影印件。张炜逊将所有资料提交给了美国大使馆。审核估计需要几个月的时光，这是很难熬的日子，他时刻担心在拿到美国护照前突然被调遣回国。

按世界卫生组织规定，高层官员两年任期满后可以享受一次探亲假。张炜逊决定，1975年8月享用一次探亲假回北京。这有双重的含义：一来打探一下国内形势，了解万一要留下来会面临何种处境；二来这也可能是最后一次与亲人团聚，希望留下一个好的印象。当然，他不能向任何人透露自己的打算。这次，他和梁思懿去黑龙江林场探望了女儿郁文和女婿，在保密的兵工厂工作的儿子安文也回北京和父母家人团聚。但是，他发现，在政治观点上（例如如何看待“文化大革命”等）自己与思懿的分歧越来越大，虽然两人都是共产党员，但在政治上已经无法谈拢了。

在北京他还拜会了刘湘屏部长，他想为自己向部里打的报告作一下说明，但刘部长表示：“你的建议很好，但还不到执行的时候。”“我们一致认为世界卫生组织是我们对第三世界发挥政治影响和向资本主义国家机器发起挑战的一个讲坛。技术交流是不合时宜的，是第二位的。”当张还想申辩时，这位部长打断了他，并带着怒气说：“你认为谁是你的领导，是世界卫生组织还是你的政府？”这次会见，使张坚定了必须出走的决心。

回到日内瓦后，张炜逊急切地等待美国大使馆的回音。1975 年 12 月初，回音终于来了，对方通知他去签字领取护照。他拿到护照后，马上前往 WHO 大楼底层旅行社订了汉莎航空公司飞往芝加哥的机票。之所以飞芝加哥而不是家乡洛杉矶，是担心那里的中国领事馆派人在其登陆美国后拦截。选择汉莎航空是因为它使张在机场候机的时间最短。与此同时，像预料的那样，卫生部调他回国的电传也到了，电传上写明了新的接班人，并命令他 12 月底前回国。那时，距离必须回国的时间还有三个星期，他每天还像往常一样上班，但内心却心潮起伏，为了避免嫌疑，他每天一点一点地从宿舍往办公室带些经常穿着的衣服和个人用品，放进办公室的大行李箱里。为了避免被人说“经济上不清楚”，他所有的旅行花费（包括机票）都是用的三年来自己积蓄的钱，并未用政府的经费来为自己办事。最后，他花了几个通宵给总领事写了封长信，解释为什么要离开的理由，包括：不赞成卫生部关于第三世界国家的卫生政策，无法去贯彻他们的指示；与妻子梁思懿之间有严重分歧，难以共同生活；老母已八十六岁高龄，自己是独子，有责任去照顾。在出走前一天晚上，他将信投入信箱，知道信件第二天中午必会到达领事馆。

1975 年 12 月 21 日早上，像往常一样，张炜逊由司机送往办公室上班，他到办公室后将给总干事马勒博士的道别信留在秘书的桌上，然后提起已装好的行李箱。为了回避上班人群，他从楼后的自动电梯下楼到街上，雇了出租车十分钟就来到机场。

在日内瓦机场，他忐忑不安地朝候机室门口张望，生怕领事馆人员出现，直到最后他用美国护照登上了飞机。飞机开始滑动的那一瞬，他轻轻舒了口气：“自由了！”

张炜逊从日内瓦消失的消息传到北京，引起的震惊是可想而知的。卫生部在友谊医院召开大会，谴责张是“叛徒”，将其永远开除出党。梁思懿虽然没有受惩罚，但承担的压力是巨大的，这是导致她后来中风的重要原因。张当然对没有告诉家人感到自责，他写信给思懿和儿女，解释自己不得已的苦

衷，以求得他们的谅解。后来，张炜逊在洛杉矶奉养老母，并成为加州大学洛杉矶分校的公共卫生学院副教授。通过法律途径，他于 1977 年 10 月与梁思懿办理离婚手续，并与早年的女友邝美兰结婚。退休后，张炜逊与邝美兰移居到加州北部的葡萄酒产地索诺玛。1980 年代，张炜逊的一儿一女安文、郁文和他们的家属都在他的帮助下先后移民美国，住在加州离他不远的旧金山地区。

梁思宁

六姨梁思宁是外祖父梁启超最小的女儿，她是梁启超去南方策动护国战争期间，于 1916 年 10 月 30 日在上海出生的。家里人都叫她的小名“六六”。因为她在女孩中排行第六。六姨长得酷似王桂荃婆，她和婆一样勤劳。我印

1938 年 2 月 15 日，二十二岁的梁思宁

象最深的是：每逢到我家来住，她总是很早起床到小院子里拔草，整理，不停地劳动。

她的经历和梁家兄弟姐妹们都不同，她是全家唯一没有读完大学，投笔从戎，在中国抗日战争中投身革命的新四军战士。妈妈梁思庄总爱对别人说："我的小妹妹是老革命。"

当外祖父去世时，六姨才十三岁，她还记得从天津赶到北京奔丧的情况："爹爹躺在灵床上像睡着了一样。"她抱着五岁的八舅思礼去瞻仰遗容，八舅还以为自己的爹爹在睡觉，大叫："爹爹，快起来，娘叫你去吃饭……"

六姨正在南开大学读书时，1937 年抗日战争爆发，日军占领平津，她就失学了。当时社会大动乱，找不到职业，也不敢出门上街和访友，她终日困在意租界的小圈子里，十分苦闷，时时想脱离这令人窒息的环境。可出路何在呢？她经常写信给在上海的五姐思懿诉说苦衷。

1940 年 3 月底，六姨收到了五姨从上海的来信，信中写道："好机会来了。王若兰在天津，你一定要亲自去面谈，可能达到你渴望已久的心愿。"当时六姨高兴极了，她想王若兰是五姐的好朋友，会想办法带自己离开天津的。六姨在回忆录中写道：

> 第二天，我和母亲说要去海河北的美租界找王若兰，并故意强调姐姐信中的"必须面谈"。母亲仍不放心地说："我陪你去吧！"
>
> 我不高兴地说："我现在不是小孩子了，你还不肯让我出去闯闯么？"
>
> 她笑笑说："你去吧，过卡子口，别忘了给日本兵鞠躬，早去早回。"
>
> 离开家后，我高兴地径直走过卡子口，快要上渡船了，猛地听见岸上一阵咿哩哇喇吵叫声，我想起来是忘了给日本兵敬礼了，我赶忙赶回卡子口，装作恭恭敬敬地鞠了个大躬。可是，日本兵还不解气，骂骂咧咧说了几句话后，就抬手打了我一记耳光，我的脸上立时红肿起来，两只耳朵嗡嗡作响，气得我上了渡船以后，回头狠

狠地瞪了日本兵一眼，心里说："小日本鬼子太狠了，谁给你的权利打中国人？"

王若兰参加革命多年，已改名康英，她给六姨讲了很多革命道理，介绍了共产党的概况，并告诉她新四军就是共产党领导的军队，是真正抗日的军队。六姨回忆：

康英大姐的一次谈话激起了我的爱国思想，日本鬼子兵的一记耳光，促使我决心离开天津沦陷区这个人间地狱。我问康大姐："我能参加新四军吗？"她惊奇地看着我说："革命可不是做游戏，最起码的条件是不怕死、不怕苦、不怕累，要长途行军，在战争中有牺牲的可能，你受得了么？"我说："能！再苦能比当亡国奴苦吗？"

由于康英归心似箭，想立即归队，决定4月6日去上海，两人的船票由她去买，各人从家中出发，到塘沽港集合，康英一再嘱咐，回去就说到上海上大学，免得老人担心。回到家中，六姨告诉婆4月6日要去上海，婆就赶紧为六姨准备行装。她找她的好朋友丁懋英大夫（美国基督教会办的妇婴医院院长），借她挂着美国旗的轿车送六姨。6日晨，丁大夫亲自驾车和婆送六姨和康英到塘沽码头，快到卡子口了，婆下了车，对日军岗哨先行了个礼，又用日语和日本兵交谈。日本兵听了高兴地说："老太太，你的东京话讲得真好，你是东京人吧？"他挥手示意放行。婆当年在日本学的日语，如今可派上了大用场。

到了上海，她们与五姨商量后，决定从宁波到金华，通过红十字会黄书文先生找到新四军。五姨准备了所需证件，计九件：两张红十字会护照（通行证）、新四军第一至第四兵站介绍信、给李一氓（他是当时公开在蒋占区活动的我方代表）的介绍信、给黄书文先生的英文信，还有新四军军用护照一份。1940年4月13日上午九时，梁思宁一行抵宁波。她们按计划改乘长途汽车，经鄞县、嵊县，17日到金华，一路上还算顺利，没想到最后一站出了问题。当时车站上很乱，康英把随身带的一个小钱包（内装两张红十字会护照和少

1950年代，梁思宁、章柯全家合影

量零用钱）丢掉了。又碰上三批不同的特务来纠缠，前后经过各种戏剧般的考验，在金华折腾了八天，到24日才因为始终没有抓到什么证据，又有小溪红十字会黄书文先生来保，才将她们放行，最终到达新四军的兵站。

1940年4月30日，六姨终于到了江苏溧阳县水西村新四军一二三支队司令部。参加革命是六姨一生重大的事，她也从未料到自己会当兵，她告诫自己："一切要从头学起，自己是革命军人，不是老百姓了。"1940年5月到1941年2月，十个月的部队生活，她出生入死在战场上经受了考验。1940年5月的一天夜里，六姨过一条敌占区公路封锁线时和日军一支巡逻队相遇，受到敌人袭击。当战地服务团战士向前冲时，六姨身边许多同志中弹倒下了。战争是残酷的，当时年轻的六姨刚刚参军二十多天，她勇往直前地冲过了封锁线！梁思宁给吴荔明讲这个故事时告诉她：当时，自己真正体会到了什么是生死搏斗，只有勇敢向前冲才有生的机会，胆怯向后跑必死无疑！六姨的亲身经

历也使我们真正懂得，今天的生活是先烈们用鲜血和生命换来的！

1941 年 3 月，六姨加入了中国共产党。由于“左”的思潮影响，因为她是“保皇党的代表人物梁启超的女儿”，她于 1948 年被开除党籍，蒙冤三十五年，直至十一届三中全会后的 1983 年，才撤销一切错误决定，恢复党籍。

几十年和六姨风雨同舟的六姨丈，本姓赵，后改名章柯，是早年西北武功农学院的学生，长期担任山东省科委的领导工作。解放初期由于他是老革命，我们家里人有点儿不知如何与他相处。我的妈妈梁思庄给六姨的信中就说不敢给章柯写信。于是，章柯主动先给梁思庄写了一封很有人情味的信，妈妈收到后非常高兴，并仔细地将信保存起来，信中写道：

思庄姐：

在思宁同志那里见到你给她的信，其中曾谈及我，但据说是不敢给我写信，这可能是彼此太陌生的关系而存在着一定程度的顾虑，其实是不必要的。很早就听说三姐是个很和蔼，长期从事燕京图书

1979 年夏，梁思宁夫妇于徐家花园

馆工作的人，在学识及为人上都很好，像你这样的人才在新中国的建设中是很需要的，尚望努力在工作中加强政治学习，提高自己改造自己，前途非常光明的，至于生活习惯，是次要的，不必求急，只要适应环境要求即行。

来信中曾谈及七叔（梁启雄）情况，因为太过于求成，致旧病复发，吐血，年纪又大，这样力求适应新环境的精神是令人钦佩的，但也不必太过，以至于影响健康。只要是为工作尽心尽力就很好了，我想共产党是器重人才的，尽可完全放心。思成哥嫂等均系中国科学文化界知名人士，均已着手新北平的建设，我引以为荣，这里请你代我向七叔、思成兄嫂等问好，祝贺他们的工作成就……

敬礼！

弟章柯　29/6

新中国成立后陈毅元帅曾对二舅思成讲："当年我手下有两个特殊的兵，一个是梁启超的女儿，一个是章太炎的儿子。"

六姨、六姨丈年过八旬后，两人在山东济南的干休所安度晚年，他们儿孙满堂，经常团聚。六姨希望自己不被打扰，她说，她要"静悄悄地来，静悄悄地去"。她常用过去的革命经历教育子孙。

2006 年 2 月 26 日，梁思宁静悄悄地在济南去世。

梁思礼

八舅梁思礼是我们最小的舅舅，小名"老 Baby"，外祖父在信中叫他"老白鼻"。他于 1924 年 8 月 24 日出生于北京，是王桂荃婆最小的一个儿子。他刚出生不到二十天，9 月 13 日李蕙仙婆就因患乳腺癌去世，在全家悲痛的气氛中，八舅给了大人极大的安慰。外祖父格外疼爱他，当然也是因为他是"老来子"。1927 年，外祖父给在海外的孩子们去信说："每天老白鼻总来搅局几次，

少年梁思礼

是我最好的休息机会。（他又来了，又要写信给亲家了。）……”外祖父给海外孩子们的信中经常用很多笔墨非常细致地形容老 Baby，透过字句可以看出他是多么爱自己的小儿子。在 1925 年的信中，梁启超写道：

老 Baby 好顽极了，从没有听见哭过一声，但整天的喊和笑，也很够他的肺开张了。自从给亲家收拾之后，每天总睡十三四个钟头，一到八点钟，什么人抱他，他都不要，一抱他，他便横过来表示他要睡，放在床上爬几爬，滚几滚，就睡着了。这几天有点可怕，——好咬人，借来磨他的新牙，老郭每天总要着他几口。他虽然还不会叫亲家，却是会填词送给亲家，我问他：“是不是要亲家和你一首？”他说：“得、得、得，对、对、对。”

老 Baby 五岁时，梁启超就去世了。他跟着婆和当时在国内的几个年龄较小的哥哥姐姐住在天津。八舅酷似外祖父，一双大眼，宽大的前额，一张“梁

1927 年，梁思宁（后左）、梁思懿（后右）、梁思礼（前）在照相馆合影

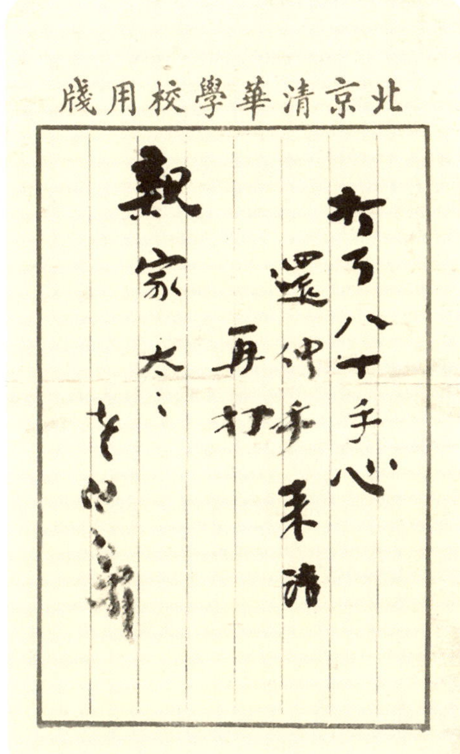

北京清華學校用牋

打了八十手心
還得你來請
再打
親家太太

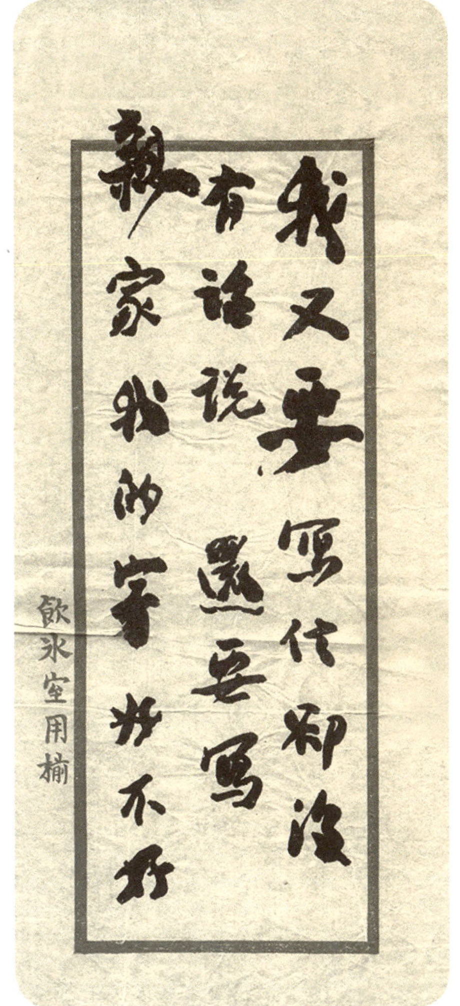

我又要寫信聊沒
有話說還要寫
親家我的字好不好

飲冰室用牋

■ 梁启超把着年幼的梁思礼的手写下的幽默文字

家嘴”，皮肤较黑，个子不高，脑子很聪明，行动很敏捷，年轻时是个漂亮敦实的小伙子。他的心地善良，脾气温柔，对人和和气气，他是哥哥姐姐们的宝贝。虽然他年纪小，但辈分高，大姨家的三个孩子周念慈、周同轼、周有斐都比他大，大姨第四个孩子周嘉平也只比他小四岁，他们都得叫他八舅，但心里实在不甘心，于是有时就叫他“老Baby”“八老爷”“老八”……他也无可奈何。

“七七事变”后，全家又被拆散了，二舅、三舅全家和五舅思达都去了大后方；大姨全家、妈妈和我住在北京，五姨在燕京大学读书。这段时间，婆带着六姨和八舅住在天津，经济并不富裕，只靠过去的一点儿积蓄和房租度日和交纳学费。八舅自小很懂事用功，在天津培植小学读书时就名列前茅，1935年考入天津南开中学，抗战爆发后，南开中学迁往重庆，他就转入天津跃华中学，在这两所名牌中学里，他受到了各方面良好的教育。天津沦陷后，他亲身体会到当“亡国奴”和“顺民”的耻辱，也见到老百姓在日本侵略者铁蹄下的痛苦生活，从那时起他就下定了救国的决心。1941年，八舅高中毕业，考上了燕京大学。此时婆的好朋友丁大夫，为八舅在美国卡尔顿（Canleton）学院找到了一个全额奖学金名额；同年8月，他跟随五姨一起赴美。到达美国不久，就发生了太平洋战争，美日宣战，从此十七岁的八舅和祖国亲人断绝了一切联系，靠奖学金和婆给他凑的不足四百美元维持生活和学习。

八舅在美国综合性的卡尔顿学院学习两年，成绩一直名列前茅，但他始终有着工业救国的思想，因此想改学工科。1943年，他申请获得了美国租借法案中对留美中国学生的生活津贴，于是入了有工程师摇篮之称的普渡（Purdue）大学电机工程系主修无线电，后来又学自动控制。从此，他进入了自然科学的研究领域。外祖父梁启超生前一直遗憾他的孩子们没有一个是学自然科学的，曾于1927年给海外的孩子们写信说：“我想你们兄弟姐妹，到今还没有一个学自然科学，很是我们家里的憾事……”没想到他去世后，他最宠爱的小儿子实现了他的心愿。

1945 年，梁思礼摄于普渡大学

梁思礼在普渡大学两年内学完了三年的课程。由于他的学习成绩优异和社会活动能力强，曾获得 Sigmaksi，Tau Beta Pi，Eta Kappa Nu 等多个荣誉学会的金钥匙。失去了家庭的经济来源，八舅在美国的大学生活相当清苦。他到餐馆当洗碗工和侍者，暑假去纽约北面的旅游胜地银湖湾当救生员，寒假他又去罐头厂做工，他不能享受假日的休息和娱乐，什么苦都吃过，什么累活都能干，这一切都是为弥补微薄津贴的不足。就这样，他自己在异国他乡艰辛地苦读了八年。这段生活经历，对培养他艰苦奋斗和敢于在困境中打开局面的勇气与毅力很有帮助。1945 年他大学毕业了，获得了普渡大学的学士学位，后来又入辛辛那提（Cincinnati）大学，1947 年获硕士学位，1949 年获博士学位。

梁思礼在国外读书期间，积极靠拢中国学生进步组织，曾于 1948 年参加了进步的北美基督教中国学生会（CSCA）并成为执行委员会成员，1949 年他又参加了留美知识分子的爱国组织——中国科学工作者协会，动员中国留

学生回国。1949 年是他人生转折的重要关头，新中国即将成立，所有要回国的同学都面临着两种选择——去台湾还是去大陆？他和美国全体进步的留学生们都向往一个崭新的中国，他毅然和他的五姐思懿全家登上了轮船，驶向了中国大陆。离乡八年的海外游子，很快就要和他时刻思念的祖国和家乡的母亲、哥哥、姐姐们团聚了，他是多么兴奋啊！ 1949 年 10 月 1 日，在这横跨太平洋的轮船上，大家听到了新中国成立的广播，全体进步同学欢欣雀跃，他们听到国旗是五星红旗，但不知五颗星如何放置，大家找出一块红布，中央放一颗大黄五星，四角各放一颗小黄五星，权作国旗，在船上开了一个庆祝会。

那年八舅刚满二十五岁，这是科技人才最容易有突破、出成果的年龄，他以极大的热情投入到新中国的建设事业之中。经中国科协安排，1950 年 1 月，他到邮电部电信研究所从事天线研究工作。虽然专业不对口，但他欣然接受，不懂就学，边学边干。不久，抗美援朝战争开始，他立即报名参军，组织上留他在北京工作，参加中国国际广播电台的建设。

1952 年“三反”“五反”中，梁思礼蒙受了极大的侮辱冤屈，那年他刚二十八岁，参加国际广播电台的设计施工。供应天线零件的私营工厂资本家诬陷八舅贪污了钱，八舅根本不承认，有关部门就说他态度不好，“打虎队”对他进行“车轮战”——二十四小时的“逼供信”，整得他晕头转向，只好乱承认，说什么都承认。头天说了第二天又忘了，又翻案，最后越搞越乱，他自己认为不可能搞清楚了，准备被捕坐牢。他多么希望组织上能明察秋毫，帮助他澄清这不白之冤。五一节那天，他被关在屋里，听着外面游行队伍唱着歌，自己心里又委屈又难过。他埋怨自己根本不该管这些事，但自己积极，是工作就干，反而倒了霉。从此，他再也不敢过问经济了。

所幸的是，后来领导发现了问题，一项一项调查落实，发现纯属冤案。当时的邮电部部长王诤亲自在大会上给他平了反。这件事，给全家带来了很大的精神压力，使八舅遭受了很大的屈辱，但他仍以极宽容、理性的态度对

待共产党：他觉得共产党实事求是，有错必纠，是个伟大的党。他不但没有记“仇”，相反，他自己积极地靠拢党。

1953 年，八舅随邮电部电信研究所合并到总参通信部电子科学研究所，任天线电波组副组长。1955 年夏，他被国务院派往越南帮助北越建立“越南之声”广播电台。由于出色地完成了任务，胡志明主席亲自接见并向他们几名援越专家颁发了奖章和奖状。

1956 年春，在八舅的一生中是一个新的起点。他参加了党中央国务院主持的“十二年科学远景规划”的制定工作，参加起草“喷气技术”（即导弹与火箭）部分。同年 9 月，他作为技术骨干被调入正在筹建的国防部第五研究院，10 月 8 日，五院（导弹研究院）正式成立，梁思礼被任命为自动研究室主任，是钱学森院长手下的十个室主任之一，他在国外所学的专业又有了用武之地。同年 11 月，他加入了中国共产党。从五院建院开始，梁思礼的全部身心就完全融入了发展我国导弹与火箭的事业之中。“那时真可谓两手空空，一张白纸。”八舅说，“除了刚刚回国的钱学森副院长外，谁也没见过导弹、火箭，只能是边学边干。”

1958 年，五院与炮兵共同组建 P–2 导弹教导大队，由苏联专家讲授 P–2 导弹的原理和操作、使用、维护技术。梁思礼被任命为技术副大队长，1959 年，五院开始试制 P–2 导弹。八舅作为控制系统技术负责人之一，担任驻厂工作组组长。1960 年，依靠我国自己的力量仿制并试验成功了 P–2 地对地导弹。随后，八舅作为控制系统的主要技术负责人之一，参加了我国第一个自行设计的中近程液体地对地导弹的研制并取得成功。20 世纪 60 年代困难时期，正是我国航天技术的攻坚阶段，钱学森、屠守锷这样的高级专家也是酱油拌饭，身上浮肿；而他们并不在意，一心要送火箭上天，为国争气！八舅说：“顾不上这些啊。那时面对国际封锁，航天部各个科室每晚灯火通明，哪里有加班费和夜餐呢，政工干部的主要工作就是动员大家早点回家休息。我在永定路二院攻关，那儿的口号就是：‘生在永定路，死在八宝山！’”使八舅永远难

■ 1958 年，梁思礼第一次穿上军装与出生后初次见面的儿子和刚做妈妈的妻子麦秀琼合影

忘的是他们所经历的挫折和失败，那是 1962 年的一次导弹发射试验。八舅当时真是初生牛犊不怕虎，站在离发射阵地仅两公里远的吉普车旁，那次聂荣臻元帅坐镇五公里以外的帐篷前。这颗导弹刚起飞就掉了下来，距发射点只有三百多米。八舅立即跳上吉普车奔向爆炸地点，望着燃烧的火焰，心痛万分，几天吃不下饭。

1964 年八舅作为控制系统的主要技术负责人之一，参加了第一个自行设计的中近程液体地对地导弹的研制，并最终取得了发射的成功！1965 年，八舅又被任命为上述中近程导弹改进型号的控制系统主任设计师。他和其他同事一起研制成功全惯性制导系统，并先后参加领导了十三发导弹的飞行鉴定试验。

1966 年是中国航天事业最值得纪念的一年。10 月，八舅参加了导弹核武器的飞行试验，导弹准确命中目标，实现了核爆炸。中国在自己国土上进行

的带原子弹头的导弹发射成功了！而美苏这种两弹结合试验都是向大洋发射的。梁思礼主持研制的自控系统天衣无缝，运转正常！全世界都震惊了。中国真正成为继美、苏、法、英后，第五个拥有导弹核武器的国际核俱乐部成员，从此进入了核大国的行列。

1966年，八舅担任着很多重要工作，他还主持了远程液体地对地导弹控制系统的研究和方案制定工作，随后被任命为核导弹和长征二号运载火箭的副总设计师，负责控制系统的研制工作。但刚起步不久，"文革"的风暴严重冲击了上述型号的研制工作。在这场风暴中，八舅和全国知识分子一样，和他的哥哥姐姐们一样，受到了"批判""靠边站"等不公正的待遇，他和全体亲人失去了任何联系，家被抄，老母亲也被折磨致死。这一年，有三位科技专家死于非命，其中一位是著名火箭材料专家姚桐斌，他是在周总理亲自关怀和安排下从国外归来希图报效新中国尖端事业的杰出科学家，听到他去世的噩耗，正在宴请外宾的周恩来总理震惊得手中酒杯都跌落在地，摔得粉碎。周总理决心将一批重要专家保护起来，这其中也包括梁思礼。如此，他才幸免于难。但是，无论遇到什么灾难，在事业面前，八舅仍不计较个人职务名位，强忍着丧母的悲痛，坚持开展科研工作，在逆境中，在各种干扰阻挠下，努力使研制工作不断取得进展。

1976至1978年，八舅同时还担任长征三号运载火箭控制系统技术负责人，在确定长征三号控制系统方案中起到技术领导和具体指导作用。1978年，他集中力量研制远程导弹和长征二号，并参加了上述型号导弹的多次飞行试验。1980年，他参加了向太平洋发射远程火箭的飞行试验；为此，他成为1985年国家科学技术进步奖特等奖主要获得者之一。

1980年，他调任七机部运载火箭研究院副院长，在这个岗位上，他进一步狠抓导弹的研究质量和可靠性工作，由于他在理论和实践上取得的成就，被认为是航天可靠性工程学的学科带头人。1981年，八舅被任命为航天部总工程师，同年被任命为通用测试设备（CAMA系统）总设计师，负责航天部

通用计算机自动化测试系统的研制工作。这一项目经过四年努力取得了成功，为此，他是 1987 年国家科学技术进步奖二等奖和航天部科技进步奖一等奖的主要获得者之一，并于 1996 年获得何梁何利基金。1997 年，他又获老教授科技兴国奖。1983 年，梁思礼任航天部科技委员会常委、总工程师。

梁思礼在宇航事业方面的辛勤劳动，使他在宇航界享有很高的声誉。1987 年，他当选国际宇航科学院院士，英国剑桥国际讨论中心把他列入了《世界名人录》；他还担任中国宇航学会等很多学会的副理事长、理事，并被聘为哈尔滨工业大学及南京航天管理干部学院等大学的兼职教授，每年定期到校为大学生们讲课。

多年来，家里的人从不问八舅在干什么，大家只知道他在某研究所，从事一种非常重要的科学研究，而他自己更是守口如瓶，滴水不漏。他是个实

梁思礼与吴荔明重回饮冰室，在儿时拍摄的照片前留影

干家，总是忙忙碌碌地在外面出差，家中的事很少过问，一切家务担子都落在八舅妈的身上。

我们八舅妈名叫麦秀琼。她沉默寡言，十分文静，对家人有着很深沉的感情。八舅和八舅妈是对恩爱夫妻，他们在各种风雨坎坷中共同生活了半个多世纪。八舅说："五十多年来，无论在多困难的日子里我们没有吵过一次架，我庆幸生命中有了她，她为我牺牲了许许多多。"确实如此。八舅妈很有才华，她在高中毕业时，是全高中总分第一名，她完全可以在事业上比今天更有成绩，但为了支持八舅的事业，她几经调动，失去了发展自己的机会。

"洋博士"八舅和"游击队小鬼"八舅妈说来很有缘，当八舅在美国读博士的时候，八舅妈参加了游击队，成了一名小游击队员，彼此的经历完全不同。但解放后他们在工作单位里初相识时，仿佛早已相识多年，惊喜地发现彼此之间有着很多相通共鸣的东西，他们对事业都充满了饱满的热情。他们除了有共同的思想感情外，还有相近的文化背景。八舅妈的祖父麦培生，是一名基督教徒，响应孙中山先生领导的民主革命，曾参加黄花岗起义，参加同盟会，最后被陈炯明杀害。八舅妈的父亲从复旦大学毕业后，也投身进步事业，曾在十九路军中任职，后赴香港办报。太平洋战争爆发后，香港沦陷，他返回广东，因长年颠沛流离，积劳成疾而去世，享年四十四岁。1947 年，十几岁的八舅妈高中毕业，在她面前摆着三条道路：考大学、去游击区或是工作养家。由于她的成绩优异，有位老师很希望资助她读大学。但已经是共产党员的她受到进步思想的影响，毅然放弃了考大学的机会，进入了共产党领导的游击区，参加了解放全中国的革命斗争。她是从进步、民主、书香世家走出来的游击队员。她那文静、内秀、坚忍的性格吸引着八舅，而八舅的博学多才及乐观开朗的性格也很使八舅妈敬佩。他们两人真是"天配良缘"。

杨度的妻室与子女

杨度和梁启超相较，对自己后代的关注就显得少得多，与自己儿女的关系上也不那么密切。他认真地对后代做出安排，应该说主要是三十九岁在北京时。据说当时袁世凯得到德国的支持，决定向德国学习，让他的儿子袁克定和德国顾问商量，为改革军队作准备，先派遣一批军政官员的子弟去德国留学，以备将来作为新军的骨干力量。杨度在这样的背景下，决定将自己的两个儿子——公庶、公兆和杨庄的独子王舒派往德国留学。当时，杨度正处于自己政治生涯的顶峰时期，准备在“名流内阁”中出任交通总长或教育总长，对于国家和自己后代都有一定考虑。随之，他自己的命运跌宕起伏，有些自顾不暇，对于子女的教育就考虑很少了。

1920 年，杨度与母亲、妻子及子女在长沙。左起：杨云慧、杨云洁、徐粲楞、黄华、杨度之母、杨度、杨云碧、杨公素、杨公敏

黄华

我们的奶奶黄华，字仲瀛，湘潭彩霞湾人。她的父亲黄波（黄润珂）曾随其兄黄润昌在曾国荃部下工作，属于后勤部门。郭松林率军剿捻军时，黄波负责主管粮食运输，后来留在江苏任知府。光绪八年，左宗棠任两江总督，调他总管营务，后任扬州知府，继而又到福建督漕运，掌管浦城运盐局。黄波因密捕焚劫县城的匪首周丙兰，遭到周的弟弟挟私仇闹事，被击伤而死，受到朝廷的优抚。所以，黄家也是湘潭的大户人家。

1896 年，奶奶黄华嫁到杨家，与杨度新婚，两人的感情是很好的。当时，她曾向杨度讨教如何写好律诗，杨度在光绪二十四年十一月二十一日日记中曾记载：

> 仲瀛请学七律，小格不足学也，然道无不在，授以玉溪律体百首，以其近齐梁，取建瓴之势。[1]

十三天后，即农历十二月四日，杨度又记载：

> 仲瀛请学律体，为选玉溪诗百首与之，今日抄毕。

从中可以看到，杨度对待初婚的妻子是怀着年轻人的热情，十分认真地选诗抄诗，足足忙了十几天才完成给妻子的“作业”，这既是一份教材，更是一份情义和期望，这该是多么珍贵啊。杨度将所抄诗作交给黄华的时候，正好自己将要赴京赶考，妻子也要回娘家了，故而同时，他也亲笔作了一首七律，表述分别之情：

> 更欲成离会亦愁，夜灯凉雨入朱楼。
> 鸣机旧织伤遥夜，长铗初归叹晚秋。
> 玙市倚楼沉醉久，章台沾笔翠颦收。

[1] 北京市档案馆编：《杨度日记 1896—1900》，新华出版社，2001 年版。

从兹不羡鸳鸯鸟，日暮江寒比翼游。

这里，既表达了新婚离别的“离愁”，又表达了要“比翼双飞”的鼓励和期许。从这首诗中，我们还可以体会到老辈们那种新婚恋情！

奶奶黄华嫁到杨家和杨度生活在一起的时间并不太长，她的主要任务是伺候婆婆、杨度的母亲，也就是祖奶奶。由于杨度的父亲死得早，祖奶奶带着三个孩子守寡，仰仗大伯杨瑞生的供养过日，心理发展得不正常，是一个很难伺候的老太太，幸亏黄华生性温顺，为了维护家庭和谐往往自己做出牺牲。大姑记载的一件事可以为证：

我父亲在1907年进了“宪政编查馆”以后，因为独自一人在北京，生活上无人照料，便写信给我的祖母，希望接母亲黄华去北京居住。祖母却因此而大发雷霆，认为我父亲不孝，做了官就要接妻子去享福，把娘扔在一旁。她便拿起那封信，怒气冲冲地对我母亲黄华说：“你是愿意去北京做官太太呢，还是愿意在我身边伺候我？”母亲黄华一向贤淑，非常孝顺，当然不敢答说要去北京，就说：“我当然愿意在长沙伺候老人家。”

祖母听母亲黄华这样回答了，就立即叫母亲黄华自己写了一封信给父亲，并要我父亲自己想办法，解决生活上的问题。当然“母命不可违”，这就造成了夫妻分离的悲剧。

所以后来奶奶黄华一直在湖南老家伺候杨度的母亲，而杨度在北京、天津和后来的上海都是由二奶奶徐粲楞陪同。后来黄华受小姑子杨庄影响，很年轻就信了佛教，成为一名虔诚的信徒。她生育了两个儿子：长子公庶和次子公兆。直到老母亲去世后，杨度才把她从湖南老家接出来，后来她主要和长子公庶、次子公兆一块生活。

在我们小辈心目中，奶奶一直是一位慈善谦和的老人，平日虔诚向佛外，并不大关心儿孙辈的事，但有一件趣事却让人记得清清楚楚：

当抗日战争时期，爹爹杨公庶带着我们全家住在重庆沙坪坝，因为我们

在国民政府从南京迁都到重庆之前就先期到达，所以当时地价很便宜。我们在重庆大学大门口附近建造了相当大的一个院子“雍园杨宅”，坐落在山坡上面。后来大成公司的家属院坐落在山坡下面，而奶奶和她的保姆就住在山坡下面的职工家属大院。杨友麒那时上小学，每天放学回家都到山坡下面的大院找小伙伴玩，他们在奶奶的房后，用废旧的粗麻绳搭造了一个秋千，玩儿得很高兴。奶奶看到那个秋千很不像样，唯恐不知何时断裂，担心杨友麒会从上面摔下来受伤，于是多次警告，大家不以为意。有一天下午，杨友麒和伙伴们放学去玩儿，发现他们的秋千被拆除了，换上了用四根新棕绳绑的新秋千。大家猜想一定是奶奶叫人给换的，杨友麒当时是个“孩子头”，就先上去试验。殊不知这四根新棕绳的强度远远比不上原来用的旧粗麻绳，他上去荡到最高点向下坠回时，只听到“嘎巴”一声，四根新棕绳一起断掉，结结实实地摔到地上，差一点儿昏死过去，大家也吓坏了，不知所措。所幸杨友麒慢慢清醒过来，发现身上并未受伤，因为地下是比较松软的泥地，只得一瘸一拐地回到家里。爹爹知道后埋怨奶奶不够慎重，从此这项活动就被取消了。

奶奶黄华后来在北京和我们住在沙滩东黄城根的一个四合院里，我们俩结婚时，她还找出来一枚“连心锁”，写了“永结同心”四个字在一张红纸上作为结婚礼物。

徐粲楞

二奶奶徐粲楞原名徐采菱，出生在江苏吴县，父亲是抬轿子的，所以家境贫寒。她九岁就进了缫丝厂当童工，每天挣一点儿钱补贴家用。十一岁时父亲就去世了，全家只能靠哥哥做抬轿工来度日。为了安葬死去的父亲，向别人借了不少银子，根本无力偿还。邻居郝大妈是刚从北京回来的，见她长得眉目清秀，聪明伶俐，就劝她的母亲说，不如将这小女儿交给她带到北京学唱戏，一来可以有钱偿还债务，二来脱离这个环境，日后学成唱戏也有一

份挣钱的工作出路。虽然她母亲顾虑重重，但采菱自己却很有主见，觉得这是一个机会，说服了母亲，跟着郝大妈去了北京。到了北京后，她就进了一个专门训练童伶的戏班子，一面学文化，一面学唱戏。这样过了几年的学唱生活，她就能和其他老同学一起出去唱戏了，偶尔也和他们去参加一些达官贵人的寿辰喜庆的堂会。

这时，杨度正值单身一人在北京，又收到夫人不能来京的信，只好自己在北京来找伴侣。关于这段姻缘故事，大姑杨云慧有确切的描述：

在一次宴会上，他一眼看到我的生母，便产生好感。后经友人介绍，互相认识了。两人一见倾心，谈得很是投机。我父亲一心要把她娶回家中，戏班主却要很多银子作为聘礼。与此同时，还有个银行经理也在追求我生母。那人有财有势，很受戏班主的欢迎。可是我的生母却偏偏爱上了我的父亲，因为父亲的才学已经闻名，又年轻有为，相貌也生得英俊。她明知父亲家中还有妻儿也不在乎，还是决心嫁给我的父亲。可是父亲的财势比不上那个银行家，只能勉强凑合了一些钱娶了我的生母，过着小家庭的生活。不料因此又惹出了一场灾祸。

那个银行家因为竞争失败，心怀不满，就找了个朝廷大臣帮忙，向清廷政府奏上一本，说什么“杨度年轻，不务正业，在外游荡，并纳妾在家”等等，请求给予惩罚。这显然是有意报复，恶意中伤。可是父亲却不得不想法子暂时避避风头，还派了一名男仆，把我生母送往苏州我外婆家暂住。临别时，两人还特意制作了两件一模一样的罗衫，作为证物，各人保留一件，日后父亲派人去接我生母回来时，就以此罗衫为证。如果两件罗衫一模一样的，才可以跟随来人一同走。这是为了避免坏人假充是我父亲派去的人，而把我生母骗走。

我生母在苏州住了几个月，父亲仍然不放心，又派人去苏州把

她送去湖南长沙，和我祖母、母亲黄华住在一起。等到风波平息以后，再接回北京。[1]

杨度去世后，二奶奶一直住在上海愚园路的私宅中，但到了“文化大革命”，红卫兵“破四旧”进屋抄家，抄出了杨度的照片，说他是官僚地主、卖国贼，说二奶奶是地主婆。她不服说：“杨度不是卖国贼，周总理对他都是很尊敬的。”这么一说，红卫兵更说她“侮辱中央首长”，把她拖到弄堂里，站立在高凳子上，脖颈上挂着牌子，当众批斗她。然后，他们勒令她每天清晨天亮前去扫弄堂。这时她已七十多岁的高龄，又有高血压、心脏病，如何经得起这么折磨，从此卧病在床了。

这种情况经杨云慧和郭有守的儿子，也就是二奶奶的外孙郭安东写信告诉了在北京的杨云慧。杨云慧记载说：

我接信后，忧心如焚，立刻就去拜访章士钊老伯，希望弄清楚我父亲究竟是否共产党员，以便解脱我母亲在上海的困境。章老伯说：“你父亲的确是加入了共产党的，而且是在周总理领导下入党的。这件事，毛主席曾亲口和我讲过，不过对党外一向没有公开。”我听了很是高兴，可是，这又叫我怎样对人家讲，拿什么去向人家证明呢？

不久，上海又来信说是风声更紧了，红卫兵又要来批斗我生母，叫我快快想办法。我又连忙去请教章士钊老伯。章老伯说：“你先回上海去安慰你母亲，叫她不要急。如果再有什么事情，可以立即写信给我，我会设法转交周总理，为你母亲解围的。”于是我就连夜上火车赶回上海。

我刚到达上海的那天晚上，红卫兵又来了，逼着我生母交代，硬说我父亲是官僚地主，我生母是地主婆。我就挺身而出，为父母辩护。他们哪会相信，反叫我写交代，改日再来。

[1] 杨云慧：《从保皇派到秘密党员——回忆我的父亲杨度》，上海文化出版社，1987 年版。

我当夜就写了一封告急信给章士钊，请他转呈周总理。不久，章老伯回信说周总理已打电话给上海有关方面，叫我们放心。果然，我家从此平静下来，再也没有人来骚扰了。[1]

1971 年夏天，二奶奶徐粲楞病逝于上海。

杨公庶

我们的爹爹杨公庶 1897 年生在湖南老家，我们的祖奶奶去世后，他就随我们的奶奶黄华一同来到北京上学。1913 年冬季，十六岁的他就被杨度派往德国留学，一同成行的还有弟弟公兆和表弟王舒。杨度向他们交代，首要任务是学好德国的先进科学技术，将来带回来好为国家工作，挽救落后的中国。他是三人中最年长的老大，也明白自己的这份责任。到达柏林后，杨公庶考进柏林大学化学系，从大学生一直读到博士研究生，整整花费了八年时间，最终获得柏林大学化学博士学位。他一面学习，一面还要在生活上照顾两位弟弟，有时弟弟们连买衣服、理发等琐事也需要他来操心。

1922 年，爹爹杨公庶回国，此后纵观其一生，他的两次大转折正对应着两个人物：蒋介石和毛泽东。

回国后，杨公庶开始在北京大学教书，后来在范旭东先生的邀请下又去黄海化学工业研究社做过几年科研，还曾和乐家老铺同仁堂的乐达仁总经理合作研究中药提取技术。在和一些像范旭东这样的实业家接触后，他就转向"实业救国论"，觉得只有发展民族工业才能使中国富强起来，从此就一心想做实业了。但是到了 20 世纪 30 年代，日本侵略中国的野心愈发明显，华北已经不那么太平，在这种形势下到哪里办实业才合适呢？ 1932 年 11 月，国民政府成立了国防设计委员会，由蒋介石自任委员长，翁文灏任秘书长，钱昌照

[1] 杨云慧：《从保皇派到秘密党员——回忆我的父亲杨度》，上海文化出版社，1987 年。

■ 1951年（约），爹爹杨公庶和娘乐曼雍

任副秘书长（但是是实际负责日常工作的人），意图组织各类知识分子调查研究国家资源和工业，为国家备战服务。这个机构设委员四五十人，还聘请各种专家二百人为专门委员。杨公庶被聘为专门委员，而杨公兆则为调查处主任。一次，爹爹直接晋见蒋介石，与他研究如何办工厂和在哪里办工厂比较合适的问题。蒋介石明确地告诉他，中日之间早晚避免不了一次战争，一旦打起来，中国的实力打不过日本，就只能大踏步后撤。那么会撤到哪里去呢？杨公庶问："到武汉办厂行吗？"蒋说"不行！""那么到宜昌可以吗？"蒋仍然否定。最后爹爹问："那么就只能再西移到重庆，可以吗？"蒋回答说："这可能差不多了！"这里不能不说，蒋介石作为抗日领袖，在战争还没有开始之前就已预见到将来迁都到重庆的部署。杨公庶在摸到这个底后就琢磨着提前去重庆。须知，20世纪30年代，四川大多数地区还处于"尚未开发"，山城重庆更是没有人想去的"蛮荒之地"。那时，正好重庆大学胡庶华任校长，他是杨的湖南老乡，又是留学德国的学长，想招聘一位教务长。这两位湖南老乡一

拍即合，重庆大学自然喜出望外，所以很快，杨公庶就被任命为重庆大学教务长，随后举家迁往重庆。

虽然担任了重庆大学教务长职务，但他那颗“实业救国”之心未死，总想着办工厂更重要、更符合自己的心愿。开始，他利用四川盛产甘蔗的特点，办起了一个制糖厂；后来正好学校有一个用粮食发酵制酒精的实习工厂准备出售，于是他和几位教授同事千方百计凑集资金，想买下这个厂。其实爹爹自己并不富裕，这笔资金主要来自母亲乐曼雍的“嫁妆”。

最终，杨公庶买下了这个实习酒精厂，辞去了教务长职务，开办了大成酒精厂。后来，国民政府将首都从南京迁往重庆，而西南地区根本没有石油生产，燃料奇缺，大成公司生产出的大量酒精可以代替石油，为机动车提供急需燃料，所以就成为重要的“战略物资”。爹爹杨公庶自任总经理，还邀来一些科技界朋友助阵，如厂长莫运乾、销售经理詹单炳等，在二战期间将公司做得风生水起，还担任了酒精同业公会主席。公司赚钱后，一面扩大生产，一面拓展业务，成立了大成制药厂。但是，大成公司做大后，就发现资金不足，没有银行的支持就有资金链断裂的危险。这时，就不得不投靠金城银行，到后来，金城银行成了真正的老板，而总经理杨公庶只是个职业经理人。

1945 年抗日胜利后，出现了一个接收日伪资产的热潮，爹爹杨公庶也没有放过这个机会，他跑到武汉收购了一个制冰厂，到上海收购了一个原日资酒精饮料厂，将其改造为橡胶厂，这样一来大成工业公司就成为沿长江拥有重庆、武汉和上海三个分厂，总部设在上海的初具规模的私营中型化工企业了。

在国民政府时期，杨公庶对当时官员腐败深恶痛绝。一次，他到上海去盘一个日资厂，迟迟争取不下来。有人告诉他，你要送谁两根黄鱼（金条）就搞定了，这使他十分恼火，不愿意干这种事。他后来被别人拉进了青年党，也“当选”了上海市参议员，但其实他对于政治没有多大兴趣。到了 1948 年，国内形势已经越来越明朗了，国民党在北方节节败退，共产党的解放军越打越壮大。国内兵荒马乱，他觉得将来“实业救国”这条路很难走了，不如将

产业卖掉再看一看下一步形势。

工厂卖掉后，曾任长春市市长、从东北跑回上海正负责善后救济总署渔业管理处的湖南老乡赵君迈请杨公庶到位于复兴岛的渔管处冷藏基地，负责冰库设计和施工。这时，另一个人生机会又向他招手了。

杨公庶跟父亲杨度的老朋友、湖南同乡章士钊很熟。1948 年，章士钊秘密去西柏坡访问毛泽东，两个湖南老乡煮酒论英雄，谈到湖南先辈里有哪些人，说到杨度时，毛泽东说："杨度可是我们的人。"这令章士钊大吃一惊，他头一次听说杨度竟是共产党。毛泽东问起杨度的后人近况，章士钊说："他的长子杨公庶就和我很熟嘛。"毛泽东说："那你下次就把他带过来吧。"这"下一次"，就是 1949 年 4 月北平国共和平谈判。

当时形势是：从 1948 年秋至 1949 年初，辽沈、淮海、平津三大战役相继取得胜利，国民党精锐部队丧失殆尽，人民解放军即将渡江。国民党统治已是日薄西山，气息奄奄，为了挽救行将崩溃的命运，南京政府企图利用和谈，欺骗全国人民，阻止人民解放军向江南进军，争取军事上的喘息时间，以便重整旗鼓。1949 年 1 月 14 日，毛泽东发表《关于时局的声明》，提出：虽然中国人民解放军完全能够消灭国民党反动分子的残余力量，但为了迅速结束战争，实行真正的和平，减少人民的痛苦，我们愿意在八项条件的基础上进行和平谈判。八条是：(一) 惩办战争罪犯；(二) 废除伪宪法；(三) 废除伪法统；(四) 依据民主原则改编一切反动军队；(五) 没收官僚资本；(六) 改革土地制度；(七) 废除卖国条约；(八) 召开没有反动分子参加的政治协商会议，成立民主联合政府。蒋介石内外交困，在来自全国人民的强大压力下，不得不于 1 月 21 日宣布辞职，由李宗仁担任代总统。李宗仁代总统后，便积极进行"谋和"活动。他摆出开明姿态，一方面下令"释放政治犯"，"恢复各党派的合法地位"，"启封停刊报纸"；另一方面邀请各路民主人士讨论座谈，并于 1 月 27 日致电毛泽东，表示愿意以八项条件作为和谈的基础。

3 月 26 日，中共中央通知南京政府，以毛泽东八项条件为基础，于 4 月

1976年，杨公庶在北京

1日在北平举行和谈。4月1日，南京政府派出由张治中（首席代表）、邵力子、刘斐、章士钊、黄绍竑、李蒸组成的和谈代表团。共产党方首席代表为周恩来，代表是林伯渠、叶剑英、林彪、李维汉，后来又加派了聂荣臻。此时，章士钊没有忘记对毛泽东的承诺，千方百计地要把杨公庶塞在代表团里，但用什么名义呢？最后，报纸上刊登出的消息体现了这样的信息——电报员：杨公庶。

当时，国民党代表团团长张治中同意了共产党的和谈条件，但蒋介石无论如何不能接受。团长张治中执意要回南京去劝说李宗仁总统，但周恩来表示："千万别回去了，我过去已经对不起一位姓张的朋友了（指张学良），这一次不能再对不起另一位姓张的朋友了！"所以，和谈代表就没有回去，爹爹杨公庶就和所有代表团成员都留在了北平，最后等上海解放才回到家里。

1949年中华人民共和国成立，爹爹杨公庶被安排到中央计划局任轻工业处副处长。1956年左右，中央计划局改组成中央计划委员会，他被派到北京

工业学院（北京理工大学前身）做化学教授，并作为“特邀人士”担任全国政协委员，直到退休。

1978年，八十一岁的杨公庶病逝北京，政府为他举行了隆重的追悼会。报纸上刊登的消息如下：

新华社北京七月十六日电　政协全国委员会委员杨公庶先生追悼会，今天下午在北京八宝山革命公墓礼堂举行。

人大常委会副委员长、中共中央统战部部长乌兰夫参加了追悼会，并送花圈。政协全国委员会副主席朱蕴山、秘书长齐燕铭，以及彭友今、王昆仑、陈此生、刘斐、朱学范、屈武、甘祠森、吴茂荪、钱昌照、李平衡、许闻天、胡子婴，送了花圈。

中共中央统战部、政协全国委员会、民革中央，送了花圈。追悼会由政协常务委员陈此生主持，政协常务委员钱昌照致悼词。

悼词说，杨公庶先生为湖南省湘潭县人，青年时期留学德国，毕业于柏林大学化学系；归国后，一度任大学教授。解放后，他献身祖国工业建设事业，历任政协第二、第三、第四、第五届全国委员会委员，一九七八年七月九日因病在北京逝世，终年八十一岁。

各有关方面负责人和杨公庶先生的生前友好李贵、彭友今、李霄路、秦德远、朱学范、刘斐、曹禺、王芸生、王雪莹、关瑞梧、孙起孟、杜聿明、吴茂荪、谷春帆、宋希濂、郑洞国、屈武、赵朴初、胡子婴、侯祥麟、侯镜如、黄维、程思远、雷洁琼、焦琦、王致中等，参加了追悼会。

娘乐曼雍1903年生于北京，本是同仁堂乐家的三小姐，她的父亲是同仁堂乐家的十三老爷（乐家第十二代），早年曾在北京师范学校就读，和胡絜青是同学。同仁堂的乐达仁办渤海化工公司，与爹爹杨公庶是同事。看到这位回国不久的德国化学博士尚未婚娶，乐达仁就将自己的侄女乐曼雍介绍给他。

乐曼雍油画像（1944年，吴作人作于重庆沙坪坝。）

双方家里都很同意，1926年他们正式结婚。

婚后，乐曼雍就在家相夫教子，没有出来工作。但她很喜欢学习，开始跟公公杨度学习书法，也喜欢听杨度讲他的见闻，所以思想上受到杨度影响较多。后来到重庆沙坪坝后，又请了南开中学的首席国文老师孟志荪先生来家里讲《庄子》和诗词，不时和父亲一同作诗填词，还出版了一本《雍园词钞》，内收叶麐、吴白匋、乔大壮、沈祖棻、汪东、唐圭璋、沈尹默、陈匪石等人词作九种，1946年在重庆印行。沙坪坝是抗日时期的文化区，有重庆大学、中央大学等一批高等学府为依托，文化生活十分活跃。乐曼雍很喜欢与文化人交往，一时间我们家成了沙坪坝的文化沙龙，徐悲鸿、吴作人、乔大壮、唐圭璋等人成了常来常往的座上客。

乐曼雍虽然出生在富裕的大家族，但一直有一种民粹主义倾向，这可能

是受杨度和沙坪坝文化沙龙的影响。我们家当时虽然也算富裕家庭，但并没有那些有钱人家的习俗，如打麻将、赌钱等，相反，乐曼雍一旦有了一些钱就想办社会公益事业。1946 年抗日战争胜利后，她积极筹划利用我们家附近的旧房子（住户抗战后回东部老家去了），加以翻修改造成校舍，请了重庆最好的老师，办起一个私立“儒英小学”。“儒英”是为了纪念外婆王儒英。按乐家的老规矩，外婆这样辈分的老人死后出殡花销是极大的，但外婆有言在先，要求丧事从简，省下的钱用来办教育。娘办儒英小学也是为了完成外婆这个遗愿。由于这所小学起点高、基础好，后来一直是沙坪坝最好的小学。解放后，这所学校几经改名成为现在的“育英小学”。2006 年，为庆祝校庆六十周年出版的《“为腾飞的雄鹰喝彩”——2006 年育英小学六十周年华诞庆祝活动”简讯》中有一段话：

往事如昨，年华似水，一串串跃动的音符，一片片纷飞的落叶足以让我们思绪如潮，感慨万千。六十年前，一位开明女士用母亲

1950 年，乐曼雍在上海

留下的遗产创办了这所学校。“天下兴亡，匹夫有责”，教育救国，立下办学目标，“认识自然，主宰自然，认识社会，变革社会，认识生活，改造生活”的教育变革从此拉开了历史的序幕。“儒英小学”“红星小学”“第十小学”“育英小学”。每一个校名，都见证着一段光辉的历史。

这里提到的“一位开明女士”就是乐曼雍。

家从重庆搬到上海后，乐曼雍也追求进步，结交如胡子婴、黄宗英等这样的左派朋友。她看到黄宗英这批演员一面演戏一面还需要带孩子太辛苦了，就想拿出钱来办个托儿所，为演员们解除后顾之忧。但是，这件事还没有办成上海就获得了解放，事情也就随之放下了。

由于娘的思想左倾，为了办这个、办那个和爹爹没有少争执、吵架，后来我们慢慢长大了才明白，他们吵架并非是感情不好，而是思想上有分歧。她对我们孩子们的思想有重要影响，每次爹爹和娘有争吵，我们总是站在娘这一边。

1950 年，全家搬到北京后，乐曼雍被分配到政务院机关事务管理局，在公馆科工作，她的领导是齐燕铭、余心清，直到 1952 年机关事务管理局缩编退休止。

杨公兆

因为杨公兆婚后多年没有孩子，而哥哥公庶有四个孩子（两女两男），所以就决定把杨友麒这个最小的儿子过继给他。杨友麒称杨公兆夫妇“爸爸和妈妈”，称自己的生父母“爹爹和娘”，以此区别。

1899 年，杨公兆生于湖南老家，中学在长沙明德学校学习。1913 年冬，年仅十四岁的他就和哥哥杨公庶一同被杨度派往德国留学。他到德国先学德文和补习中学课程，后来进入柏林大学矿冶系学习地质专业，最终获地质学

博士学位。到 1929 年归国，他在国外生活和学习长达十五年之久，除了在德国完成部分中学和大学课程学习外，还曾去美国游学考察了几年。杨公庶回国后，发现到 20 世纪 30 年代的中国，留学德国的一派已不大吃香，政治和经济界都是留美派当家，所以他写信给弟弟公兆，建议他有机会赴美留学。

1929 年，公兆回国后，先被聘到南京国民政府农矿部工作，任理事。5 月，受聘为南京国民政府“译名委员会”委员。同年 9 月 9 日，国立北平研究院成立，又被聘为特约研究员。那时，清华大学校长刚辞职，一时没有合适的人选，暂时由著名地质学家翁文灏代理校长，翁就找到地质学界的同事杨公兆来当秘书长。于是，他于 1931 年 7 月 7 日任清华大学秘书长（至次年 7 月），兼任地理系讲师，讲授“普通地质学”。杨公兆是一个处世严谨、不苟言笑的人，从他作为清华大学秘书长给新同学的报告中可以窥见他的风格：

> 个人的生命史，和国史一样，是可以分为若干阶段的。比如“初恋”“新婚”都是新生活的开端，由此便转入了生命史上的另一时期。这个当儿，在本人是值得纪念的，旁观的朋友们也每每为他而欢欣，而喝彩。
>
> 一步踏入大学的门楼，此后便是所谓高等教育的时期了，这当然又是生活的转向，很堪纪念、欢迎的时节。何况是趁着青天一碧、万里无云的秋光，走向一个山环水绕、庭院森森的大学！这小小的、有情还似无情的“清华园”门，曾有多少青年为它而憔悴，而长叹！
>
> 唯独诸君渡过难关，卒邀荣宠，得有今日的踵门求学，足证诸君过去“十年磨剑”的精神，亦足令人欢迎嘉许！
>
> 然而环观国内，入学者几人？大学有几人？且慢，成千累万，蓬头垢面，菜色肌肤的国人中，能超越死的界线，而遇着人的生活者究属几何？我们都是金字塔尖的幸运儿，总要不为着生活的舒展，而忘却艰难的责任！“任重而道远”，这又是在开始四年长期训练的今日，所必须顾念的诸念中的一个。公兆不已于言，谨为诸君附志于此。

公兆四年前执鞭于此，今又旧地重游，略助校长治理园中杂务，兹值诸君远道来游，将与园内光阴，晨昏相共之际，谨以园丁资格略表欢迎之微意！顺祝前途努力，造成生命上的新纪录！[1]

1932年11月1日，国民政府“国防设计委员会”成立，杨公兆任调查处处长。1935年4月1日，“国防设计委员会”改组为“资源委员会”，他仍任调查处处长。在这期间，他不仅领导、组织了国民政府的多数地质调查工作，也常亲身前往多地，进行资源勘测与调查工作，并发表、翻译了一些具有影响的论著。例如，1930年8月17日，与谢家汉一道，赴徐州、安徽一带调查地质矿产。并在《地质学报》第二期发表德文文章*BEITRAG ZU DEM STUDIUM DER MIKROSTRUKTUR DER CANNELKOHLEN, INSBESONDERE DEUTSCHER HERKUNFT*。1931年，翻译温德的文章《钢铁事业的几个基本问题》。1932年8月1日至9月14日，受地质调查所之命，同陇海铁路与陕西省政府合作的“陕西实业考察团”一道，前往陕北进行调查。1934年，完成《中国煤业实况》（与董纶合著）一文。

1936年6月，杨公兆任“国民经济计划委员会粮食管理组”副组长。1937年，任中国矿冶工程学会干事；12月1日，湘潭煤矿公司成立，任公司监察人。1938年2月28日，“资源委员会”改组后，任矿业处处长；3月4日，“资源委员会”与兵工署会同组建“钢铁厂迁建委员会”，任“钢铁厂迁建委员会”委员；9月1日，“资源委员会”与贵州省政府合办贵州矿务局，任矿务局理事长；12月17日，嘉阳煤矿公司创立，任公司董事。1940年8月，“资源委员会”所属“矿产品评价委员会”成立，杨公兆任主要负责人。1943年，任“资源委员会”兰州办事处主任。

抗日战争胜利后，1945年9月，国民政府经济部“战时生产局鲁豫晋区特派员办公处”成立，杨公兆被派往青岛任特派员，少将衔。1947年调回南京，

[1] 杨公兆：《欢迎新同学》，《消夏周刊》，第一百九十五页，1931年第七期。

1932 年，清华校务会议成员合影。左起：叶企孙、陈岱孙、冯友兰、梅贻琦、杨公兆、张子高

8 月受行政院任命，任“资源委员会”委员和业务委员，并任金属矿管理处处长。1947 年前后，“资源委员会”分别派出本部中高层领导，前往所属国营公司担任董事、监事甚至董事长。杨公兆被分派任东北金属矿董事长。

1949 年 9 月，中央人民政府财政经济委员会成立，杨公兆任职于其下属中央计划局重工业处副处长。1950 年 1 月 13 日，中央财政经济委员会所辖关税税则委员会成立，杨公兆等十二人为委员，主任委员为姚依林。1956 年，中央计划局改组为国家计划委员会，他被调往北京外贸学院（对外经济贸易大学前身）成为德语系教授，于 1959 年退休。

爸爸杨公兆和葛敬安结婚后，一直“相敬如宾”，在杨友麒印象中这个家庭事事井井有条，循规蹈矩，但并不温暖欢乐。作为继子的他在成长过程中是“两边走”模式，主要生活在生母这边，也短期生活在爸爸妈妈这边。但他从小并不喜欢这个家庭，觉得这里规矩太多，自从懂事起，就觉得和这个家庭有些格格不入，总共待在这个家不超过一年（事实上主要是初中二年级

在南京一年）。妈妈葛敬安是个能干的人，处理家务之外，主要精力都放在自己钟爱的“美术人型”事业上，和杨公兆的感情交流不多。所以杨公兆晚年患了严重的抑郁症，但妈妈却浑然不觉。杨公兆退休后更觉得无所事事，1960年的一天，他服下大量安眠药就走了，终年六十一岁。

妈妈葛敬安所在的葛家是一个大家族，与黄郛是亲戚，黄是国民党民盟时期的元老，北洋军阀政府时期曾短期代理内阁总理，并摄总统职权，与蒋介石在日本军校留学时就成了盟兄弟。黄郛将葛敬安介绍给杨公兆，这件婚事也得到了杨度的赞成。杨度自觉形象偏左，且经济上并不富裕，结交一些达官显要一方面可以冲淡外面对杨家的看法，另一方面自己一旦离开人世，妻女也会有人照应。

1930年，杨公兆和葛敬安在上海结婚，举办了隆重的婚礼，由著名地质学家李四光任证婚人，而主婚人由杨度亲自担任。记得妈妈葛敬安曾亲口对我们讲过：“杨度在婚礼上的绝妙讲话，和传统上的祝福完全不同。他说：‘婚姻不是财产和地位的结合，而是爱情发展的结果。公兆权当娶了个老太婆，敬安就好比嫁给了一个叫花子。你们如果能这样想，就一定可以白头偕老。’”

葛敬安于1905年12月25日出生于浙江嘉兴市，1925年毕业于南京中华女中。她是一个十分好学而且心思缜密、心灵手巧的女人，也是一位虔诚的基督教徒。1954年，她在北京参加基督教女青年会布玩具组时，接到一项来自政府的任务：制作一批玩偶参加印度举行的“国际儿童玩偶及人型比赛”。她接受了其中研制藏、蒙古、苗、维吾尔和彝族五个少数民族的妇女绢人的任务，在著名的泥塑艺术家泥人张——张景祜的帮助下，创制了首批“北京绢人”，送到新德里展出，受到好评。苏联《火花》杂志还将藏族、彝族两个人型的彩照刊登在画报显著位置上，在国际上广为介绍。

1955年初，她约请了李佩芬、杜崇朴等几位同龄的女友，在自己家院内成立了北京美术人型研究组，开始创作古装仕女人型。1957年，北京工艺美术研究所成立，这个美术人型组就并入研究所。同年，由葛敬安、李佩芬合

■ 杨公兆（右一）、葛敬安（左一）与女儿杨友全

作创作的“贵妃醉酒”在北京市工艺美术品评比中获荣誉奖，以后又创作了“民族大团结”“文姬归汉”等许多作品，有的作为出国礼展品，有的在广交会上展出，使订货单快速增加。1964 年，由葛敬安领衔创作的《红楼梦》“海棠诗社”八人群像，随中国工艺美术代表团赴法国展览，在巴黎轰动一时，不仅获得巴黎美术界和市民的赞赏，甚至激发了服装设计师和理发师的创作欲望。诗社人物的服装和发式在巴黎掀起一股热浪，风靡一时。日本、加拿大、瑞典、巴西等国纷纷来订购北京绢人，一时供不应求。

北京绢人还曾受到周恩来夫妇的关怀。周恩来居室走廊就陈设着葛敬安等制作的“郑盈盈”。周还把“吹笛仕女”作为国礼赠送给苏联元帅伏罗希洛夫。1961 年国家困难时期，邓颖超还亲自访问该研究组，鼓励她们努力创作，

杨云洁拜访葛敬安，观赏她的娟人成果。右起：葛敬安、杨云洁、谭樱凡（杨云洁之女）

特意将个人积蓄的三百元资助给这个研究组，使大家受到莫大的鼓舞和感动。

葛敬安 1962 年成为中国美术家协会会员，1983 年成为北京工艺美术学会织绣分会副理事长，被评为北京市二级美术工艺大师。1988 年退休，2000 年 1 月 9 日在北京逝世，享年九十六岁。[1]

杨云慧

大姑杨云慧 1914 年 8 月 31 日生于湖南湘潭老家，是二奶奶徐粲楞生的长女。1930 年以前在苏州读中学，1930 年后到上海和父亲杨度住在一起，就读上海光华大学。由于受到杨度和他来往的左派客人的影响，她在学校也接

[1] 陈旗海、何芷编：《当代中国工艺美术群星谱》，第三百一十八至三百一十九页，当代中国出版社，1994 年版。

触到革命进步思想，积极参与各种左派进步学生运动。这方面她自己有所记载：

当时，由于我倾向进步，所以演出的剧目也是偏向左的，何况又是田汉同志指导的呢！不料，这戏演出后，上海的小报上登载了一则新闻，说："杨度的女公子杨云慧登台演左翼话剧，由田汉导演……"这一报道，就为我惹出祸来，影响了我一生的前途。

这则消息被我父亲见到后，对我大为不满。一则那是三十年代初期，女子演戏是很少的事情，这与当时的风气有关。其次，我演的是进步话剧，又是田汉导演，色彩未免太鲜明了，这对父亲的工作会有影响（当时父亲没有言明，后来由生母谈及）。父亲为此把我叫回家去训责了一顿，命令我即日退学，在家中跟随父亲学习古文，练习大字。同时，父亲又和我二哥商量，为我选择对象，早些将我嫁出去。[1]

那时，她的二哥杨公兆在南京国民政府工作，很快就从政府工作的同事中找到郭有守，当时郭在南京教育部任科长，是一位从法国留学归国的留学生、经济学博士。公兆报告给杨度后，得到他的首肯，认为条件很不错。虽然大姑当时自己不大愿意，觉得年纪偏大了一些，但杨度却觉得找到了一位国民党官员女婿从两方面考虑都比较合适：一方面可以冲淡外界人士对杨度家的看法；一方面将来自己百年以后，自己的妻女和弟妹们也可以多一个人照应。（这些考虑是后来杨云慧的生母告诉她的。）

1930年冬，杨云慧和郭有守在上海结婚，特别请到蔡元培先生做证婚人，那时蔡正任中央研究院院长。

婚后，杨云慧就随丈夫到南京居住。由于郭有守很喜欢和文艺界人士往来，所以也使杨云慧结交了一批著名文化界人士，从而影响到她后来的人生。这些文化名人，如画家徐悲鸿、潘玉良，作家方令孺等，和他们的交往不能不

[1] 杨云慧：《从保皇派到秘密党员——回忆我的父亲杨度》，上海文化出版社，1987年版。

■ 杨云慧在北海公园

影响到大姑。

抗日战争时期，郭有守被任命为四川省教育厅厅长，杨云慧又随他迁往成都华西坝。华西坝是大后方主要文化中心之一，这里聚集着好几所从北平、南京迁过来的大学，如燕京大学等。在这样的文化氛围下，杨云慧一面抓紧时间去大学听课，请老师补习；一面结交进步文艺人士，积极参与他们的各种活动。她的圈子里的朋友有吴祖光、应云卫、孙师毅、丁聪、郁风、凤子等人。她在成都还组织起一个业余的“文艺剧社”，并担任社长，利用自己是教育厅厅长夫人的优势，借助四川省教育厅的人力、道具、布景、灯光等条件，演出过几台话剧。其中最大的一次活动是为慰劳抗日将士演出五幕话剧《雾重庆》，请了著名导演沈浮来担任导演，她自己也担任三个女主角之一。此次演出相当成功，在成都造成相当影响，票房收入全部捐给了抗日前方。

抗日战争胜利后，郭有守进入国民政府的外交部门工作，后来被派驻法国的联合国教科文组织任中国代表，于是杨云慧也跟着出国前往国外。她在

1925 年（约），常玉（左二）、邵洵美（左一）、郭有守（右二）等友人在巴黎结伴郊游

美国耶鲁大学、英国俄德维克戏剧学院和意林电影制片厂学习了戏剧电影的专业知识。

1949 年春，她看到北平已经解放，北平市民一片欢腾，不久将成立人民政府的报道，心里实在按捺不住，希望回到祖国。她向郭有守提出要回上海探亲的要求（那时上海还未解放），郭答应了并帮她办理了一切手续，于是她就只身回到香港，住到吴祖光夫妇的家中。在香港她会见了邵荃麟，邵告诉她，夏衍叫他转告杨，请她前往北京出席全国第一届文学艺术工作者代表大会。不久，在中共驻香港办事处的安排下，她就登上了去天津的轮船，从天津转到北京。两天后，杨云慧接到通知，要她次日去北京饭店参加茶话会，在这里，她见到了周恩来总理。杨云慧自己记述道：

在这会上，周总理一见我就热情地走过来和我握手说：“你回来

了，来得正好！你的大哥杨公庶参加和平谈判代表团，刚刚来过，现在回上海去了。”周总理又让服务员拿来两杯酒，一杯交给我，他自己举起一杯说：“让我们向杨皙子先生致敬！”我和周总理一同举杯一饮而尽。

但是，这一次。周总理还是没有指明我父亲是共产党员，只是使我感到总理对我父亲是很敬重的。最后，周总理还对我说：“你以后有什么事，来找我好了。”[1]

后来，杨云慧就被分配到中央电影局艺术处工作，1951 年 8 月又转到军委总政治部八一电影制片厂任编导，开始了献身电影事业的生涯。她先后编导了《防冻常识》《军马卫生》等科教片，后者获优秀影片奖。1955 年，她调入上海科学教育电影制片厂担任导演，先后编导《无线电广播》《睡眠》等科教影片。1966 年，退居二线。1998 年 6 月，杨云慧在上海病逝，享年八十四岁。

大姑父郭有守也是一位有传奇色彩的人物。他 1900 年生于四川资中，字子杰，父母早丧，由兄嫂抚养成人。后来十八岁时考取北京大学法科，以优异成绩毕业，当时的校长蔡元培对其很是欣赏，公费派他前往法国巴黎大学留学，他最终获得经济学博士学位。

在巴黎留学期间，郭有守曾与徐悲鸿、张道藩等人组织文学艺术团体“天狗会”。归国后，他于 1929 年出任国民政府教育部二科科长，还兼任教育部电影检查委员会主任。1932 年，郭有守发起、组织、筹备中国教育电影协会。同年 7 月 8 日，在南京成贤街四十三号教育部礼堂，蔡元培被选为大会主席，主持了中国教育电影协会的成立大会。协会设分会于国内各大城市以及东南亚的新加坡、菲律宾、马来西亚等，为中国百年电影史上绝无仅有之盛况！郭有守被大会选为首届执行委员会执行委员，受教育部委派长期主持协会工作。他以后蝉联中国教育电影协会历届（共九届十二年）理事、执委、监委、

[1] 杨云慧：《从保皇派到秘密党员——回忆我的父亲杨度》，上海文化出版社，1987 年版。

1943 年，郭有守（中）接待来访的外国友人

常委，为推广中国教育电影（含电化教育），推动中国早期商业电影的健康发展，支持进步（左翼）电影事业做出了重大贡献。所以，2014 年中国电影一百年回顾时，郭有守在其中占有一席之地。

1937 年，抗日战争全面爆发前夕，郭有守奉命先行入川，利用他是四川人的有利条件，在重庆很快为西迁的教育部找到了合适的办公用房。不久，他即先后被任命为教育部秘书长、四川省教育厅厅长，负责大后方所有教育机构，为国共两党一致抗日，团结广大辗转入川的各方人士和各类知识分子，帮助他们解决食、宿、就业等重重困难做出了贡献。当梁思庄带着吴荔明从北平逃难到成都时，为了上华西坝一个好的小学，也找过他这位教育厅厅长“走后门”。

1946 年，郭有守作为顾问随教育部部长王世杰赴美，筹备中国参加联合国教育、科学、文化组织。中国成为联合国教科文组织成员国后，郭有守被聘为首任教育处处长，携妻儿供职巴黎，两年后，被聘任为该组织远东顾问。20 世纪 50 年代，他被台湾当局任命为中华民国驻法国大使馆文化参赞；1964

年1月中法建交后，他离开巴黎赴比利时，任台湾政府驻比利时大使馆文化参事。

其实，早在1949年杨云慧回到北京后，郭有守就来信表示也愿意回国工作。大姑就拿着他的信去找郭过去的老朋友许德珩先生商量。经过许德珩与有关部门沟通后，领导上认为，郭有守目前在巴黎的工作条件很好，可以继续留在那儿为国效力，暂时不必回来。但是，这意思又不便在信中传达，组织上就让大姑借口出去接孩子（他们二人有二男一女三个孩子，大姐和哥哥均在国外读书），再去欧洲与郭有守"面授机宜"。大姑在《从保皇派到秘密党员——回忆我的父亲杨度》一书中写道："1950年4月，我又到了巴黎，并安排好郭有守为党工作的关系。这一次出国，因为是组织上交下的任务，心里比较高兴。"从这里可以知道，1950年起杨家又出现一位秘密为共产党工作的成员。为了使郭有守工作不受怀疑，杨云慧和他还办理了"离婚手续"，郭有守对外宣布"因政见不合，所以离婚"。郭有守是否加入了中国共产党，何时加入的，至今仍然是个谜。后来曾有人问起过他，他回答说："其实早在抗日时期，在成都的时候我和共产党就有合作了！"

1966年，身为台湾政府驻比利时大使馆文化参事的郭有守前往瑞士和中国驻法国大使馆的一位秘书接头，全部过程被瑞士警察录了音，被瑞士警方以"从事间谍活动"逮捕。这件事惊动了北京和台湾双方，北京驻法大使馆行动迅速，立即宣布郭有守早已向其求助，希望通过法国大使馆帮助他回到大陆中国，请瑞士警方协助。台湾开始并不知情，行动迟缓，瑞士警方则尊重个人意愿，所以郭有守很快就到达巴黎中国大使馆。这时台湾才发觉自己的比利时文化参事出事了，于是成立了专案组，企图在郭离开巴黎时拦截下来。当时国民党各方特工会集巴黎，伺机而动，而台湾有关方面也得到法国警方帮忙，法方答复：如果郭有守呼叫不愿意走，警方就可立即将其扣留。所以当他们登机搭乘巴黎飞往莫斯科航班时，台湾驻联合国教科文组织首席代表陈西莹在后面大叫："子杰！子杰！"但郭有守只回头看了一眼，并未回答就

上了飞机，这个事件以台湾失败而告终。

1966 年 4 月，郭有守以国民党外交官宣布起义身份回到北京，而台湾方面则宣布郭是被共党绑架到北京的。在北京机场，他受到妻子杨云慧，儿子郭安东，大哥大嫂杨公庶乐曼雍，老朋友胡子昂、谢树英等人的欢迎，他还受到了陈毅副总理的接见。（参见《人民日报》1966 年 5 月 4 日报道。）外交部副部长王炳南设宴招待了他和他的家属。十年动乱期间，郭有守受到周恩来总理保护，出任全国政协委员。1978 年 1 月 20 日，郭有守因脑溢血在京逝世，享年七十八岁，骨灰安放在北京八宝山革命公墓。

郭有守又是著名的收藏家，张大千是他的表兄，也是他一生的挚友。张因外语水平不高，所有他在外国的展览几乎都是郭有守为他一手操办的。张的不少画就是为他画的。张大千老年曾长期居留巴西，郭有守两次长途跋涉专程去看望他。两人作诗谈画，十分融洽。张大千听到郭有守回到北京十分

■ 1986 年，大姑杨云慧与杨宛娴在上海

震惊，立即派儿子保罗去巴黎了解真相，并将存放在郭处的七八十件珍品画取回，并将凡是题有郭有守名字的画，全部交给历史博物馆收藏。

张大千曾写有《闻郭有守变节》一诗，诗云：

落魄杜司勋，长贫郑广文。
竟为妻子累，遂作死生分。
人道君从贼，吾道贼陷君。
已枯双眼泪，音讯不堪闻。

郭有守去世时，将自己收藏的书画二百七十五件全部捐给了故宫博物院。

真假杨公素

三叔杨公素是二奶奶生的第一个儿子，人也长得俊美，聪明伶俐，最受二奶奶的溺爱。但他有点儿好吃懒做，不务正业，经常以阔家公子哥自居，花钱很冲，这又让二奶奶十分担心，怕公素学坏，结交些纨绔子弟，光吃喝嫖赌，不好好读书。杨公素在苏州上东吴大学时结交了一个同窗好友佘贻泽，这是一个从重庆来的学生，为人朴实，功课又好，从初三起他们就是同班同学。佘贻泽很受二奶奶的喜爱，觉得儿子和这样的朋友在一起，也比较放心。所以她经常请佘贻泽到家里来玩耍、吃饭，而小佘因在苏州没有家，感到杨家待自己十分亲切，就像自己家一样温暖。

“一·二八”事件时，日机曾炸过苏州，学校关门，公素还邀佘贻泽到家里来住，这样，佘同二小姐杨云碧的接近机会就多了，两人还产生一段恋情。

佘贻泽后来九十岁时写的自传体《沧桑九十年》这样记载：

公素很聪明，他早对他家情况不满，他想当个上层公子，西服要去美国定做，这点做不到，家里经济不许可，就只有在上海做最高级的西服。他家有私家包车，大都由他专用，他弟弟公敏是骑自行车上学，他住校嫌伙食不好，家里经常送菜来。……公素在家里

闹了别扭，比如挨了他妈妈骂，不给钱花，不许做新西服，总是到校里向我哭诉，骂他家不是上层人家。虽然没有说他父亲不好；但当我批判杨度时，他也有同感。中学三年，我同杨公素到了无话不谈的程度，我常被请去他家，同他家人都熟悉，特别是她二姐杨云碧对我好。二姐杨云碧同我差不多年岁，不读书，不上学，据说她颈子生过什么疮，现在留有痕印，所以她穿衣衣领特别高，除了遮那点痕印外，还显得高贵矜持。人不算特别漂亮，但身材好，亭亭玉立，风度清雅，她又对我亲切，一下就把我迷住了。

……

主要是杨公素对我的友谊，他知道自己是杨度小老婆的儿子，在杨家尤其是湖南杨度老家家族中占不上一席地位。每想到这些事，他就想以花花公子的玩世不恭摆脱苦闷。他对我真心坦率，把我当成真诚的朋友、兄长、知心人。是他这番诚坦感动了我，我也算在苏州孤身几年得一知己。他对我可以说言听计从，处处听我的话，我劝他不要消沉，不能因家事而不自信自立，自己要走自己的路，但他树不起这个勇气与雄心，每每谈到痛处他就抱着我痛哭。我有点儿义气，不能拒绝他的友情。1932 年春，我们到杭州之江大学寄读时，他就下决心不读书了，要回苏州，我同他弟弟杨公敏再三劝他，但这次他不听我的话，毅然回了苏州。不久就接着杨云碧来信说他回家吵了一架就走了，从此就不知下落。

按大姑杨云慧在《从保皇派到秘密党员——回忆我的父亲杨度》记载：

1932 年的夏天，我恰巧在苏州。有一天，公素为了用钱又和生母争吵，把她气得发抖。我和二妹觉得公素不对，也批评了他，并叫生母不要多给他钱用。这使他更生气，就一声不响地走进卧室，把门关上，不再出来。我们以为他这是一时赌气，也没理他。

第二天一早，公素出去了，到深夜也没有回来，把我们都等急

了。次日，我生母派人一一到平日跟他有来往的朋友、同学家里去问，都说不知道。写信到外地亲友家去问，回信也都说公素不曾去过。我们只得在报上登了一则“寻人启事”，希望他能早日回来，但直到现在都毫无消息，不知道他到哪里去了？是被人杀了，还是自尽了？还是……至今仍然是个谜。

但是解放后，1950 年的一天二姑杨云碧来家（上海蒲石路蒲石新村），并带来一张报纸，上面有几个人站立的照片。说明写着中共谈判代表杨公素与西藏代表谈判时的留影。这张照片很清楚，一看就知道不是杨度之子。后来这位杨公素报上报道曾任中国驻尼泊尔大使，外交部亚洲司司长。

这位杨公素究竟是谁呢？原来，佘贻泽从东吴大学毕业后就北上，到当时的北平燕京大学读研究生院，获得硕士学位后抗日战争已经开始了。于是，他前往山西参加抗日，其间他为了寻求救国出路，到过重庆、成都，也从西安前往延安参观过，后来九十三军刘戡很器重他，委以上校秘书的高位挽留，他在那边负责“地方工作指导委员会”的工作。

佘贻泽结交了一些左派朋友，读过不少马克思、列宁的著作，逐渐倾向共产党，准备投靠八路军。他的迹象后被胡宗南派来整顿的人发现，他被抓捕到洛阳劳动营。但是由于他有上校军衔，看守的官员对待他比较宽松，相互请客吃吃喝喝，于是他趁机逃脱到十八集团军洛阳办事处。洛阳办事处的处长是他的老朋友了，上下对他很热情。

“我们向袁报告了逃脱的经过。他说外面追查很紧，劝我改用一个姓名以作掩护。于是我就用了杨公素这个名字。一则杨公素真的曾有其人，但已失踪了；二则我用来可以纪念我的同学好友，有人要查杨公素的家世我也知道，从这时起我佘贻泽就改为杨公素了。来到洛办后，我是十分高兴，终于找到共产党了，立即写了入党申请书和自传。”[1] 后来，佘贻泽成为藏学家，解放

[1] 杨公素著：《沧桑九十年：一个外交特使的回忆》，海南出版社，1999 年版。

后一直在外交部门工作，离休后还被聘为北京大学教授，带研究生。2015 年报上载：

3 月 8 日，中国著名外交家、藏学家杨公素同志因病医治无效在北京逝世，享年一百零五岁。杨公素，原名余贻泽，1910 年 1 月出生于重庆市。

杨云碧

二姑杨云碧（后来她自己改为云璧）出生于 1916 年，是二奶奶徐粲楞生的第二个女儿。她从小体弱多病，所以在苏州还没有念完中学就辍学养病，后来去上海跟在父亲杨度身边住。她的特点和父母的影响分不开。由于受到母亲的影响，从小就爱打扮，追求时尚，因而身边不乏追求的男孩子；由于她在上海与晚年的父亲杨度住在一起，所以接受杨度的影响也最多，受杨度晚年来往的左派朋友的影响也多，所以她也是一个不安分的女孩，追求妇女解放和自由理想。

在她十五岁的时候父亲杨度去世，除了年长的公庶、公兆和云慧三人已成家立业外，苏州上海这边二奶奶身边还有三男二女老小六口人要养活，所以家庭经济上就有些困难了。不久上海发生了“一·二八”淞沪战争，人们纷纷逃往上海租界避难，原来杨度的租界寓所成了宝地，二奶奶也拖儿带女从苏州逃到上海来。在这样一种兵荒马乱的时刻，由二哥杨公兆做主，给杨云碧找了一位人品好、经济收入稳定但年龄较大的工程师夫婿，希望她将来能有一个饱暖稳定的家庭。二奶奶很满意，所以不久就结婚了。

婚后杨云碧虽然衣食不愁，但并不能满足她那颗炽热追求的心，丈夫不同意她出去工作，她就要求去业余学校学习。她深深以自己没有上过大学为遗憾，她知道自己缺乏必要的知识就谈不上什么自由解放。所以她想着父亲杨度的教导，如饥似渴地学习补课。就在这一过程中，她遇见了董寅初。

当时董寅初是个刚从大学毕业不久的穷学生，正找到一份临时新闻记者

的工作，但他朝气蓬勃，有理想有追求，奋发有为。杨云碧被他深深吸引着，觉得自己的生活就应该像董寅初那样。虽然董寅初比云碧还小两岁，但两人很谈得来，于是双双坠入爱河。最终，杨云碧向丈夫摊牌，提出离婚。这一步确实需要很大的勇气。因为丈夫其实一直对她很好，可以说言听计从，母亲也觉得她疯了：好好的日子不过，去找一个身无分文的穷学生。周围没有人赞成她，但是她还是下决心走一条不平凡的道路，1938 年离婚后，她和董寅初离开上海去了香港。关于这一段生涯，杨云碧给姐姐云慧的信中有详细的描述：

亲爱的姐姐：

你也许会感到奇怪吧，为什么我从香港写这封信给你？现在我详细地讲给你听。

你是知道的，我的婚姻是二哥做主的。P.L. 比我大了十二岁，我们的性格和兴趣都合不来。虽然他对我很好，衣食住用，样样都满足我，而且不论我说什么，他总是百依百顺的，从来不发表一句不同的意见。但是这样的生活，又有什么意思呢？我好像金丝笼里养着的一只芙蓉鸟。P.L. 愿意把我打扮得非常漂亮，带我出去向朋友夸耀，而我却像失去了灵魂的人，任人摆布，没有理想，没有前途，难道就这样了此一生吗？

记得当年父亲时常告诫我们，将来不论男女，都要自食其力，不能一辈子依靠男人。我在家非常苦闷，我要出去找工作，P.L. 又不愿意，而且在这个环境里，也不容许我出去工作。因此我陷进了无比苦闷、彷徨的心情中，不知道怎样过日子。没有办法，我只得出去参加业余学校补习。你是知道的，我因为从小身体羸弱，未能进大学念书，我只有在这个时候来补上我的不足。我学习西洋绘画、英文打字、编织、裁剪，凡是能够学习的东西，我都设法去学。我希望多学点技能，以后能独立工作。我一心想着父亲的教导，我们

要做一个完整的人，将来还要为国家做一点事情，不负父亲对我们的希望。

不久以前，我认识了A君（即董寅初），他是一个刚从大学里毕业出来的青年，有理想，有才气，又聪明能干。不过他比我小两岁，但是我们谈得很投机。结果是，我们相爱了。这件事被家里知道了，当然压力很大。事实上好像抛弃一个有钱有地位的丈夫，去跟一个穷学生（他还没有找到工作）结婚，这是不大可能的事情。母亲因我一向身体不好，怕我吃不了苦，劝我不要离婚。P.L.一再恳求我，任何条件他都能同意，只要我不提出离婚。但是我已经决定要和董君一起去过那理想而健康的新生活，我顾不了那么多了。

于是我就和P.L.君离了婚，和董君离开了上海，来到香港结了婚。现在他已经在香港的《申报》馆里当了编辑，每天要工作到午夜一二点钟才回来。我们租了一间房，买了一个小火油炉子，我们自己烧饭吃（现在我才感到幼年时父亲要我们去学烧饭烧菜的必要了）。晚上，我一个人在家学着写写短文、读读书，熬上一锅稀饭，等待董君半夜下班回来。我们两人吃得可香着呢。我们没有多少钱，处处都要计划着用。我们逢到电影新片上演，总要抢着去看首场，一方面是我们的娱乐，另一方面，我们看完以后，当天晚上就写电影评论，由董君拿去在副刊上发表。这样拿到的稿费，就把电影票的钱赚回来了。姐姐，你不会笑我现在也学会了“精打细算”吧？

总之，我现在生活得很愉快，身体也好，请你不要挂念我！

妹云壁

××年×月×日

我现在把“碧”改为“壁”了，以示新生。[1]

[1] 杨云慧：《从保皇派到秘密党员——回忆我的父亲杨度》，上海文化出版社，1987年。

■ 董寅初大学毕业照

从这里也可以看出，杨云碧是一个有理想、有追求、有勇气、有决断的新女性，这自然是由于父亲杨度的影响。

他们二人后来从香港又下南洋，到了印尼的爪哇岛巴达维亚，因为那边有人聘董寅初去担任报馆的主笔。

这里，不能不谈到二姑夫董寅初这样一个传奇式的人物。杨云碧自从嫁给他后，就一直跟着他颠沛流离，直到一生终结。

董寅初出生于安徽省合肥市的一个书香门第，从小生活在苏州。先后就读于苏州东吴大学（苏州大学）附中和上海光华大学附中。1934 年考取上海交通大学，1938 年毕业后在上海《大美晚报》任翻译，后到香港邮政汇金局任职，并兼任香港《申报》的翻译和编辑。1939 年 8 月赴印度尼西亚任《天声日报》编辑。1940 年，他开始自己创办《朝报》，任经理兼总编辑。不久日本占领了爪哇，他的报馆被查封，他也因为参加抗日活动而被捕入狱。在监狱中结识了他人生中的“贵人”黄宗孝，二人结为生死之交，从此董寅初迎来了自己人生的转机。

黄宗孝本是“印尼糖王”黄仲涵的儿子，早在1923年，黄仲涵办的建源公司糖产量已占华侨糖厂总产量的百分之五十七，占印尼榨糖业总产量的百分之十七点一。黄仲涵因而被称为“印尼糖王”。1931年，年方二十六岁的黄宗孝接替黄仲涵任总公司总经理，进一步扩展业务。1932年，他相继在曼谷、阿姆斯特丹、纽约、广州、天津等地设分公司或办事处；1934年在上海浦东创建酒精厂，同年在三宝垄创办《太阳报》。据我母亲说，黄家在印尼可以说是华侨界的首富，其豪华的程度不是国内读书人所能想象的，在那个年代已不满足于开汽车，而是开私人飞机，黄宗孝因自己开私人飞机还曾受过伤。

董寅初在印尼的日本监狱中关了三年零九个月，到1945年日寇投降才获得自由。出来后，董寅初就进入黄家的建源公司转行做起实业，同时他因抗日入狱结交了不少志同道合的朋友，所以在华侨界里十分活跃，成为印尼中华侨团总会总干事兼华侨治安总会主任。1946年，建源公司成立上海分公司，他出任上海分公司总经理，兼任建源公司投资的上海中国酒精厂厂长。

1949年上海解放时，上海酒精厂改为上海溶剂厂，董寅初以溶剂厂总经理、上海轻工业品进出口公司经理、上海市对外贸易促进会副主任的身份，一方面成为民族资产阶级的代表，另一方面又成为华侨界的代表。1956年起，他先后担任上海市归国华侨联合会委员、副主席。

“文化大革命”之后，董寅初的政治地位进一步提升，历任上海市人大常委会委员，上海市政协常委、副主席，上海市归国华侨联合会副主席、主席、名誉主席，中华全国归国华侨联合会常委、顾问，致公党中央常委、副主席、常务副主席。从1988年起，任致公党第八届、第九届、第十届主席，第十一、十二届名誉主席。

2009年6月23日六时三十八分，董寅初因病在上海逝世，享年九十五岁。

而二姑是一个能共患难、难共享乐的人，未能分享到董寅初后来的成就。从1946年回到上海后，她的身体一直不好，和董寅初结婚多年，但没有生育孩子，虽然她还是坚持工作，但夫妻感情显然不如从前。

解放后，杨云碧参加上海市妇联的工作，后来的心脏病、高血压迫使她停职在家休养。这样一来，又使得她精神不好，实际上患了抑郁症。1957 年，她在家中服安眠药去世，享年才四十来岁。

杨公敏

四叔杨公敏，1915 年 11 月 5 日生于北京，是二奶奶徐粲楞生的第二个儿子。1927 年 3 月至 1934 年 7 月就读于苏州东吴大学附中。1934 年 7 月考入上海交大机械系。1938 年 6 月毕业后进入上海北极公司工作。1939 年 8 月赴昆明，任职于资源委员会中央机器厂工务处设计组。1940 年辞职，住重庆沙坪坝大哥杨公庶家；年底赴成都，进入川康铜业管理处工作。1943 年冬，兼任中央陆军军官学校上校教官。1944 年春，兼任成都警察局局长英文翻译秘书，为

四叔杨公敏与四婶李群珠

“盟军询问站”工作；11 月，赴重庆参加资委会出国留学考试，获公派赴美资格，体检时查出肺病，出国资格被取消；12 月，回成都郭有守、杨云慧家养病。1946 年病愈，重新进入北极公司（此时已叫通惠公司）工作，被聘为工程师。1946 年冬，自费赴英，进入伦敦大学学习。

两年后他在英国待腻了，想去法国看一看，于是找到他同船来欧洲的朋友凌昂，凌邀请他去巴黎开饭店，这就是“顶好饭店”。其实他并没有资金，所谓合伙就是凌昂出钱，杨公敏出力，共同经营这个饭店。后来“文化大革命”时期，他被隔离审查，怀疑这是国民党特务的活动场所。他自己“交代”说：

> 我和凌昂是出国时同船才认识，他不是去读书的，他的目的完全是去做生意。我和他谈起过开一个饭店的事情，因为我觉得饭店可以在一个时间解决很多生活上的问题。由于此，所以他后来在万事俱备之后还愿意接纳我来形式上和他合伙。
>
> 我去英国读书后，他在法国就开始了他的各种做买卖的活动，最后就将饭店开了出来。饭店已经完全上了轨道了，他才写信告诉我，并建议如果我高兴到法国去的话，他仍愿意和我一起合伙做生意。饭店资金虽已足够，他仍可让出一千美元作为我的。我在英国读书，那时还想告一段落后换个地方，到法国去。所以不久就去了和他合作经营了那饭店。[1]

在巴黎学习和经营了两年，他也结交了一位法国女友。1951 年杨公敏听从姐姐杨云慧的劝告，回到祖国，女友留在巴黎。这是一个预留退步之举：如果情况好，就让她过来，否则他就再出去。

回国后，杨公敏来到上海，住在二姐夫董寅初家。董寅初其时负责华侨建源公司的重建，请他帮忙筹建中国酒精厂（后改为上海溶剂厂），杨公敏也就一直在该厂当工程师。他在回国之初本没有作长期定居打算，但到了上海

[1] 李世红：《巴黎的“顶好饭店”》，《书城》2010 年 2 月号。

四叔杨公敏、四婶李群珠与哥哥杨友龙（左一）

之后，工作环境着实不差，董寅初是建源公司总经理，给他定的是一级工程师的待遇，据说达到月薪二百四十元，这在解放初期是少见之高的，所以他也就没有想立即再次出国。筹建上海溶剂厂时，他发挥了很好的作用，设法使老厂废弃的锅炉恢复了功能，继续使用。后来，他又负责设计锅炉扩大产能的工作，也做出贡献。这期间，杨公敏自己没出去，那位法国“爱人”曾要求来中国，他也没同意。到后来，他在国内还找起女朋友来了，1960年，他与一位中俄混血儿李群珠结婚。

与李群珠结婚后，又增添了新的烦恼，最直接的是经济压力。杨公敏工资不低，李群珠却因心脏病而不能工作，只是偶尔替人补习英文赚一点儿零用钱，而两个人生活完全是很洋派的西方生活方式。特别是李群珠，她生活理念与中国人完全不一样：喜欢购物，喜欢看电影、跳舞、照相，逢年过节

就搞派对，总之开销很大，入不敷出。杨公敏工资不够用，不止一次向董寅初借钱。

在三年困难时期，不少有海外关系的人纷纷向组织上申请出国，获得批准。杨公敏、李群珠的交往圈中也有不少人得以出境。受此激励，杨公敏于1962年也正式提交了出境申请，目的地是香港。工厂厂长一个月就批准，6月26日，杨公敏向派出所递交办理赴港通行证的申请。不料，这一步竟成为他人生梦魇的开始。从这一天直到1965年8月，他至少七次向公安部门递交申请书，用尽各种办法，挖掘所有资源，均无功而返，直到1965年10月遭明确拒绝。杨公敏不甘心，又想办法动用统战部门的力量，托了时任侨联副主席的董寅初，乃至起义回国的郭有守，还是劳而无功。后来才知道，至迟在1953年，杨公敏已成为公安部门注意的对象。缘由是他与美国人休曼的交往。休曼曾与杨云慧在美国同学，时任美国《中国评论周报》驻沪记者。此人被公安部门内定为“美国特务”，而杨公敏也从那时起已被内定为“特嫌”。

他在“文革”中受到迫害，于1968年7月10日被隔离审查。1969年5月撤销隔离，继续审查。1970年6月定案为“反革命分子，作为人民内部矛盾处理”，予以解放，恢复一般性政治待遇，继续审查，控制使用。1973年复查，改定为“政治错误，仍属人民内部矛盾”。1976年退休。退休后，他还利用他懂得几国外语的特长，为金山上海石油化工总厂的基本建设工程翻译了大量外文资料，支援了国家重点工程项目的建设。1995年9月25日，杨公敏病逝于上海，享年七十八岁。

杨公武

五叔杨公武是杨度最小的儿子，1921年生于苏州。他由二奶奶徐粲楞一直带在身边长大，从小体弱多病，杨度去世时他只有十岁。长大后也个子不高，比较瘦弱，是一个小心谨慎、忠实厚道的人。杨公武在上海上大学，学习会

计专业。1949 年他大学毕业后，正好我们大姑杨云慧回国到中央电影局工作，于是就介绍自己的五弟到北京电影影片洗印厂当会计。二奶奶徐粲楞对这个小儿子不放心，心中又经常想念他，就希望在上海给他找个对象，将来把他也调回上海。

因为那时他还未成家，就住单身宿舍，他又有胃病，食堂的北方伙食吃不习惯，就每天去一位南方来的技师家里“搭伙”，可以吃到比较可口的南方菜。饭后，晚上他一个住单身宿舍的人也可以有个地方聊天闲谈，以免感到孤单。不料,“文化大革命”开始后,这位技师因为历史问题,成为“专政对象”,被关进了“牛棚”。于是，就牵连到杨公武，造反派逼问他晚上在那位技师家里一起讲了些什么？当时出现了有关杨公武的大字报，点名要他老实交代。

关于杨公武在“文化大革命”中的可悲遭遇，大姑杨云慧在自己书中“五弟之死”一节有比较详细的记载：

本来，在文化大革命初期，五弟在北京还时常来我家（灵通观）或去大哥公庶家里走走。后来形势越来越紧张了，他就变得心神不定，苦恼异常。他后来告诉我说，造反派总是逼着他交代，他实在想不出有什么可交代的事情。也许是和同事们在晚上闲聊小报上的小道新闻时，有一两句触犯了江青吧，他只好检讨，再三地批判自己，可是造反派仍不肯罢休。

记得有一次，五弟写信给我：

“大姐，星期日我不来你家了，你们不要等候我。我觉得我是有罪之人，应该在宿舍里好好想一想。可是当我看见别人上街玩时，我是多么羡慕啊！而我……”

这封信使我很不安，连忙写信去安慰他。我大嫂乐曼雍也感觉五弟有些不正常，也去信劝他。可是他仍然很久不来我家。后来他又写了一封信来：

“大姐，我实在很对不起你们。我自己犯了罪不说，听说她（指

五弟媳）也被揪出来了，罪名是特务（因曾经加入过国民党），她家被抄得连地板都撬开了。这样一来，很可能连累上海的家，不知道母亲现在怎样了？造反派还在叫我交代，我实在交代不出来了。头脑里昏昏沉沉的，感觉到人生无意义。看上去，我今生不可能再有机会调回上海过团圆的日子了。可怜我的老母亲，还在盼望着这一天呢……"

五婶谢星韵是出身书香门第的上海人，在厂里担任财务管理，写得一手好字，是二奶奶托人给五叔介绍的。他们结婚后，五婶一直留在上海，没有随丈夫到北京来，她希望五叔能因此调回上海。结婚后，她们一直没有生育后代，五叔在"文革"中去世后，她就回娘家住了，后来也没有和杨家再往来。

杨云洁

三姑杨云洁是杨度最小的一个孩子，于1918年四月九日（我们庆祝她的阳历生日是1918年5月29日）生在天津。她在湖南上小学；后来跟着二奶奶在苏州上中学；在上海读大学，学习英语和图书馆专业。上大学时，杨云洁取了一个英文名字——Josephine（约瑟芬），后来在国外也一直用此名。

抗日战争爆发，三姑到重庆投奔大哥杨公庶，她就住在沙坪坝大哥家里，每天步行去上班。抗日战争胜利后，她到上海在一家公司做事，由杨云慧介绍，与谭乃亮认识。谭乃亮是大学会计专业毕业的，当时在上海中国银行做会计师，收入比较高，而且谭家似乎是广东的大家族，亲戚朋友都觉得是一门好亲事。于是，1946年他们二人在上海结婚，1948年就有了一个儿子，谭永铿（Kenneth Tam）。

1949年，解放军进入上海前，国民党将金融界骨干及资产撤往台湾和香港，三姑父谭乃亮被中国银行派送到香港工作。三姑云洁带着儿子也随丈夫去了香港，在那里工作将近两年。因谭家在香港有许多亲戚，所以他们三口人在香港吃住并不发愁，有亲戚家可以住。

1952年，中国银行将谭乃亮调往日本东京，任东京的中国银行东京分行

■ 三姑杨云洁和儿子谭永铿

行长助理。由于日本是战败国，食品短缺，当时在日本老百姓生活是很困难的。所幸他们一家有中国银行提供所有的食宿，所以生活还算不错。1954 年 3 月 16 日，他们又有了女儿谭樱凡（Ivy，Ying Fan Tam）。在日本期间，云洁学了日本语言课和插花艺术课，所以他们两口子日语都能说得不错。

在日本工作十二年后，1964 年 8 月，银行提升谭乃亮任中国银行澳大利亚悉尼分行总经理。作为一个银行的总经理，招待当地的朋友客户是一项必不可少的工作，所以谭乃亮和杨云洁经常招待悉尼的澳大利亚商界朋友和华人社区的朋友。四年以后，1968 年谭乃亮又被调往越南西贡，出任中国银行西贡的 Cholon 支行经理。由于越南战争还在进行，那里战火不断，这时还是十分危险的时期，所以这次他是一个人独自前往，而三姑杨云洁和谭樱凡留在了悉尼。这使樱凡在澳大利亚得以完成高中学业，此间杨云洁也去大学

2004 年，杨友麒、吴荔明访问澳大利亚悉尼时与三姑杨云洁全家合影

念了英语班，这使得她的英语大有长进。三姑同时还对占星学感兴趣，参加了占星学班的课。平时她对政治、时事、当前新闻、阅读报刊（中英文报刊）和看网球比赛及老美国电影感兴趣。

1975 年，越南战争结束，谭乃亮偕同一些美国商人和外交人员乘坐美军的直升机离开越南。他从中国银行退休后就回到澳大利亚生活。退休后他曾为一家澳大利亚公司 Sims Metal 做兼职会计工作。他喜欢打高尔夫球，这是他的主要爱好，每周至少打两次。谭乃亮和杨云洁在 Bondi 海滨买了一栋漂亮的房子，他们可以从家里看到海滩，都很喜欢住在这所房子里，因为它美丽的景观。

樱凡1972年高中毕业，1973年考进新南威尔士大学学习心理和社会学，而后又转去了悉尼大学学社会工作。毕业后，1985到2009年间，她到澳大利亚移民局工作，成为一名移民局官员。1994至1996年间，樱凡在澳大利亚驻北京大使馆工作，作为移民部的资深移民官。三姑1994年4月和樱凡一同来到中国。在北京她住了七个月，这使她得以和阔别近半个世纪的杨家亲戚见面。作为杨度最小的女儿，她已七十六岁的高龄，与她同一辈分的杨度的第二代子女在北京已经全都凋谢。她见到了大哥杨公庶的子女杨友鸿、杨友龙和我们夫妇等人。大家都为能与这位阔别多年的最小的姑姑相逢而欢欣不已。

三姑父谭乃亮因肺癌于1998年3月26日逝世，终年七十九岁。三姑杨云洁一直在护理者帮助下独立生活在Bondi自己海边的房子里，直到2014年（九十五岁）才移居养老院，那时她需要二十四小时护理了。2015年2月12日，杨云洁平静地离世，终年九十六岁。

参考文献：

《梁启超和他的儿女们》，吴荔明著，北京大学出版社，2013年版

《新会梁氏——梁启超家族的文化史》，罗检秋著，中国人民大学出版社，1999年版

《钱昌照回忆录》，钱昌照著，中国文史出版社，1998年版

《杨度同志二三事》，夏衍著，《难忘的记忆》，人民日报出版社，1979年版

《从保皇派到秘密党员——回忆我的父亲杨度》，杨云慧著，上海文化出版社，1987年版

《欢迎新同学》，杨公兆著，《肖夏周刊》，1931年第七期

《当代中国工艺美术群星谱》，陈旗海、何芷著，当代中国出版社，1994年版

附录一：杨度、梁启超对照年谱简编

杨度	年份	梁启超
	1873年	公历2月10日生于广东新会县熊子乡茶坑村。
公历1月10日出生于湖南湘潭县姜畲石塘。	1875年	
	1884年	十一岁应广州学院试，中秀才，补博士弟子员。
	1888年	十五岁进入广州学海堂读正班生，同时兼做菊坡、粤秀、粤华书院院外生。
	1889年	十六岁参加广东省乡试，中举人，榜列第八名。主考官李端棻以其堂妹许之。
	1891年	十八岁拜康有为为师，入万木草堂学习。同年冬与李蕙仙完婚。
十七岁由伯父杨瑞生捐得监生资格。	1892年	十九岁因祖父卒，回乡奔丧，居家读书准备会试。
第一次赴京师游学。	1893年	
十八岁参加顺天府乡试，中举人，榜列第五十五名。	1894年	二十一岁随康有为入京，准备次年会试。后由京至沪，冬天返回广东。 孙中山在檀香山成立第一个革命团体“兴中会”。
二十岁与湘潭黄波家族之女黄华成婚。再赴京城参加会试，落第。参与了“公车上书”。	1895年	二十二岁随康有为入京参加会试落第。和康有为共同发起“公车上书”，共同创建强学会及《中外纪闻》期刊。
正式入船山书院拜“湘绮先生”王闿运为师。	1896年	四月由京赴沪，主持《时务报》，连续发表《变法通议》等时文，名声大噪。
	1897年	二十四岁应聘为长沙时务学堂总教习，蔡锷是学生之一。

杨度	年份	梁启超
前往时务学堂会见梁启超，发生了流传后世的时务学堂大辩论。旋即北上京城参加会试，落第。	1898年	三月应康有为邀赴京参与领导“戊戌变法”，四月光绪皇帝授六品卿衔，奉旨办译书局事务。 “百日维新”变法失败后逃往日本，创办《清议报》，并与陈少白等革命派往还，协商与兴中会合作事宜。因康有为反对，未果。
	1899年	十一月离开日本赴夏威夷，在该地为勤王筹款，发展保皇会，几乎拉垮孙中山早年创立的兴中会组织，从而埋下后来对立的种子。 滞留半年后前往美国本土。
自费前往日本留学，入东京弘文书院，与黄兴、蔡锷等创办《游学译编》，并与日本教育家嘉纳治五郎就国民性和教育开展辩论。 年底回国返湘。	1902年	在日本创办《新民丛报》。后来又创办《新小说报》，提出“小说革命”和“诗界革命”。
被推荐参加清朝廷举办的“经济特科”考试，以一等第二名录取。但慈禧太后听取保守派谗言，否定了考试结果，并下令彻查。他因受牵连不得不再度避祸日本。	1903年	从正月至九月游加拿大和美国，后撰写《新大陆游记》。经过这次考察，思想有明显转变，认为中国只能走改良道路，不再提革命道路。
在日本当选为留日学生总会干事长，后又被推举为留美、留日学生维护粤汉铁路代表团总代表，回国晋见湖广总督张之洞。	1904年	
第一次见到孙中山，孙动员他参加同盟会，双方就中国革命问题进行三天三夜辩论，但谁也没有说服谁。	1905年	领导改良派以《新民丛报》为基地，和以《民报》为基地的革命派就中国应走什么道路展开大辩论。 孙中山在东京成立同盟会。 清政府派五大臣出洋“考察宪政”。
为五大臣起草出洋考察宪政报告捉刀，撰写了《中国宪政大纲应吸收东西各国之所长》和《实施宪政程序》，由此博得“宪政专家”大名。 年底与梁启超、熊希龄三人在东京共议组织“宪政会”推动君主立宪。	1906年	一面继续与革命派的论战，一面为五大臣出国考察编写《东西各国宪政之比较》报告。 与杨度等商量组织“宪政会”政党，方案已报给康有为。但是最后没有组建成功。

杨度	年份	梁启超
在东京创办《中国新报》月刊，自任总编撰，发表《金铁主义》等多篇文章鼓吹君主立宪，而重点是号召召开国会。 十月回国为伯父杨瑞生去世奔丧。 十二月在湖南与范旭东等成立湖南宪政公会，出任会长。	1907年	继续与《民报》革命派论战。七月在日本成立政闻社，鼓吹君主立宪。 秋瑾主编《中国女报》在上海创刊。 孙中山同盟会发动广东潮州、惠州，广西钦州、镇南关等一系列起义。革命党人徐锡麟、秋瑾就义。
在袁世凯、张之洞联合保荐下，杨度出任宪政编查馆提调，候补四品。六月在颐和园向清廷皇族亲贵开讲座，演说立宪精义，说明成立民选国会的重要性。 参与起草《宪法大纲》《议院法要领》等宪政文件。	1908年	八月，清政府下令取缔政闻社。 光绪皇帝和慈禧太后相继病逝，溥仪继位，其父载沣摄政，宣布预备立宪，为期九年。
袁世凯被开缺回河南老家，杨度与袁树勋等筹款开办湖南华昌炼矿公司。八月请假回湖南省亲，从事实业活动。 十月江苏咨议局局长张×等发起第一次国会请愿运动，将杨度主张“速开国会”方略推向民主运动。	1909年	
因宪政编查馆电催，三月经长沙回北京，途经汉口时，因主张粤汉铁路官商合办，遭到湘鄂两省反对官方借款的代表组织的围攻。	1910年	《新民丛报》停刊，另办《国风报》。 由于资政院请愿要求速开国会，清政府下诏准备开设议院和组织内阁。
五月清政府成立“皇族内阁”，任命杨度为统计局局长。 十月辛亥革命爆发，南方十七省宣布独立，随后成立中华民国临时政府，推举孙中山为临时大总统。 十一月杨度与汪精卫发起“国事共济会”，建议南北停战议和。	1911年 （辛亥年）	十一月曾回国至大连、沈阳，再返回日本。 后来袁世凯任清政府总理大臣，任梁启超为法部副大臣，梁辞不就。
一月杨度看到君主立宪大势已去，转而组织“共和促进会”，支持共和，但拒绝了黄兴、胡瑛等参加国民党的邀请。 十月八日去天津，代表欢迎梁启超回国的各界致欢迎辞。	1912年	二月清帝宣布退位。十月由日本回国，抵达天津时受到各界代表的热烈欢迎。

	1913年	推动成立进步党，任理事。 九月熊希龄名流内阁成立，任司法总长。 宋教仁被暗杀，七月国民党发动“二次革命”，不到三个月被袁世凯扑灭。
	1914年	辞去司法总长职务，但又被聘为币制局总裁。 六月参政院成立，任参政。
四月撰写《君宪救国论》，受到袁世凯的赞赏，亲笔赐“旷代逸才”匾额授给杨度。 八月以杨度为首的筹安会成立，鼓吹改变国体，拥戴袁世凯称帝。 十二月袁世凯接受推戴书，宣布恢复帝制，正式当皇帝。杨度被封为最高级的公爵。	1915年	六月与冯国璋一起见袁世凯，劝他放弃帝制。 八月撰写《异哉所谓国体问题者》，拖延到年底才公开发表。 之后与蔡锷密谋发动公开起义，十二月南下上海，打算转从越南前往云南，加入护国战争。代蔡锷等拟通告全国电文。
三月袁世凯正式宣布撤销帝制，对此杨度极为不满，辞去参政院参政一职，并在报纸上公开宣称：“政治运动虽然失败，政治主张绝不变更。” 六月袁世凯在忧愤中去世。 七月北洋政府发布惩办洪宪帝制祸首的文告，杨度名列被通缉名单之首。他避入天津租界，闭门研究佛法。 黄兴、蔡锷先后于十月、十一月病逝。杨度均送了挽联。	1916年	一月至三月在上海策动贵州、广西反袁。 四月经香港、越南抵达广西，策动广东独立。 五月护国军在肇庆成立军务院，梁任抚军兼政务委员长。 七月南北又回归“统一”，促成解散军务院。
拒绝张勋复辟，通电张勋、康有为称“神圣之君宪主义，经此牺牲，永无再见之日”。	1917年	一月由沪入京，参与段祺瑞的反张勋复辟之役。 七月任段祺瑞内阁财务总长。 十一月辞去财务总长职，从此结束从政生涯，专事学术教育。
北洋政府对洪宪帝制通缉犯发布特赦令，杨度回到北京。继续以虎禅师名义阐发“无我主义”新教义。	1918年	十二月与丁文江、蒋百里等人结伴游历欧洲。 孙中山出版《孙文学说》，李大钊、陈独秀办《每周评论》。
	1920年	春，欧游归国，出任清华研究院导师，直到去世。撰写《清代学术概论》等著作。

杨度	年份	梁启超
杨度受孙中山委托，作为特使游说曹锟，成功阻止吴佩孚南下与陈炯明合作南北夹击北伐军。随后，前往上海会晤孙中山，实现当年东京承诺，并结识李大钊等共产党人。	1922年	从四月起，先后在北京、济南、苏州、上海、南京等地讲学，撰写《先秦政治思想史》等著作。 共产党领导的省港大罢工等运动展开，并在上海召开中国共产党第二次代表大会。
	1924年	九月夫人李蕙仙病逝。 会见印度诗人泰戈尔，撰写《中国之美文及其历史》《桃花扇注》等文章。 中国国民党第一次全国代表大会在广州召开，提出“联俄、联共、扶助农工”三大政策。
孙中山病逝北京，杨度前往吊唁并赠挽联。	1925年	在北京前往吊唁孙中山。 在清华研究院讲授“中国历史研究法”等课程。
杨度担任山东军务督办张宗昌的总参议，来往于北京、天津和济南之间，对北洋军阀进行一些策反工作。并曾积极营救著名报人林白水、成舍我等人。	1926年	撰写《中国考古学之过去及未来》《王阳明知行合一之教》等文。国民党召开第二次全国代表大会，国民政府发表《北伐宣言》，誓师北伐，很快占领武汉、福州等地，推进到长江流域。
四月张作霖搜捕了李大钊等共产党人，杨度与胡鄂公等全力营救未果，李大钊英勇就义后，杨度卖掉北京的住所，救助死难者家属。	1927年	康有为病逝青岛，他主持北京的追悼会。撰写《中国文化史》《古书真伪及其年代》等著作。
在上海，经潘汉年介绍，由中共中央特科负责人周恩来批准，加入中国共产党。	1929年	一月十九日在北京协和医院病逝，北京、上海两地举行隆重公祭。杨度赠挽联。终年五十六岁。
杨度为中共地下报纸《红旗日报》撰写刊头，随后参加了左翼“反帝国主义自由大同盟”及“中国革命互济会”，并继续做地下情报工作。先后由潘汉年、夏衍单线联系。	1930年	
病逝上海，终年五十七岁。	1931年	

附录二：杨度、梁启超诗词选

杨度诗词

赠梁启超

1903 年 10 月

志远学不逮，名高实难副。
古来学者心，慄慄惟兹惧。
忆吾新会子，夙昔传嘉誉。
德义期往贤，流风起顽锢。
襄余初邂逅，讲学微相忤。
希圣虽一途，称师乃殊趣。

原注：戊戌春在长沙论《春秋公羊传》，各主师说，有异同。

杨朱重权利，墨子尊义务。
大道无异同，纷争实俱误。

原注：余尝谓湘潭王先生援庄入孔，南海康先生援墨入孔，实为今世之杨墨，而皆托于孔者也。

茫茫国事急，恻恻忧情著。
当凭卫道心，用觉斯民寤。
古人济物情，反身先自诉。
功名岂足宝，贵克全予素。
君子但求己，小人常外骛。
愿以宣圣训，长与相攻错。

注：此诗被梁启超收入《饮冰室诗话》第八十七节。

诗三首　示梁启超

1904 年 12 月

一

大地茫茫起暮云，危楼孤倚海天昏。
万山拥翠来迎我，一月当空出照人。
世上死生同逆旅，眼前哀乐寄苍生。
当年耕钓同游者，知我今宵故国情。

二

梦里还家醒后疑，明明茅屋月光欹。
山间老树依然翠，水际渔歌更许奇。
一世逍遥常自在，千年哀乐倩谁知。
槛边风物非吾有，举目徒增去国情。

三

五岳游还剩此身，偶然栖息寄高林。
半山落叶披帘入，万壑飞泉夹枕鸣。
欲语名山中土好，须知浮海圣人憎。
求仙欲谢长生客，未许徐郎得避秦。

注：此诗被梁启超收入《饮冰室诗话》第一百三十六节。

赠游日僧人并寄怀寄禅和尚二首

1905 年 5 月

一

每看大海苍茫月，却忆空林卧对时。
忍别青山为世苦，醉卧方外更谁期。
浮生断梗皆无著，异国倾杯且莫辞。
此地南来鸿雁少，天童消息待君知。

二

知君随意驾扁舟，不为求经只浪游。
大海空烟亡国恨，一湖青草故乡愁。
慈悲战国谁能信？老病同胞尚未瘳。
此地从来非极乐，中原回首众生忧。

注：此诗被梁启超收入《饮冰室诗话》第一百四十七节。

上海旅社作

1905 年 5 月

微雨生新凉，孟夏如深秋。
鸣蜩敛夕音，熠熠迎风流。
群居情不孤，心迴境自幽。

宵空起清吹，离思方悠悠。
岂伊川塗夐，念此躔运遒。
频年婴忧瘵，憔悴忝嘉猷。
翩然冀遐征，投袂涉长流。
真契始而萌，外物迫相尤。
洪川无萍藻，何以别沉浮。
高岑尽芬馨，何以别薰莸。
微生信有区，人理谅难侔。
既警素丝泣，鲜复歧路忧。
吾生自有涯，慷慨惜年徂。
慕兹狙公术，慨彼漆室嚘。
先民有遗规，道在复何求。

注：此诗被梁启超收入《饮冰室诗话》第一百七十一节。

偶然作

1917 年

尽日听莺并看花，无心无事作生涯。
读书时尽两三卷，访友间过一两家。
为喜庭荫教种树，聊供客饮学烹茶。
昼眠晏起由来惯，坐卧沉吟日又斜。

奉和幕府同僚保定韩虔谷七律

1925 年

茶铛药臼伴孤身，世变苍茫白发新。
市井有谁知国士，江湖容汝作诗人。
胸中兵甲连霄斗，眼底干戈接塞尘。
尚拟一挥筹运笔，书生怀抱本无垠。

自题小照

1927 年

我是苍生托命人，空空了了入红尘。
救他世界无边苦，总是随缘自在身。

梁启超诗词

读陆放翁集

1899 年

诗界千年靡靡风，兵魂销尽国魂空。
集中什九从军乐，亘古男儿一放翁。

中国诗家无不言从军苦者，惟放翁则慕为国殇，至老不衰。

辜负胸中十万兵，百无聊赖以诗鸣。
谁怜爱国千行泪，说到胡尘意不平。

放翁集中胡尘等字，凡数十见，盖南渡之音也。

叹老嗟卑却未曾（原注：用放翁原句），转因贫病气崚嶒。
英雄学道当如此，笑尔儒冠怨杜陵。

放翁集中，只有夸老颂卑，未尝一叹嗟，诚不愧其言也。

朝朝起作桐江钓，昔昔梦随辽海尘。
恨煞南朝道学盛，缚将奇士作诗人。

宋南渡后，爱国之士欲以功名心提倡一世者亦不少。如陈龙川、叶水心等，亦其人也。然道学盛行，掩袭天下，士皆奄奄无生气矣，一二人岂足以振之？

自励二首

1901 年

其一

平生最恶牢骚语，作态呻吟苦恨谁。
万事祸为福所倚，百年力与命相持。
立身岂患无余地，报国惟忧或后时。
未学英雄先学道，肯将荣瘁校群儿。

其二

献身甘作万矢的，著论求为百世师。
誓起民权移旧俗，更孥哲理牖新知。
十年以后当思我，举国犹狂欲语谁？
世界无穷愿无尽，海天寥廓立多时。

自题《新中国未来记》

1902 年

无端忽作太平梦，放眼昆仑绝顶来。
河岳层层团锦绣，华严界界有楼台。
六洲牛耳无双誉，百轴麟图不世才。
掀髯正视群龙笑，谁信晨鸡蓦唤回。

却横西海望中原，黄雾沉沉白日昏。
万壑豖蛇谁是主？千山魑魅阒无人。
青年心死秋梧悴，老国魂归蜀道难。
道是天亡天不管，朅来予亦欲无言。

效昌黎双鸟诗赠杨皙子

1907 年

双鸟中州来，飞飞到海外。
相伴鸣不休，谨闵声逾大。
调调与刁刁，应之发群籁。
雷鼓鞾天阍，神物骇狼狈。
六鳌失恬梦，三山迭砰礚。
谓言八极宽，遨骋以滂沛。
高明贾神恶，忽与罡飙会。
两鸟各掉头，错迕若击轪。
一鸟被縶囚，齞齞乃伍哙。
举翮触罗网，引吭哽尘壒。
未能忍鶡笑，苦欲效蝉蜕。
一鸟绝于天，投畀不帡盖。
岁寒竹实彫，稻粱固难匄。
有时发哓哓，闻者谓自郐。
两鸟互省愆，何用取钳釱。
形滞或帝命，神接其我奈。
风雨满天地，遥夜各翔哕。
万江不能阻，千山不能害。

一鸣地维竦，再鸣海尘汰。
还当三千秋，相酬不为泰。

阿　庄

1909 年

阿庄始生今周晬，蕙质已与常儿殊。
调舌渐闻莺恰恰，扶牀更见蟹趺趺。
惯能合十呼郎罢，贪上秋千昵女须。
却埽闭关弄孺子，敬通真欲老江湖。

“郎罢”闽人呼父音，见苏诗。“女须”，姊也，见离骚。阿庄不会爬，如阿成小时，真似蟹行也。二十年前，手笔诗与字皆稚气可叹。仲荣（中华书局版如此，疑应作“仲策”）宝之，亦足备吾年谱中一段资料耳。

丁卯浴佛日启超

注：阿庄即我们的母亲梁思庄，这是梁思庄满周岁时，梁启超为她写的诗。

题艺蘅馆日记第一编

1910 年

古人于为学，终身与之俱。
日计虽不足，月计必有余。
业终及行成，匪系聪与愚。
偶锲旋复舍，不能摧朽株。
盈科进无息，溟涬成尾闾。
程功固要终，辨志良在初。

汝于百家学，乃今涉其涂。
日记肇庚戌，藉用知所无。
卒岁得千纸，占毕亦云劬。
吾唯爱汝深，责难与凡殊。
文章所固有，相期在道腴。
简编我手荅，戢戢蝇头书。
发蒙通德艺，陈义杂精粗。
当学岂只此，为汝举一隅。
吾学病爱博，是用浅且芜。
尤病在无恒，有获旋失诸。
凡百可效我，此二毋我如。
灯火自亲人，忽忽岁已除。
言念圣路遐，益感日月徂。
作诗诰小子，敬哉志弗渝。

双涛园读书

1910 年

庚戌七月既望写寄仲策俾察吾襟抱耳

秋风忽已佳。我书亦可读。
欣然展青缃，古色媚幽独。
山空蝉自语，雨过松如沐。
一往怀古情，惝荡不可掬。
执卷就萤照，相将入深竹。

时俗幸相弃，得与古人亲。

委怀千载上，缅焉发清新。
冥思杂微吟，所向如有神。
道丧亦已久，吾衰难重陈。
忽若有所会，遥遥望白云。

中夜兀然坐，游想入深窈。
条附万千铸，理之不得兆。
开篇睹片言，神明若来诏。
我心实所获，莫逆唯一笑。
悠悠千百年，此乐无人晓。

我生大不幸，弱冠窃时名。
诸学涉其樊，至竟无一成。
说食安得饱，酌蠡宁穷溟。
乃知求己学，千圣夙所程。
惊顾忽中岁，永夜起屏营。

有友汤夫子，好学乃过我。
华声渐刊落，抱一志已果。
析理穷微茫，陈义辄印可。
昨夜携酒来，松梢一月堕。
不知霜露深，藉草三更坐。

回风吹海水，轩然起层澜。
吾生良有涯，忧患亦以繁。
生才为世用，岂得长自闲。

何时睹澄清，一洒民生艰。
强学可终身，羁泊非所叹。

三年前双涛园读书之作，其时与荷庵望衡而居。晨夕过从，块然不知其为乐也。沧海横流，遂有今日，阴阳煎迫，不得不自投于混浊。几与学问相绝，而双涛园自易主后亦既鞠为茂草矣。于荷庵之归国也。为写此卷，前尘历历同用怃然。

壬子五月　启超作于神户西峤庐

水调歌头

1894 年

拍碎双玉斗，慷慨一何多。
满腔都是血泪，无处著悲歌。
三百年来王气，满目山河依旧，人事竟如何？
百户尚牛酒，四塞已干戈。

千金剑，万言策，两蹉跎。
醉中呵壁自语，醒后一滂沱。
不恨年华去也，只恐少年心事，强半为销磨。
愿替众生病，稽首礼维摩。

台城路

黄浦江送蕙仙归宁之黔余亦南还矣

1920 年代

平生未信离愁，放他片帆西去。
三叠阳关，一杯浊酒，做就此番情绪。

劝君莫醉，怕今夜醒来，我侬行矣。
风晓月残，江浔负手向何处。

天涯知是归路，奈东劳西燕，辽绝如许。
满地干戈，满天风雪，耐否客途滋味。
几多心事，算只有凄凉，背人无语。
待取见时，一声声诉汝。

好事近

代思礼题小影寄思顺（滑稽作品）

1920 年代

其一

昨日好稀奇，迸出门牙四个。
刚把来函撕吃，（事实）却正襟危坐。
一双小眼碧澄澄，望著阿图和。
肚里打何主意，问亲家知么。

其二

谢你好衣裳，穿著合身真巧。
那肯赤条条地，教瞻儿取笑。
爹爹替我掉斯文，我莫名其妙。
我的话儿多著，两亲家心照。

注：这是外公为八舅梁思礼所作。

后　记

杨友麒

两位中国近现代史上的伟人——杨度、梁启超，他们的后代如何成了一家，这或许是读者颇感兴味的话题。我也就从这里说起吧。

20 世纪 50 年代，刚解放不久，是革命激情燃烧的年代。年轻的我们正在念高中。当时还是男女分校制，我们所读的两所高中均在北京的灯市口，一所是男中育英中学（后来改称二十五中学）；一所是女中贝满中学（后来改为女十二中）。这两所中学过去都是有教会背景的私立学校。解放后，两所学校经常联合搞活动，例如合唱团之类。每逢五一、十一等大型节日，年轻人都有晚上去天安门广场跳集体舞联欢的习俗，每次都跳到半夜才有说有笑地步行回家。所以，虽然男女分校，但男女同学交往的机会还是蛮多的。

我们特定的交往缘起于担任少先队辅导员的工作。那时，初中的少先队辅导员由学校从高中优秀学生、青年团员中选派，我们两人正巧分别被育英中学和贝满中学指派为初中少先队的中队辅导员。记得是 1951 年国庆节，因为那一年要举行大型的阅兵活动，需要在天安门广场上布置少年先锋队员的方阵，育英、贝满两校均有在广场列队的任务，孩子们需要提前操练。为此，两校的辅导员就在育英中学开会，会后还按参加游行的中队，双方辅导员对

杨友麒在育英中学

口介绍认识，以便后来的合作。正好吴荔明代表贝满中学，而我代表育英中学，作为辅导员的我们就算正式认识了。我们都是高中三年级的学生，我们的相识是基于"工作关系"，完全是自己的缘分，和彼此身后两位祖辈的家庭背景一点儿关系都没有。

我第一次在学校接触到关于自己家族的往事，是在历史课上。学校采用的是胡华编的《中国近代史》，课本中出现了杨度的大名，说他是筹安会的发起人，是袁世凯的帮凶，是一个反动文人。此时，在教室里的我感到惶恐不安，生怕别人知道这个反动帮凶的孙子就近在咫尺。那是革命激情高涨的年代，梁启超作为著名的改革家也是处于受批判的地位，吴荔明自然也不会去宣扬自己的外祖父。所以，我们认识后都对自己的祖先"讳莫如深"，从不提起。这种状态一直持续到谈婚论嫁的时候才有所变化。

高中时节的青春是美好的，大家都是一群天真烂漫的孩子，非常单纯，没有人会去打听对方的家庭背景。那时的年轻人充满理想，追求进步，中国共产党的“伟大、光荣、正确”在20世纪50年代是老百姓发自内心的共识。青年们都向往着早日入团、入党；同时，也向往着欢乐幸福。

高中毕业高考结束，大家没有任何压力了，就经常组织舞会和野游。在我中椅子胡同四合院的家里，就曾召集过近二十人组织舞会。育英、贝满两校还结队到潭柘寺露营，高中毕业班一共四个班，对应组成四个连，我是二连的“连长”，而吴荔明是副连长。大家在潭柘寺山下的溪水旁搭起自己携带的大帐篷，每连帐篷两个，男生一个，女生一个。每天一早，同学们要列队集合，由“连长”训话。我们其乐融融，玩儿得好不快活。

中学时代的友谊是纯洁高尚的。而今回味，依旧如昨。

育英中学夏令营

1952年，高考发榜后大家就注定要天各一方。吴荔明如愿以偿考上了北京师范大学，而我的录取却有点儿周折。我报了十个志愿，但在《人民日报》发榜的大名单上，找了半天也没看到自己的名字，寻觅良久，最终只在报纸名单的尾部看到一则通知："下列诸考生政府分配至北京俄文专修学校二部学习，希于十月三日至六日到北京石驸马大街该校报到。"其后，附了约三百人的名单，其中"华北区第十名杨友麒"赫然在目。我十分纳闷，自觉考得还可以，怎么就被强行分配去学俄文了呢？过了几天，正式通知寄来家里，原来是这批同学成绩优秀，被直接录取到"留苏预备部"，准备让他们学好俄语派往苏联留学。

但是，刚到"留苏预备部"就开展了一次"忠诚老实运动"，号召每一个学员都要仔细交代所有的家庭社会关系。"留苏预备部"的学员比较复杂，从中学高考选拔来的只占很小一部分，有不少年岁较大的是从工作岗位上选拔来的，还有少量是从大学一年级选拔来的。我一交代社会关系就发现，自己有不少亲戚在海外，特别是美国，这就是"海外关系"了。高中毕业生没有什么心眼，"竹筒倒豆子"——全部交代了。学了近一年俄语后，1953年夏天发布了派往苏联和东欧各国的留学名单，"忠诚老实运动"的作用就显露出来了：大约有三分之一的同学被淘汰下来，我也在其中。中共中央专门请中央组织部部长安子文来与这批不能出国的学员开座谈会，向他们解释没能派遣的理由。他表示："中央是信任你们的，但是苏联提出要派社会关系简单一些的人去，否则连安排实习都有问题，因许多工厂都是保密厂。所以，你们这批人成绩是最好的，但留了下来。国内大学随便你们挑选。"话虽如此，但对我而言，这毕竟是年轻心灵所受的第一次重创：原来自己是个"二等公民"！

此时，我的哥哥杨友龙正在清华大学学习，他说：现在是向苏联学习，清华大学都是原来英美的那套，都落后了，东北的哈尔滨大学和大连工学院都有苏联专家来指导，不如去那边深造。化工是我多年喜爱的专业，而清华大学在院系调整后，化工并到了天津大学，没有该系了，而东北地区的化工

1960 年，杨友麒和吴荔明的结婚照

系全部集中到大连工学院。经过斟酌，我最终选择了前往大连工学院学习化工。当我离开北京赶赴大连时，吴荔明作为“老同学”曾来车站相送。

大学期间，我们身在两地，但一直保持很好的朋友关系。例如，我到大连不久后参加学校组织的金州旅游，我在信里向她报告，那里盛产苹果，我那天一口气吃了八个大苹果。后来她一直记得并经常以此取笑我。我和吴荔明情感的进一步的发展是在毕业之后。当时，吴荔明在上海华东师范大学念研究生，毕业后分配到北京大学当教师，而我毕业后则留校，在大连工学院做化工机械系主任林纪方教授的科研助手。每年暑假我都返回北京，得以再见吴荔明，这样，我们的来往逐渐密切起来。1959 年，我们由好友发展成为恋人，双方家长也都开始有了来往，这时，彼此间才谈起梁家和杨家的老话。

我们 1960 年结婚后，一直两地分居了四年，直到有了儿子后我才调回北京。

当时我调到新筹建的化工部第六设计院（为国防化工服务的保密设计院）

工作。我在和平里上班，因为不愿意把大好时光耽误在上班路上，所以我平日住在集体宿舍，只在周末回北京大学家里住。工作两年后，1966 年就开始了“文化大革命”，开始我们都满怀热情地响应毛主席的号召，参加了群众组织的“战斗队”，当然她参加北京大学的，我参加设计院的。在开始的“大鸣大放”中我天真地给领导写了大字报，结果被工作组打成“漏网右派”。没有过多久，情势就反转过来，据说是毛主席回到北京批判了刘少奇的压制群众的“反动路线”，而各个工作组执行了刘少奇的“反动路线”都犯了错误。原

■ 我们一家

来受到打击的人于是乎就成了“最革命的人”，我就这样阴错阳差地被推上了群众组织的“头头”位置。由于运动发展到各单位党政部门都已陷于瘫痪，1968 年开始向各单位派遣“军宣队”来领导。我们设计院在军宣队进驻后就开始“清理阶级队伍”，为实现“三结合”成立“革命委员会”做准备。但是，经过近两年的“无政府状态”，要整顿秩序是不容易的，各个“造反派”群众组织并不愿意乖乖就范，于是军宣队就研究“杀鸡儆猴”的办法：找“造反派”组织的“头头”中出身不好的，揪出来批斗。于是在 8 月的一个早上，突然宣布将杨友麒隔离审查，紧跟着抛出一批大字报，揭露杨的“反动出身”和可疑的“社会背景”。吴荔明这边，一方面被通知为我送衣服被子进隔离室；一方面北大这边也有大字报要求她“交代与杨友麒的黑关系”。

如果说对于这种打击我还多少有一点思想准备，对她来说就无异于晴天霹雳了，对于我们的关系也是一次严峻的考验。我之所以还能“宠辱不惊”，是因为一来我并没有什么政治野心，认定自己就是一个技术人员；二来我自觉也没有什么“辫子”抓在别人手里，人家要批斗我，无非是为了树立领导威信，也不能把我怎么样。但对她来说却毫无思想准备，她不知如何是好，跑到清华大学找到我哥哥杨友龙痛哭了一场，但她坚信我没有问题，希望我会搞清楚问题早日回家。她说那一段时间，每个周末下午带着儿子拿着小板凳，坐在中关园路口上，向着公共汽车站方向，期盼着我从汽车上下来回家的第一时间就看到他们。但是事情没有那么简单，我被隔离了八个月，一直到 1969 年 4 月第六设计院要从北京搬迁到咸阳时，才把我放了出来，随院一同迁往咸阳，又开始了两地分居的生活。一直到我们都七八十岁，每当她回忆起这个情景时都让我热泪盈眶。

在她六十大寿时，我曾赠诗一首表达我的这份感情：

你用辛勤的汗水，构筑着温馨的家。

你用纯洁的爱，浇灌着心田的花。

你用善良的情，酿造着醇厚的酒。

1984 年，杨友麒与吴荔明在北大

你用宽厚的心，消融着一切伤痛的疤。

对于自己先辈的回忆和“再发现”，则是我们退休以后的事了。

一来由于时代的变迁，二来是由于人到老年，特别是年过七十后，我们都有一种不可抑制的怀旧心理。

我们的青中年时代处于革命激情燃烧的年代，杨度也好，梁启超也好，都处于受批判的地位，人们觉得他们都是“负面人物”，没有感到他们有值得研究的必要。但是改革开放后，“告别革命”慢慢形成一种思潮，阶级斗争逐步被和谐思维取代，价值观逐步步入正轨，我们这两位祖辈在人们眼中、心中的形象也随之发生了深刻的变化。

杨度重新回到现代中国的视野，大约是在打倒“四人帮”之后的 1977 年。周恩来总理逝世一周年之际，当时的文物局局长王冶秋在《人民日报》上发表了《难忘的记忆》一文，其中一个小标题就是“杨度同志”。此文第一次记述：周总理亲自表示杨度在上海即加入中国共产党，并要求正在编撰的《辞海》

中写杨度的词条中应当写进这一史实。一石激起千层浪，社会轰动。人们不能理解：怎么那位“帝制余孽”，被钉在历史耻辱柱上的反动人物，忽然间来了个一百八十度的转变，成了中共地下党员了呢?

当时，一些20世纪二三十年代的老党员纷纷发表文章，就杨度入党时间问题进行回忆和探究。但这次研讨，仅仅限于“杨度入党问题”。到1995年湖南人民出版社出版了唐浩明撰写的《旷代逸才》（后来改名《杨度》，曾获国家图书一等奖）之后，人们才再一次更加全面地认识杨度其人。

对梁启超的再认识相较之要来得稍晚一些。大约20世纪80年代初期，社会上才逐步恢复了对戊戌变法运动和梁启超个人的积极评价。第一次大规模的纪念活动是1983年在广东举行的“梁启超诞辰一百一十周年暨戊戌维新运动八十五周年纪念会”，康梁变法在中国近代史上的意义重新得到了世人的高度评价。从此，关于梁启超作为思想家和学术大师的贡献才逐步得到越来越多的研究和挖掘。

这时，我们都有一种惭愧的感觉：我们对于自己的祖辈的了解太少，作为知识分子未免也过分“人云亦云”。我们有责任对于自己的祖辈有所了解，并做出自己独立的判断。

人到老年，总有一种挥之不去的怀旧情怀，如果说年轻人喜欢追求时尚，那么老年人则喜欢回忆往昔。我们两人都是理工科的专业人士，平时的注意力都集中在自己的专业领域，很少有精力去研读自己祖辈的遗著。退休之后，我们开始有时间回顾自己的家族历史，愈发体味到我们的祖父、外祖父的伟大。在我们的家中，也留有许多宝贵的资料，对其整理和研究，实在责无旁贷。

于是，吴荔明首先应《民国春秋》杂志编审王家鼎先生的约请，基于家存材料，写就《梁启超和他的儿女们》一文，发表在1991年的该刊之上。随后，《新华文摘》很快予以转载，大陆和台湾的一些报刊也对其不断转载、引用。可以说，这篇文章的发表，一方面是对吴荔明的鼓励和肯定，另一方面也引起了出版界对这一题材的关注。后来，出版圈内外的朋友们都鼓励她将此题

■ 杨友麒与吴荔明

扩写成一本大书。为了实现这一构想，从 1992 年起，吴荔明就尝试着收集资料，准备下笔成书。但是，她一动手就发现，作为一个学生物学出身的人，实在难以掌控大量的史料来完美展现自己学问博大精深的外祖父和卓有成就、各有所长的舅舅和姨母们。但她锲而不舍，停一停，写一写，从 1992 年到 1997 年，断断续续地摸索，终于找到了一个独特的视角，即从家庭生活的角度来再现亲人们的风貌和特点。这样，就有了 1998 年由上海人民出版社出版的第一个版本的《梁启超和他的儿女们》。此书的面世受到各方欢迎，台湾和香港都对其加以引进，各自推出了自己的版本。2006 至 2007 年间，中央电视台、凤凰卫视中文台等新闻媒体还专程来采访。他们的工作，也加快了这本书的传播，使其多次重印。十年之后，2008 年，该书由北京大学出版社接过版权，重新组织修改增补，于 2009 年出了新的增订版。

相较于基于家存资料，从家庭角度再现梁启超的生平、思想，写杨度就困难得多了。杨度加入共产党的事实，虽然直到 1977 年才为大众所知，但是

2010 年，杨友麒与吴荔明金婚纪念照

国民政府的情治系统对此却早在 20 世纪 30 年代就已获悉。据说，当年在上海破获“共产国际”的机关，他们已查到党员的名单上有杨度的名字，只不过连国民党的特务们似乎也不相信杨度真是共产党，所以没有动手拘捕他。家属们怀疑他可能是共产党，虽然并没有确凿证据，但是大家紧张的程度却和家中有共党分子一样，故而把所有可能造成共产党嫌疑的文物全部销毁了。就连我的大姑杨云慧冒着危险保留下来的杨度借孔子和弟子们讨论社会发展之口，论述共产主义的遗作，在凡有“共产主义”字样之处，也均用墨涂抹掉（即《杨度集》中的《论圣贤同志》一文）。由此可以想见当时白色恐怖之严重。所以，作为杨度的后代，从家里能找到的材料，除了少数杨度书写的佛学墨迹条幅外，别无他物。直到 20 世纪末，我们研究历史的儿子杨念群才在家里书柜底部的故纸堆中发现了用旧报纸包着的杨度青年时期的亲笔日记一册，这就是经他整理后来于 2001 年由北京市档案馆出版的《杨度日记 1896—1900》。好在湖南社会科学院以刘晴波为首的同志们已将能够搜集到的杨度遗著整理成《杨度集》，该书已于 2008 年由湖南人民出版社出版。这可以说是研究杨度最为完整的资料了。

最初写书的想法是源于《饮冰室诗话》一书，每当读到杨度与梁启超之间的唱和，总被那种豪迈的气势、真挚的情怀所震慑，总能想见在那风云变幻的年代里，我们的先人们是怎样要求自己，怎样在沉浮动荡的时局中提升自我，怎样对待朋友和家人，怎样探索国家和社会发展的道路。如果写些东西，主要是追踪先人们的心路历程，通过整理故旧，加深对祖辈的了解，学习领悟他们的思想。这不是一种历史研究，也不是史实的考证。因此初衷，我们在碰到存在不同说法的史料记载时，只根据作为家属对祖辈的了解，取其自认为比较正确的说法，这里面或许有感情成分，在所难免。

我们撰写这本书得到了亲友多方赞许，湖南大学的“杨度思想研究中心”也给了我们很大鼓励。我们自己也希望通过写书、整理故旧，加深对自己祖辈的了解，学习领悟他们的思想，抒发自己作为后人对先辈的景仰怀念，同

时也对喜爱、研究他们的朋友们提供一些帮助。这一念想始于2010年，我们考虑从杨度和梁启超最密切合作的阶段——在日本流亡期间开始研究，由此逐步扩展开去。在阅读、消化他们两位遗著的过程中，我们愈发感佩他们卓越的才华和丰厚的内涵，他们的伟大，实在不是像我们这样的“理工男女”能全面把握和理解的。可以说，我们和祖辈不在一个层次上；更直白地说，像我们这样的水平，实在不配来写这样的大题材。我们对于出版这样一本书也有一些顾虑：是否读者会认为我们有“借祖宗成名”的嫌疑。后来细细思量，我们都已年逾八旬，似乎也没有什么再得祖宗福荫的指望，这种嫌疑应该不多。

决心下定之后，我们一边消化资料，一边写作，进展很慢，但却体味到了收获的喜悦。写作的过程就是梳理亲情的过程，也是一个学习提高的过程，我们像是在和自己的祖父、外祖父对话、沟通，在向他们请教。作为后辈，面对两位叱咤风云的祖辈，除了景仰和钦佩，也深感自我渺小和惭愧，因此写作此书也是一种反思提高的过程。他们距离我们并不遥远。我们俩也曾生

我们一家在梁思庄墓前

2010年，杨友麒、吴荔明金婚时拍的“全家福”。后立者左为儿媳周蓓，中为儿子杨念群，右为孙子杨峥

活在中国的苦难时代，我们还能记得中国在屈辱和压迫下的挣扎和怒吼——有多少像他们那样的仁人志士前赴后继，为拯救中国殚精竭虑。杨度与梁启超，他们在中国“正疮痍满目”之时，满怀热情地寻求“医民救国”之道，他们时而精诚合作，时而又成为对垒阵营的“敌人”；他们经历过挫折、失败、流亡，也经历过高官厚禄的诱惑和考验。我们为他们绝代的才华所震撼，他们的人生是中国政治社会环境下救国图强的道路缩影。他们都过度地燃烧了自己，都在五十多岁过早离世；他们本质上都是“书生”，都不是中国政坛上的成功者——这是他们二人的共同点，也是我们两人对他们的共同体认。

杨度和梁启超实在太丰富、太精彩，他们远远不是我们两人所能再现的。

我们愿尽微薄之力以贻读者，但精力不济，水平有限，成书过程，甘苦自知。此书是对祖辈的一份纪念，也是对我们两人情感的纪念。

写到 2015 年 10 月，荔明突发脑溢血病倒，我们的整个生活完全改变，成为以医院为中心运转的模式。从那时起，我每天带着焦虑和期望在医院和北京大学的家之间奔波，每天都要接听关爱她的各位亲戚、朋友、老同学、老同事问询、抚慰的电话。每当傍晚走近家门，我再也听不见她弹奏钢琴那熟悉的声音，原来温馨的“二人世界”成了孤形吊影，怎么能不令我伤怀。每次去校医院办理事宜时，都要途经燕园未名湖。“燕园此日伤心碧”，我带着几分忧虑和惆怅写成一首小诗——《未名湖畔感怀》。“老来愈解情牵重，独处更思恩爱长”，真实描述了我当前的心绪。

书中如有不妥之处，渴望批评指正。将来倘有再版机会，定当再加修订。

■ 杨友麒与吴荔明